미인의 탄생

미인의 탄생 —얼굴로 읽는 일본, 일본문화

2010년 1월 8일 제1판 제1쇄 인쇄
2010년 1월 15일 제1판 제1쇄 발행

지은이 무라사와 히로토
옮긴이 송태욱
펴낸이 이재민

편집 박환일
디자인 황일선
어시스턴트 이희수
종이 대흥지류유통(주)
인쇄 천일문화사
제본 아산제본

펴낸곳 너머북스
주소 121-865 서울 마포구 연남동 226-11
전화 02)335-3366 팩스 02)335-5848
등록번호 제313-2007-232호

ISBN 978-89-961239-7-2 03910

* 출처와 저작권이 확인되지 못한 사진은 확인하는 대로
  일반적인 기준에 따라 저작권료를 지불하겠습니다.

미인의 탄생

무라사와 히로토

■ 일러두기

1. 본 책은 『얼굴의 문화지(顔の文化誌)』(講談社學術文庫, 2007년 발행)를 원본으로 하여 번역하였습니다.

2. 본문의 괄호 속의 주석 중 옮긴이의 주석은 '역주'로 표기하였으며 나머지는 원문 그대로입니다.

3. 본문 하단의 각주는 모두 옮긴이의 주석입니다.

얼굴로 읽는 일본, 일본문화

화장(化粧)의 역사를 공부하기 시작한 1974년 무렵에는, 유사 이래 얼굴은 얼굴일 뿐 변하지 않는 것이라고 멋대로 규정했었다. 어떤 시대에 살았던 사람의 얼굴도 그 시대 사람이 보는 방식과 현대인이 보는 방식은 다르지 않을 거라는 인식이었다.

그러나 『미인 진화론』(美人進化論, 東京書籍, 1987)을 정리하기 시작할 무렵, 그때까지 믿고 있던 것이 아무래도 틀린 것 같다는 생각이 들었다. 즉 어떤 시대에 살았던 사람의 얼굴이라도 그 시대 사람이 보는 방식과 현대인이 보는 방식은 다를 거라는 생각이 든 것이다. 또한 얼굴을 보여주는 방식, 이상적인 얼굴도 시대에 따라 다를 것이다. 바꿔 말하면 얼굴에 대한 미의식이나 화장관(化粧觀)은 그 시대의 이상적인 얼굴에 의해 규정되는 것이다. 또 이상적인 얼굴은 그 사람 개인의 이상적인 모습에 의해 규정되고 사람의 이상적인 모습은 사회나 그 시대의 문화에 의해 규정된다. 얼굴, 몸, 사람, 사회, 모든 것이 유기적으로 연결되어 있다. 어느 하나를 골라내려고 해도 전부 연결되어 있어 떼어놓을 수가 없다. 따라서 사회나 문화가 다르면 이상적인 얼굴 모양도 다르다. 특히 일본인과 다른 나라 사람은 이상적인 얼굴 모양에 커다란 차이가 있는 것 같다. 오늘날에는 그 느낌이 한층 강해지고 있다.

『미인 진화론』은 예상 밖의 호평을 얻었다. 이 책『미인의 탄생(원제 : 얼굴의 문화지)』은『미인 진화론』의 개정판이라기보다 최신 연구 성과를 더해 전체를 재구성하고, 얼굴 연구의 결정판으로 삼은 완전히 새로운 책이다. 특히 역사적 연구 부분에서는 현대인의 근저에 존재하는 미의식의 뿌리를 찾는 등 대폭 보충했다.

구체적으로 1장에서 4장까지는 일본에 있어서의 얼굴에 대한 미의식의 역사를 시대 순으로 다루었다. 역사를 그저 나열하기만 하는 것을 피하고, '왜 그런 화장을 했을까, 왜 그런 미의식을 택한 것일까, 또는 왜 그런 미의식을 택할 수밖에 없었을까' 하는 것에 대한 고찰도 차례로 넣으면서 일본인의 얼굴 미의식에 대한 특징을 명확하게 하고, 화장과 얼굴 모양을 두 개의 기둥으로 삼아 각 시대를 써나감으로써 그 변천을 규명하려고 했다.

시대구분은 크게 고대 및 중세, 근세, 근대, 현대, 이렇게 네 시기로 했다. 하지만 얼굴 문화를 다루는 이상, 정치사처럼 확실하게 시대를 구획한 것은 아니다. 커다란 연속성을 가지고 현대로 연결되어 있기 때문이다.

5장과 6장에서는 1980년대 후반 이후 현대 일본인의 얼굴이나 몸에 대한 미의식 그리고 개성 · 사회성 등과의 관계를 조사 결과와 함께 소개하면서 현대 일본인의 얼굴이나 몸의 문화에 나타난 특징을 언급했다. 또한 일본인의 얼굴 문화에는 크게 두 가지 문화가 존재한다고 제시하면서 앞으로의 모습에 대한 개인적인 의견도 피력했다.

일본인이 가진 얼굴 문화의 현 상황을 이해해준다면 다행이겠다.

무라사와 히로토

목차

머리말 얼굴로 읽는 일본, 일본문화

1장 | 고대에서 중세까지의 얼굴   13

눈썹 미의식의 탄생   15

동아시아의 연지와 백분   24

이마 화장   29

장신구 문화가 사라지다   31

헤이안 시대의 얼굴이란   36

백분의 재현 실험   38

하얀 피부와 계급   41

콧날이 오뚝한 미인관의 발생   43

눈썹을 제거하고 다시 그려 넣다   46

이를 검게 물들이는 관습의 등장   51

고전문학에서 보는 미인관   58

회화에서 보는 얼굴의 미   62

추한 것의 표현   64

눈썹 화장의 의미   67

왜 늘어뜨린 머리가 선택되었는가   70

2장 | 에도 시대, 일본 얼굴미의 성립   77

입술연지의 발달과 검푸른 연지   80

에도 시대의 눈썹 화장과 얼굴형   90

일자눈썹의 의미   94

하에기와 미의 발생   98

하얀 피부의 가치가 점점 커지다   104

눈 화장의 등장   108

오뚝 선 콧날의 미와 옆얼굴   111

목덜미의 미   114

이를 검게 물들이는 문화가 완성되다   121

화장에 관한 책에서 미를 탐색하다   131

『온나다이가쿠』   139

우키요에의 미인상   146

사이카쿠의 미인상   150

한국의 미의식과 비교   153

얼굴 화장에 대한 비판과 얼굴 감추기   158

외국인이 본 화장 풍속   161

3장 | 근대의 얼굴로   169

얼굴의 메이지유신   171

메이지 이후 미의식의 변천   174

책에서 보는 미의식   178

얼굴의 근대화   187

전쟁과 화장   189

4장 | 제2차 세계대전 후의 얼굴과 화장   197

1. 서구 지향   200

아메리칸 스타일의 등장   200

2. 매스미디어의 영향   205

영화의 힘   205

눈 화장의 등장   208

칼립소메이커업 유행   211

3. 대중화의 시작   212

눈 화장의 보급   214

핑크에서 황갈색, 자연스러움으로   216

수정메이커업   217

입술연지, 색에서 질감으로   218

신체의 수치화   219

4. 개성화의 징조   221

일본인다움의 추구   222

자기 주장   225

눈 화장, 선에서 면으로   226

내추럴메이크업의 확립   227

5장 | 현대의 미의식   229

1. 외모의 경계가 사라진 시대   231

남녀의 벽이 무너지다   234

남자도 화장하는 시대로   237

쇼유 얼굴, 소스 얼굴의 유행   242

'흑' 일변도 시대의 종언   245

살색이라는 색 이름   248

2. 귀여움이 기준인 시대   251

이마를 드러내지 않는 귀여움   251

앙케트로 보는 미인관   255

귀여움을 택하는 소년소녀들　　　　257

덧니가 귀여워?　　　　259

작은 얼굴 붐　　　　261

뿌리 깊은 귀여움 지향과 다양화　　　　262

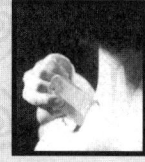

6장 | 일본인의 얼굴 문화론　　　　265

1. 전통적인 '얼굴 감추기' 문화　　　　267

유학생 리포트　　　　268

얼굴 감추기 문화　　　　272

얼굴의 커뮤니케이션　　　　274

일본인에게 표정이란　　　　275

청결 지향　　　　279

많이 난 털의 배제　　　　283

점의 미학　　　　285

존재감 없는 몸 문화　　　　288

2. 앞얼굴 문화와 옆얼굴 문화　　　　292

'옆얼굴'이라는 말　　　　293

서구의 프로필 문화　　　　295

동아시아 얼굴 문화의 차이　　　　299

평면적이고 단일한 문화에서　　　　301

옆얼굴 문화와의 비교　　　　304

단행본 후기　　　　310

학술문고판 후기　　　　313

역자 후기　　　　315

주요 참고 문헌　　　　321

미주　　　　325

1 장

고대에서 중세까지의 얼굴

눈썹 미의식의 탄생

얼굴의 미의식을 명확하게 탐구할 수 있는 것은 문자로 기록된 시대 이후에 대해서다.

물론 그 이전에도 화장은 있었다. 문신, 주홍이나 빨간색의 화장 등은 발굴된 두개골이나 토우(土偶), 토용(土俑)에서 찾아볼 수 있다. 그런데 주로 종교적 목적이나 신비한 힘을 빌려 재앙을 쫓거나 일으키려는 주술적인 목적에서 행해졌다고 생각된다. 그러한 것에서 일상적인 화장이나 얼굴의 미의식을 읽어내려고 하면 정보량이 적기 때문에 자칫 잘못된 판단을 내리기 십상이고, 또 본래의 의미를 충분히 찾아낼 수 없다는 것이 현재의 상황이다.

간단히 말하자면 화장이란 뭔가의 목적을 위해, 선천적으로 타고난 얼굴이나 몸의 표면에 안료 등을 바르거나 혹은 피부, 모발, 손톱 등 몸의 일부를 변형시키거나 제거하는 행위다. 따라서 어떤 목적으로 행해졌는지가 밝혀지지 않으면 화장한 결과를 나열

한 것에 그칠 뿐 거기에 존재하는 미의식을 끄집어내기란 힘들어진다.

고대의 대표적인 문헌으로는 『고지키』(古事記), 『니혼쇼키』(日本書紀), 『만요슈』(萬葉集) 그리고 『후도키』(風土記)가 있는데, 물론 이러한 책들은 당시까지 구전되어온 신화나 전설, 가요, 옛날이야기 등을 중국에서 전해진 한자로 기록한 것이다. 그러나 『고지키』나 『니혼쇼키』 등은 당시의 궁정, 즉 특정한 사람들이 자신의 정통성을 만들어낼 목적으로 정리한 기록물일 뿐이고 또 모든 것이 기록되어 전승된 것도 아니다. 그러나 그 이외의 기록이 없는 이상, 그것에 의존하지 않을 수 없다.

얼굴이나 화장에 대한 기술을 찾아보면 눈썹에 대한 기술이 많다는 것을 알 수 있다. 고대 이집트의 화장이라고 하면 눈 주위에 석탄 같은 것을 바르는 눈 화장이 금방 떠오르지만 일본에서는 눈썹이 떠오른다. 눈에 대한 의식이나 화장은 오랫동안 등장하지 않는다.

오진(應神) 천황(재위 270~310)이 야카하에히메(矢河枝比賣)에게 노래한 『고지키』의 시가에서는, 이치이이(櫟井) 지역 와니사(和邇坂) 흙의 아래 부분, 그 검은 부분을 파내어 "그을려서 먹을 만들고 그 먹으로 눈썹을 진하게 그렸다."는 대목이 보인다. 또 『니혼쇼키』에서는 "이 나라보다 훨씬 나은 보석이 있는 나라, 예컨대 처녀가 먹으로 눈썹을 그리는 것처럼 항구를 향하고 있는 나라가 있습니다."(주아이[仲哀] 천황 8년)는 내용이 있으며, 『후도키』에는 "처녀가 눈썹을 그리는 나라"(하리마노쿠니[播磨國]의 글로서 예전에 있었지만 지금은 남아 있지 않고 부분적으로 전해지는 내용—역주)라는 문구가 보인다. 그리고 『만요슈』에서는 이미 "하늘을 우러러 초승달을 보면, 한 번 봤을 뿐인 그 사람의 아름다운 눈썹이 생각납니다."라는 식으로 눈썹 화장이나 눈썹에 대한 미의식의 단편을 찾아볼 수 있다.

게다가 이 '눈썹 그리기'나 '그린 눈썹'이라는 말로 상상할 수 있는 것처럼 이 시대에는 이미 대륙문화의 영향을 받고 눈썹의 모양을 다듬는 미의식이 발달해 있었을 거라고 추측해볼 수 있다. 유감스럽게도 이러한 기록이 이루어지기 이전 시대에는 눈썹에 대한 어떤 미의식을 갖고 있었는지 전혀 알 수가 없다.

갑작스럽게 등장한 눈썹에 대한 이러한 집착은, 단지 외국의 영향을 받았다는 것만이 아니라 그 후 일본의 화장 문화사나 얼굴 문화사 전체를 조망할 때 큰 역할, 바꿔 말하면 불가결한 의미를 갖는다는 점에서 참으로 상징적이다. 에도(江戸) 시대에 일반 서민 계급에서는 결혼하여 아이가 생기면 눈썹을 밀어버렸는데, 눈썹에 대한 일본인의 이런 특이한 미의식은 그 시작부터 명시되어 있었던 것이다.

그리고 눈썹에 대한 집착을 상세히 들여다보면, 『만요슈』에는 '초승달 모양의 눈썹'(若月) 외에 "모습을 드러낸 지 사흘 된 초승달 모양의 눈썹을 긁고 오랫동안 그리워하던 당신을 만났습니다."의 초승달 모양의 눈썹이나 "피어 있는 매화를 보고 있으면 부드러운 버들잎 눈썹의 사랑스러운 아내가 생각납니다."의 버들잎 눈썹(柳眉)처럼, 눈썹의 아름다움을 초승달이나 버들잎에 비유하고 있다.

다카마쓰즈카 고분벽화. '아미' 이전의 눈썹

눈썹은 그다지 굵지 않고 원호를 그리듯이 둥그스름한 것이 좋은 것으로 여겨진 듯하다.

한편 회화의 세계에서는 어떨까? 화장을 살펴볼 수 있는 오래된 회화 자료는, 7세기 말에서 8세기 초에 매장되었다는 다카마쓰즈카(高松塚) 고분벽화다. 다만 회화에 그려진 그림이 꼭 현실을 사실적으로 그린 것이라고만은 볼 수 없다. 거기에는 이상적인 것도 들어가기 때문에 회화에 그려진 얼굴의 모든 것을 그대로 현실로 파악할 수는 없는 것이다. 특히 양식화된 일본 회화의 세계를 볼 때는 반드시 이에 대해 주의할 필요가 있다. 그렇다고 해서 전혀 참고가 되지 않는 것은 아니다. 회화로부터 얻을 수 있는 것과 문헌에서 얻은 정보를 비교함으로써 당시의 미의식을 더욱 명확히 할 수 있는 것이다.

다카마쓰즈카 고분벽화에 보이는 아스카(飛鳥) 여인은 아랫볼이 불룩하고 풍만한 얼굴이며, 입술은 빨갛게 연지를 바른 것처럼 생생하게 그려져 있다. 지금 말한 것처럼 이 그림 속의 여인이 입술 연지를 발랐다고 단정할 수는 없지만 중국 대륙이나 한반도의 영향을 고려하면 그렇게 생각해도 무리는 아닐 것이다.

이 여인의 눈썹은 그다지 굵거나 진하지 않고 원호를 그리듯이 눈의 길이와 같은 정도의 폭으로 그려졌다. 원래 이 정도로 진했는지는 모르겠지만, 인상으로 보면 『만요슈』에서 노래한 눈썹의 세계와 비슷해 보인다.

그런데 나라(奈良) 시대에 접어들어 불교 회화로서, 수나라 이후에 생겨난 당나라의 풍속이 전래된 덴표기(天平期, 729~748)의 뛰어난 작품인 「길상천녀상」(吉祥天女像)을 보면 눈썹의 인상은 더욱 분명해진다. 굵고 진하게 그려진 눈썹인 것이다. 이 형태는 고래로 아미(蛾眉)라고 불려왔다. 같은 시대의 쇼소인(正倉院)에 전해지는 「도리게리쓰조노뵤부」(鳥毛立女屛風)라는 여섯 폭 병풍에 그려진 여인들의 눈썹도 아미라 불린다.

사전에 따르면 여기서 말하는 아미란 "나방의 더듬이 같은 초승달 모양의 눈썹. 미인의 눈썹을 말한다. 변하여 미인을 가리킨다."고 되어 있다. 그러나 나방의 촉각을 본 적이 없는 사람은 상상하기가 힘들 것이다. 그래서 수컷 누에나방의 더듬이를 조사해봤다. 사진에 보이는 대로 눈썹머리와 눈썹꼬리 쪽이 가늘고 한가운데가 굵어 바로 초승달 모양을 하고 있다는 것을 알 수 있다. 그런 의미에서 나방의 더듬이 모양을 꼭 닮은 눈썹은 앞에서 말한 야쿠

오른쪽 길상천녀상(야쿠시지 소장)
왼쪽 위 쇼소인(正倉院)에 전해지는
도리게리쓰조노뵤부 병풍의 두 번째 폭
왼쪽 아래 누에나방의 더듬이

시지의 「길상천녀상」이다. 쇼소인의 「도리게리쓰조노뵤부」에서
보면 여섯 폭 중에서 첫 번째 폭과 세 번째 폭만 눈썹꼬리가 가늘
어 아미에 해당할 것이다. 그러나 그 외에 네 번째 폭은 눈썹꼬리
가 퍼져 있어 엄밀히 말해 아미, 즉 나방의 더듬이 모양과는 다르
다. 당나라 시대에는 눈썹 모양을 열 가지로 분류한 「십미도」(十眉
圖)라는 그림이 있었을 정도이므로 아마 상세하게 분류된 다른 명
칭이 있었을 것이다.

　앞에서 본 『만요슈』의 "모습을 드러낸 지 사흘 된 초승달 모양

의 눈썹을 긁고 오랫동안 그리워하던 당신을 만났습니다."에서처럼 눈썹을 긁는 것은 "눈썹이 가려워지면 사랑하는 사람과 만나는 징조다."라는 말이 전해오기 때문이다. 눈썹과 이성(異性)이 결부된 이야기인데 이와 비슷한 이야기는 나방의 세계에도 있다. 아미라는 이름의 유래인 누에나방의 세계에서는 암컷이 성충이 되어 날개가 돋으면 곧 뱃속에 있는 유인액을 밖으로 내보내 성호르몬을 흩뿌린다. 수컷은 그 냄새를 더듬이에 있는 미세한 털 안의 감각기관으로 감지하고 암컷을 찾아낸다고 한다. 더듬이가 수컷과 암컷을 이어주는 것이다. 더듬이를 인간에 비유하면 아미, 곧 눈썹이다. 더듬이 또는 눈썹으로 애인의 존재를 안다는 공통성이 있었다니, 이 얼마나 신기한 일인가.

시대가 좀 지나면 아악가요(雅樂歌謠)의 일종인 '사이바라'(催馬樂 : 나라 시대의 민요를 헤이안 시대가 되고 나서 아악 풍으로 편곡했다)에 「마유토지메」(眉刀自女)라는 노래가 있다. 사전 『고지엔』(廣辭苑)에는 이 마유토지메가 "눈썹을 뽑지 않고 그대로 자라게 놔둔 여자"라고 씌어 있다. 여기서 토지(刀自)는 그냥 여인을 말하기 때문에 마유토지메란 눈썹을 손질하지 않고 그대로 자라게 놔둔 비천한 아주머니가 존재했다는 것을 의미한다. 왜냐하면 당시에는 이미 눈썹의 유무나 그 형태가 신분계급을 표현하고 있었던 것으로 보이기 때문이다. 하지만 눈썹을 전부 뽑았는지 아니면 눈썹의 모양만 살짝 다듬는 정도로 뽑았는지는 확실하지 않다. 『만요슈』의 세계라면 그냥 모양만 다듬는 정도였을 것이다.

그렇다면 애초에 눈썹의 미의식이 등장한 것은 왜일까? 그 이유를 두 가지 정도로 생각해볼 수 있다. 이전부터 미의식이 존재했으나 문자가 도입됨으로써 비로소 기록되었다고 생각할 수도 있고, 그때까지 전혀 존재하지 않았는데 중국대륙이나 한반도 문화의 영향을 받아 새롭게 생겨나 발달한 것으로 생각할 수도 있다.

덧붙여 말하자면 고대 일본에는 중국대륙이나 한반도에서 사람들이 이동해오거나 귀화한 사람들이 있었기 때문에 그들이 새롭게 미의식을 가져왔다고 할 수도 있다. 미의식도 정치나 그 시대의 권력, 즉 어디서 온 사람들이 권력을 가졌는가에 따라 변화될 가능성이 있었다는 것은 말할 것도 없다. 그런 의미에서 미의식과 지배계급의 관계는 떼려야 뗄 수 없는 법이므로, 이 책에서는 어떤 시대까지는 문헌이 적은 이유도 있어서 지배계급의 미의식이 중심이 되지 않을 수 없을 것이다.

그러나 현 단계에서는 문자로 기록되기 이전의 미의식은 분명하지 않기 때문에 적어도 일본의 화장 문화사나 얼굴 문화사에 커다란 영향을 미친 중국, 즉 당(唐) 문화의 미의식을 아울러 생각해야 한다.

중국 대륙의 눈썹에 대한 미의식을 살펴보면 전한(前漢) 시대 무렵에 정리된 오경(五經) 중의 하나인 『시경』(詩經)과 맞닥뜨리게 된다. 『시경』의 위풍(衛風) 「석인」(碩人)에 따르면 "살갗은 돼지기름처럼 탄력 있고 윤기가 흐르며 …… 치아는 하얗고 가지런하며, 쓰르라미 같은 넓고 반듯한 이마에다 눈썹은 나비의 더듬이처럼 가늘고 긴 곡선이며, 교묘하게 웃는 모습에 애교가 매력적이며 아름다운 눈동자는 샛별처럼 빛난다."는 것이 미인의 요소로 생각되었다. 이러한 미의식은 그 후의 문예작품에도 수없이 등장하고 당나라 시대에도 일관되게 중시되었다고 한다.

당시의 눈썹이라면 당나라의 현종(玄宗) 황제가 화공에게 「십미도」(十眉圖)를 그리게 했다는 이야기가 유명하다. 그러나 「십미도」를 그리게 했지만 지금 남아있는 것은 이름뿐이어서 실체 없는 「십미도」일 뿐이다. 원앙미(鴛鴦眉, 팔자(八字) 눈썹), 소산미(小山美), 오악미(五岳美), 삼봉미(三峰美), 수주미(垂珠眉), 월릉미(月稜美, 각월미(却月眉)), 분초미(分梢眉), 함연미(涵烟眉), 불운미(拂雲眉, 횡연미(橫烟眉)), 도운미(倒暈眉)를 십미라고 하는데 각각의 형태나 의미는 명확하게 전해지지 않았다.

이 시대에 이러한 당풍(唐風) 화장이 일본에서 얼마나 유행했는지는 모르지만 화장을 할 수 있는 사람은 아마 귀족계급을 중심으로 한 지배층에 속한 여성들이었을 것이다. 935년 이전에 성립했다는 일본 최초의 분류체계를 가진 한화사전(漢和辭典)인 『와묘루이주쇼』(倭名類聚抄)에 눈썹을 그리는 먹이라는 뜻의 눈썹먹(黛)이라는 말이 기록되어 있기 때문에 화장 재료로서 이미 눈썹먹이 사용되고 있었던 것으로 추측할 수 있다. 눈썹먹을 사용해 눈썹의 형태를 바꾸었다는 화장의 구체적인 예를 기술한 기록을 볼 수 있게 된 것은, 견당사(遣唐使)가 폐지(894년)되고 백 년 정도 지나서였다.

눈썹을 검게 했다면 이 시대에 다른 '색'은 어떠했을까?

동아시아의 연지와 백분

토우를 자세히 보면 안면이 빨갛게 칠해져 있는 것이 있다. 이 색은 주홍, 즉 수은주(水銀朱)라고 하며 안면에 칠해진 것은 화장의 일종이다. 얼굴을 빨갛게 칠하는 것은, 일반적으로 죽은 자에게는 영혼을 진정시키고 소생을 기대하거나 죽은 자의 영혼이 살아 있는 사람에게 위해를 가하지 않기를 바라는 것이고, 살아 있는 자에게는 마귀를 쫓는 것을 의미했다고 한다. 토우의 안면을 빨갛게 채색하는 것에 대해서는 이치게 이사오(市毛勳)의『주(朱)의 고고학』[1]에 자세히 소개되어 있다. 이치게 이사오에 따르면 "인물 토우의 안면을 빨갛게 채색하는 것은, 어떤 특정한 기간과 장소에서 행해진 붉게 채색하는 풍습을 그대로 모사한 것이었다."고 한다.

또한『니혼쇼키』에는 고대에 얼굴을 붉은 흙으로 칠하는 풍습이 있었다는 이야기가 나오는데, 그것은 형인 히코호노스세리노미코토(彦火酢芹命)가 손바닥과 얼굴에 붉은 흙을 바르고 동생인 히코호호데미노미코토(彦火火出見命)에게 와자오키히토(俳優者)*가 된다고 고백했다(『니혼쇼키』의「가미노요노시모」〔神代下〕)는 내용이다. 이 부분은 무대 화장의 시원으로 자주 인용되는 분장 화장인데, 나중에 나오는 일상적인 연지와는 다른 것으로 볼 수 있다.

와자오키히토
익살스런 동작으로 춤추고 노래하여 신을 위로하고 사람들을 즐겁게 하는 재주를 가진 사람.

그런데 무당이라 불리는 한국의 무녀가 돼지를 바치며 제사를 지내는데, 그때 돼지를 죽이는 장면이 있다. 상당히 도취된 상태에서 칼로 돼지의 배를 찔러 가르고 배가 갈라졌을 때 피가 철철 흐르는 돼지의 뱃속으로 얼굴을 들이밀어 얼굴을 피투성이로 만든다거나 돼지의 피를 손에 묻혀 얼굴에 바른다. 처음 봤을 때는 깜짝 놀랐는데, 동시에 직감적으로 이것이 화장, 즉 붉게 칠하는 것[朱漆]의 뿌리일 거라고 생각했다. 신에게 바치는 신성한 돼지의 피를 얼굴에 바름으로써 자신도 정화된다는 것일까? 어쨌든 굉장한 광경이었는데, 그것을 일종의 화장으로 파악하며 붉게 칠하는 것과의 관계를 생각해봐도 흥미롭다.

『만요슈』에는 "붉은 얼굴의 나의 왕자님"이라는 표현이 나온다. 이 '붉은 얼굴'은 마쿠라고토바(枕詞)*로, 볼을 붉게(연지) 했다는 것이 원래의 뜻이다. 단(丹)을 붉은 흙이라고 하면 『니혼쇼키』의 붉은 흙과도 겹친다.

'붉은 볼'이라고 하면 금방 '홍안의 미소년'이라는 말이 떠오른다. 나이가 어리고 혈색이 좋은 얼굴을 표현한 말이다. 언제부터인지는 확실히 모르겠지만 '붉은 얼굴'의 세계가 대륙문화의 영향을 받아 연지의 세계로 변해간다.

일본에서는 중국의 영향을 받아 '지분'(脂粉, しふん)이라는 말이 쓰이고 있다. '지분'의 지는 일찍이 중국의 연(燕)나라가 명산지였기 때문에 연지(臙脂)라고도 하는 잇꽃(紅藍花)에서 얻은 지(연지)이며, 분은 백분(白粉)을 가리키는데, 변하여 화장 전체를 의미하기도 했다. 비슷한 말로 '홍분'(紅粉)이 있다. 연지와 분을 가리키는데

> **마쿠라고토바**
> 와카(和歌) 등에 쓰인 수사법의 하나로, 특정한 어떤 말 앞에 붙여 어조를 고르는 일정한 수식어.

이것 역시 미인을 의미했다.

앞에서 말한 『와묘루이주쇼』에는, 정분(輕粉)은 일본에서 연지라고 하며 "백분을 (섞어) 빨갛게 물들여 볼에 바르는 것"이라고 되어 있는 데서, 위에서 말한 볼연지로 사용되었다는 것을 알 수 있다. 역사 이야기로 정리된 『에이가모노가타리』(榮花物語)에는 (염불승의) "얼굴에는 연지와 하얀 것을 바른 것 같은", "50~60명의 여자들이 새하얀 모하카마(裳袴)*를 입고 하얀 갓을 썼으며 이를 까맣게 물들이고 연지를 빨갛게 발라 화장을 하고 쭉 지나갔다."고 하여 빨간 것을 사용한 화장이 기록되어 있다. 아마 볼에는 연지를 발랐을 것이다. 또한 『규안사년기』(久安四年記, 1148)에 "여성이 연지를 바를 때는 볼을 빨갛게 하고 그 주변은 희미하게 발랐다. 분만 하얗게 바르고 연지가 옅은 것은 좋지 않다. 요즘 여성의 화장은 옛날과 전혀 다르다."고 기록되어 있는 걸 보면 연지를 상당히 진하게 발랐던 것일까? 주변을 흐릿하게 해야 좋고 연지가 옅은 것은 유행하지 않는다고까지 적고 있다. 연지라고 해도 볼연지가 중심이었고 입술연지는 아직 보이지 않았다.

그런데 빨간 것에 비해 하얀 것, 즉 백분도 화장에서 중요한 요소라는 것은 말할 것도 없다. 흰 것에 대한 미의식은 현대에도 불가결하지만 역사적으로 보면 이 미의식은 고대 그리스 시대 이후 발달한 것이라고 한다.

모하카마
허리에서 발목까지 덮으며 넉넉하게 주름이 잡혀 있는 하카마의 일종.

화장의 거의 모든 뿌리를 고대 이집트 문명에서 찾지만 백분만큼은 그렇지 않다. 옛날 이집트의 왕조 시대에는 향유(香油)가 중시되어 향유를 바른 반들반들한 피부야말로 향유가 가진 향기와 함께 커다란 매력이었다. 투탕카멘 왕의 시대인 신왕조 시대가 되면, "피부의 색을 바꾸는" 처방이 개발되었는데 그것은 "피부를 빨갛게 하는" 것을 의미했다. 고대 이집트에는 "피부를 하얗게 하기 위한 처방" 같은 것은 존재하지 않았던 것이다. 이 점에 대해서는 고대 이집트에 대한 연구자로 1991년 여름에 작고한 사카이 덴로쿠(酒井傳六)가 「화장 문화」[2]에서 자세하게 서술했다.

그럼 백분은 대체 언제쯤 바르기 시작한 걸까?

기원전 7세기에 아시리아의 아슈르바니팔 왕이 "진하게 연지를 바르고 연백(鉛白＝白粉)을 바르고 향유를 발랐다."라든가 "바빌로니아의 젊은 남성은 여성과 마찬가지로 얼굴에 연백과 진사(辰砂)*를 발랐다."거나 "파르손도스라는 이름의 용감한 전사 이야기에서도 바빌론의 총독 나나루스가 얼굴에 연백을 발랐다."는 이야기가 나온다는 것이 리처드 코슨(Richard Corson)의 『화장의 역사 — 서양 화장 문화의 흐름』(*Fashions in makeup : from ancient to modern times*)[3]에 적혀 있다. 고대 중동의 여러 나라에는 이미 백분(白粉＝鉛白)이 존재했다는 것을 알 수 있다. 고대 이집트에는 존재하지 않았던 백분이 그 문화가 전파된 중동의 여러 나라에 존재했다는 것을 보면 백분은 그 기원을 달리하는 것 같다.

고대 그리스에서 연백 등의 화장 재료가 널리 사용된 것은 호메로스 시대가 끝나고 나서인

진사
수은으로 이루어진 황화 광물로, 진한 붉은색을 띠며 다이아몬드 광택이 난다.

기원전 4세기 이후라고 하는데, 그 근거는 역사가 크세노폰(Xenophon)이 당시 여성의 화장을 풍자하고 있는 기술이나 당시의 묘에서 백분이 발굴되었다는 단편적인 자료뿐이어서 명확한 것은 알 수 없다. 그러나 적어도 기원전 수세기 이전에는 이미 중동에서 그리스에 걸쳐 하얀 피부에 대한 미의식이 발달되어 있었다는 것은 틀림없는 것 같다.

그렇다면 동아시아에서는 어땠을까? 앞에서 말한 것처럼 기원전 8세기에 씌어진 『시경』에 실린 「석인」(碩人)이라는 제목의 시에는 '부여응지'(膚如凝脂)라는 한 행이 있다. 피부가 돼지기름처럼 탄력 있고 윤기가 흐른다는 의미이기 때문에 이미 하얀 피부에 대한 미의식이 존재했다는 이야기가 될 것이다. 또한 로베르트 반 홀릭(Robert Van Gulikik)의 『고대 중국의 성생활』(Sexual life in ancient China : a preliminary survey of Chinese sex and society from ca. 1500 B.C. till 1644 A.D.)[4]에 따르면 전한(前漢) 시대에 "여자는 얼굴, 목, 어깨에 백분을 발랐다."고 되어 있기 때문에 기원 전후에는 백분이 존재한 듯하다.

그렇다면 하얀 피부를 중시하는 사고도 아마 고대 중국 대륙에서 전해졌을 것이다. 그 증거 가운데 하나로 『니혼쇼키』의 지토(持統, 645~703) 천황 6년(692)에 승려 간조(觀成)가 일본에서 처음으로 연백분(鉛白粉)을 발라 칭찬을 받고 상금을 받았다는 기록이 있다. 늦어도 7세기 말에는 그 존재가 알려져 있었다는 이야기다. 그러나 백분이 본격적으로 등장하려면 다음 시대까지 기다려야 한다.

이마 화장

대륙에서 전파된 화장 문화는 백분만이 아니었다. 쇼소인의 「도리게리쓰조노뵤부」(鳥毛立女屛風)를 보라. 이 병풍이 여섯 폭이라는 것은 앞에서 이미 말했다. 즉 똑같은 여성상이 여섯 장이나 있는 것이다. 각각 기본적으로는 풍만한 얼굴에 굵은 눈썹 그리고 길게 찢어진 눈, 붉고 진한 입술에 볼연지를 바르고 있다. 당나라의 찬란한 문화를 동경하던 그 시대의 미인상이라고 할 수 있다.

자세히 살펴보면 여인의 이마에는 화전(花鈿)이라 불리는 초록색 점 네 개가 마름모꼴로 늘어서 있고 양 입술 사이에는 엽전(靨鈿)이라 불리는 초록색 점이 각각 하나씩 찍혀 있다. 이것은 중국의 수(隋)나 당나라에서 전해진 화장법으로, 당의 삼채여용(三彩女俑)이나 중국 서역을 포함한 실크로드 지역에서 출토되는 여인상에서도 많이 보인다는 이유로 그 기원을 고대 인도나 오리엔트에서 찾을 수 있다고 한다. 당나라 이후의 중국에서, 예컨대 10세기의 후오대(後五代, 907~960)에 그려진 벽화의 여인 공양상(供養像)에서도 그러한 화장을 찾아볼 수 있는 등 그 화장법은 한동안 계속된 듯하다. 그러나 일본에서는 화전뿐만 아니라 엽전 등과도 같이 얼굴에 그리거나 붙이는 점처럼 포인트를 주는 화장은 보급되지 않았던 것 같다. 나중에 말할 장신구와 마찬가지로 얼굴을 치장하는 화장은 얼굴의 존재를 강조하는 것이기 때문에 일본에서는 미로 생각되지 않았다고 여겨진다.

이마의 화장법에는 앞에서 말한 화전 외에 중국의 액황(額黃)이나 매장(梅粧), 인도의 티카가 있다. 액황은 중국의 육조 시대에 부인들 사이에서 행해진 풍습으로 이마에 황색을 발라 장식한 것이라고 한다. 머리털이 나기 시작한 이마의 가장자리를 정리하기 위해서라는 설도 있다. 매장은 부인의 이마에 매화를 붙이는 화장법이라고 한다.

고대 인도의 티카에 대해서는 마쓰야마 슌타로(松山俊太郎)의 「고대 인도인의 치장」[5]에 자세히 설명되어 있다. 마쓰야마 슌타로는 "원래 기혼의 부인만이 붙였다고 추측된다. 처음에는 어머니의 손으로 나중에는 가끔 남편이나 애인이 치장해주는 '이마 장식'(額飾 : 티카를 말한다)이었는데 부인이 본의 아니게 발휘하는 '사안'(邪眼 : 이마에 있다고들 하는 제삼의 힘)*을 봉쇄하기 위해 '주술'로서 생겨났다는 것은 상당히 확실한 것이 아닐까?"라고 말한다.

즉 티카는 결혼 직전에 붙이기 시작하는데, 여성이 "친하게 접하는 남자를 '사안'으로 상처를 주지 않게 하기 위해서라고 추측되기 때문에 미혼이어도 많은 남성과 접하는 창부(娼婦)는 붙이고 기혼이라도 남편과 사별한 과부는 붙이지 않을 것이다."고 한다. 그리고 "일반적으로 고대 인도의 남성은 '화장'인 '티카'를 하지 않았다. …… 그러나 언제부터인지 힌두교의 신자들에 의해 세속화한 여인용의 '티카'와는 성격을 전혀 달리 하는 종교적인 '이마의 표지'가 고안되었다."고 한다. 그 기원은 "인도인, 특히 시바파의 신자에게 '청정'(清淨)하고 '신성'(神聖)한 존재로 간주된 '재'(灰)의 도포(塗布)이고 …… '재의 도포' 자체가 '시바의 제삼안(第三眼)'에 '감화되어 닮아가는 것'이

사안
보는 자를 불행하게 하거나 죽음에 이르게 한다는 눈을 말한다.

며 "인간의 '이마' 내부에 있는 '잠재적인 제삼의 눈', 즉 '정지(淨知)의 눈'이 활동을 개시한다고 이해되기 때문이다."고 하는 점은 이마가 '카인의 낙인'으로 대표되는 징벌의 낙인이 찍히는 부위이고, 로마 가톨릭에서는 성회(聖灰) 수요일에 재를 바르는 부위이기도 하다는 점과 관련해서 보면 무척 흥미롭다.

장신구 문화가 사라지다

눈썹먹으로 눈썹을 그림으로써 그 존재를 명확히 하고 백분을 바름으로써 하얀 피부를 강조하는 등 화장을 하여 얼굴의 한 부분을 가리거나 드러낼 수 있고 또 그 존재를 명시할 수도 있다. 그런 의미에서 장신구는 화장이나 얼굴에 대한 연구와 무관한 것이 아니며 양자의 관계를 살피는 것은 반드시 필요한 것이다. 어떤 민족은 화장으로 끝내는 일을 다른 민족은 장신구까지 사용하는 예가 적지 않다.

1991년 겨울 비와 호(琵琶湖) 밑바닥에서 발견된 '아와즈 호(粟津湖) 밑바닥 유적'에서 조몬(繩文) 시대(기원전 1만 3천 년경부터 기원전 10세기까지) 중기에 사용된 것으로 보이는 귀고리, 즉 '지센(耳栓)'이 발견되었다. 크기는 지름 25밀리미터, 두께 20밀리미터의 흙으로 만든 것으로, 표면에는 철단(鐵丹)을 섞은 적칠(赤漆)이 되어 있으며 시기는 조몬 중기 전반의 것으로 추정되었다. 지금으로부터 4,500년쯤 전이 되는데, 일본에서 가장 오래된 귀고리라고 할 수 있다. 같은 모양의 흙으로 만든 귀고리가 오카야마(岡山) 시의 오카야마

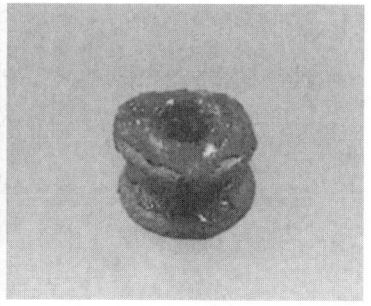

오른쪽 귀고리(耳栓). 아와즈 호 밑바닥 유적 출토.
왼쪽 귀고리를 한 토용. 우와노즈카(上野塚) 주변의 고분에서 출토.

대학 구내 유적에서도 발견되었다. 지금으로부터 3,000년쯤 전인 조몬 시대의 것으로, 도르래 모양(滑車形)이라고 불리는 지름 35밀리미터, 두께 8밀리미터 크기인데, 철단이나 주홍색 안료로 채색되어 있다. 어느 것이나 귓불에 구멍을 뚫고 거기에 끼워서 사용했다.

　그 후 고분 시대*까지 귀고리를 포함해 팔찌, 목걸이, 반지 등 다양한 장신구를 몸에 달았다. 유적을 발굴하면 많은 장신구가 발견되었다. 바로 장신구 문화의 시대였다. 그렇다고 해서 누구나 장신구를 몸에 달았던 것은 아닐 것이다. 치장보다는 권위라는 상징적 의미를 가졌던 것으로 보인

고분 시대
고대 일본에서 고분이 많이 만들어졌던 시대로, 야요이 시대에 이어 3세기 말에서 7세기경까지를 일컫는다. 계급사회가 성립했고, 특히 야마토(大和) 조정을 중심으로 정치권력이 강화되었다.

다.

그럼 고대 장신구 문화의 대체적인 흐름을 조망해보기로 한다.

우선 조몬 시대다. 고고학자에 따르면 귀, 목, 팔, 손가락, 허리에 장신구를 달았지만 복사뼈에도 장식했을 가능성이 있다고 한다. 빗, 비녀는 이 시대의 얼마 안 되는 실용적인 장신구였는데 나무, 대나무, 뼈로 만들었다. 야요이(弥生) 시대(기원전 10세기 중엽부터 기원후 3세기 중엽까지)가 되면 목, 팔, 손가락 등을 중심으로 장신구를 달았다. 귀고리는 보이지 않고 반지도 일반적이지 않았다고 한다. 한반도에서 전해진 북방 청동기 문화의 장신구가 등장하지만 권위의 상징으로 생각되었고 대중화되지는 않았다. 재료에는 유리나 철, 구리가 보이고, 특히 팔 장식에서는 이상하게 조개 팔찌가 발달하여 특정 계급의 전유물이 되었다.

고분 시대의 전반은 야요이 시대의 장신구를 답습하여 조개 팔찌가, 착용하지 않는 보물인 차륜석(車輪石)* 등으로 변모해갔다. 고분 시대 후반이 되면 한반도의 금은제 장신구가 도입되어 점차 국산화되었다. 일본인이 처음으로 금은 장신구로 요란하게 꾸민 시대이기도 했다.

이처럼 지금 말하는 귀고리를 포함해 팔찌, 목걸이, 반지 등 다양한 액세서리가 사용되고 있었다. 그러므로 당시의 인물 토용을 보면 신분이나 계층을 구별할 때 장신구가 하는 역

차륜석

고분 시대에 짙푸른 옥으로 만든 팔찌 모양의 보물. 야요이 시대의 조개 팔찌에서 기원한 것이다. 가운데에 구멍이 있고 겉에는 방사상의 조각이 있으며 크기는 대개 긴 지름이 40센티미터, 짧은 지름이 30센티미터 정도의 것으로, 구멍이 작아서 팔찌로 보기는 어렵고 아껴 간직하는 값진 물건이었을 것으로 추정된다.

「자수 석가여래 설법도」(나라 국
립박물관 소장)

할은 무시할 수 없다.

나라(奈良) 시대(710~794)에 만들어졌다고 하는 자수로 만든 부
처 「자수 석가여래 설법도」(刺繡釋迦如來說法圖)에는 석가모니 옆에서
설법을 듣는 보살이 목걸이를 한 채 양귀에 커다란 구멍을 뚫고
거기에 귀고리를 달아 내려뜨리고 있으며, 그것보다 1세기쯤 전
에 그려졌으나 1949년(쇼와 24)에 소실된 「호류지 금당벽화」(法隆寺
金堂壁畵)에 그려진 협시(挾侍) 관음
상도 마찬가지로 목걸이에 둥근
고리 모양의 귀고리를 하고 있는
등 아스카(飛鳥) 시대*에서 나라

아스카 시대
6세기 후반에서 7세기 중엽까지. 백제와
중국의 제도와 문물이 수입되어 일본 국내
의 여러 가지 체제가 혁신되고 특히 불교
미술이 발달했다.

시대에 걸친 불교 회화에는 장신구를 하고 있는 불상이 많이 보인다. 불교가 전래된 후 얼마 동안은 장신구가 존재했던 것으로 보인다.

그러나 율령 시대에 접어들자 고분 시대까지 사용되었던 장신구가 사라져간다. 이 시대는 조몬 시대 이래의 풍속이나 종교, 관습이 부정되고 복장 ─ 의복의 종류, 천, 색조가 상세하게 규정되었다 ─ 에 의해 신분이나 계층의 식별이 가능하게 되었다. 그리고 아스카 시대나 나라 시대도 중국대륙의 새로운 풍속이 종래의 풍속과 혼재하거나 또는 일세를 풍미했고, 화장에서는 「도리게리 쓰조노뵤부」에 그려진 당나라풍의 이마 화전이나 입술 옆의 엽전 같은 포인트 화장이 일부에서 행해졌다고 한다. 그러나 당나라풍의 이러한 화장에 대해서는 회화로부터의 정보가 중심이고, 실제로 어느 정도 유행했는지를 기록한 문헌이 거의 없기 때문에 상세한 것은 알 수 없다.

사실상 몸에 직접 붙이는 장신구가 사라지고 당나라풍의 화장도 남지 않았다. 헤이안 시대(794~1185)에 접어들어 점차 '국풍문화'(國風文化)라 불리는 일본 특유의 문화가 만들어지는데 거기에서는 장신구의 편린조차 찾아볼 수 없다.

이 사실을 어떻게 해석하면 좋을까? 나름대로 결론을 말하자면, 몸 자체의 장식을 부정하는 문화의 존재를 생각해볼 수 있다. 장신구를 착용한다는 것은 착용한 부위 자체의 존재를 의식하게 만든다. 포인트 화장도 그렇다. 이마라든가 입가를 장식함으로써 각 부위의 존재를 명확히 하고 그 존재를 의식하게 만드는 것이다. 그렇다면 그 부정은 얼굴이나 몸 각 부위의 존재를 부정하는 것으로 이어진다. 자세한 것은 나중에 설명하겠지만 오늘날 일본인의 몸이나 얼굴의 전통문화가 어디에 뿌리를 두고 있는지를 이 무렵에서 찾아볼 수 있을 것이다.

율령 시대 이후 메이지 시대에 접어들기까지 약 천 년 동안은 몸에 직접 붙이는 장신구 문화가 공백인 시대를 맞게 된다.

헤이안 시대의 얼굴이란

헤이안 시대라고 하면 일반적으로 문화가 발달하고 현 일본문화의 뿌리가 완성되는 시대라고 한다. 즉 8세기 말부터 12세기 말에 이르는 기간인데, 이 시대는 여류 가인(歌人) 또는 절세의 미녀로 유명한 오노노 고마치(小野小町, 809년경~901년경)가 살았던 시대이기도 하다. 당시는 당나라풍 문화의 전성기라고도 하는 시대인데, 나중에 주니히토에(十二單 : 헤이안 시대인 10세기부터 시작된 여성 귀족용의 정장-역주)라 불리는 여성 귀족 의복이 완성되기 전이다. 『햐쿠닌잇슈』(百人一首)*에 그려진 주니히토에를 입은 고마치의 모습은 그녀가 살았던 시대를 나타낸 것이 아니라고도 한다. 헤이안 중기의 후지와라(藤原) 시대(894~1285)는 왕조 시대라고도 하고 고대 율령제와 중세 봉건제의 과도기에 해당하기도 한다.

대륙에서 전해진, 하얀 피부를 아름답다고 생각하는 의식

햐쿠닌잇슈
고래의 대표적인 가인 백 명을 뽑고 그 한 사람 당 한 수의 노래를 가려 뽑아 만든 사화집(詞華集)이다.

은 헤이안 시대에 한층 명확해진다.

하얀 얼굴은 검은 머리와 대비되어 성립되었다고 하는데, 결코 백분을 두껍게 바르는 것을 의미하지는 않는다. 오히려 다음과 같이 투명하면서 하얀 것이 중요시된 것 같다.

여자의 얼굴은 푸른빛을 띠고 수척해졌다고 해도 특히 그 색은 새파랗고 하얗고 아름다우며, 투명한 듯이 보이는 피부색은 참으로 아름답고 기품이 있습니다.(『겐지 이야기』, 「봄나물 하」)

여승은 보통 신분의 사람으로는 보이지 않습니다. 마흔이 넘은 정도로 피부색은 무척 하얗고 기품이 있으며 수척하기는 하지만 뺨은 포동포동하고 눈언저리의 모습이나 머리가 단정하게 잘린 것도, 긴 머리보다도 오히려 더없이 현대풍의 느낌이 드는 것 같아서 흥미롭게 바라보았습니다.(『겐지 이야기』, 「어린 무라사키」)

안색은 무척 하얗게 빛나는 것 같고 여러 가지로 사람들로부터 보이지 않도록 했습니다.(『겐지 이야기』, 「법회」)

시키부의 시중을 드는 아이는 나이가 어립니다. 정말 통통하고 살찐 피부색이 무척 하얗고 빛나는 것처럼 반들반들 아름답습니다.(『무라사키 시키부 일기』)

이 시대는 백분을 벽처럼 두껍게 발라서, 웃으면 부슬부슬 벗겨져 떨어지기 때문에 부채로 얼굴을 가렸다는 이야기를 자주 하는

데,『겐지 이야기』같은 걸 읽거나 나중에 말할 백분의 재현 실험으로부터 판단해보면 이는 잘못된 것 같다. 이 점에 대해 곤도 도미에(近藤富枝)는『복장에서 본 겐지 이야기』[6]에서 "당시에는 하후니* 등의 백분도 있었지만 휘장** 밖으로 거의 나가지 않고 깊숙한 방에 있던 아씨가 하후니를 바를 필요가 있었는지는 다소 의문이다. 그러나 당시는 천연두가 맹위를 떨치는 일이 많았으므로 마마자국을 두꺼운 화장으로 감출 필요가 있었던 것은 틀림없는 사실"이라고 썼다.

이 시대도 볼에 연지를 그대로 또는 백분에 섞어 사용했다.『겐지 이야기』의「패랭이꽃」(常夏)이나「잇꽃」(末摘花)을 비롯해『에이가 모노가타리』(榮花物語) 19권에 "연지를 빨갛게 발라 화장하고"라고 한 것 외에,『규안4년기』(久安四年記)에는 "여자가 연지를 바르는 모습은 볼은 빨갛게 그 주변은 번지는 것처럼 옅게 색칠한다."고 하여 연지를 흐릿하게 바르는 방법이 기록되어 있기도 하다.

백분의 재현 실험

하후니
白粉(はくふん, 하쿠훈)에서 바뀐 말. 쌀가루로 만든 백분.

휘장
옛날 귀인의 방 칸막이나 가리개로 사용하던 물건. 보통 서너 자 높이의 기둥 위 가로대에 휘장을 늘어뜨렸다.

『겐지 이야기』시대에 백분이 과연 웃으면 떨어질 정도로 벽처럼 두껍게 발랐던 것인지, 또는 백분이 흰 정도는 어느 정도였는지를, 가능한 범위 안에서 실험하여 우리의 감각으로 파악해보고자 했다.

백분이라고 하면 납으로 만든 것과 수은으로 만든 것이 있다. 7세기 말 일본에 납으로 만든 백분이 존재했다는 것은 앞에서 말한 대로다. 헤이안 시대 초기의 제도를 기록한 『엔기시키』(延喜式, 927)에는 '호분'(胡粉), '백분'(白粉)이라고 기록되어 있으며 원료로는 납 이외에 찹쌀이나 좁쌀 등의 곡물이 사용되었다고 한다. 같은 무렵 『와묘루이주쇼』(倭名類聚抄 : 헤이안 시대 중기[931~938]에 만들어진 사전이다—역주)에는 '백분·하후니'(납[鉛] 백분)와 '분(粉)·분(しろき もの)'을 찾아볼 수 있다.

그 외에 수은으로 만들어진 백분, 즉 '이세(伊勢) 백분' 또는 '게이훈'(輕粉 : 하라야로 읽기도 한다—역주), '하라야'(水銀粉)가 나중에 등장하게 된다. 그 어원이 어떻게 되는지, 언제쯤부터 사용되었는지는 확실하지 않지만 16세기 초에 성립한 『시치주 이치방쇼쿠닌우타아와세』(七十 一番職人歌合) 등에 백분 장수나 수은 캐는 사람이 보이기 때문에 백분에 수은이 사용된 것은 무로마치(室町) 시대(1336~1573) 이후라는 설도 있다.

실험의 재료인데, 납 백분이 당시 그대로 대량으로 남아 있다면 실제로 피부에 발라 그 시대의 미의식을 살펴볼 수가 있다. 그러나 유감스럽게도 그것은 존재하지 않는다. 나중에 에도 시대의 납 백분이라도 있었으면 좋겠다고 생각하여 지방에 출장을 갈 때마다 고미술상이나 고도구점을 찾아가봤지만 실험에 사용할 정도의 양을 모을 수는 없었다. 그래서 폴라문화연구소(ポーラ文化研究所)의 연구팀이 옛날 방식대로 납 백분을 만들었고 그것을 얼굴에 발라 백분이 얼마나 흰지 관찰해보았다.

재현 실험은 에도 시대의 초기에 일본에 전해진 중국의 기술백과전서 『천공개물』(天工開物, 宋應星, 명나라 말기)에 기재되어 있는 방식에 따른 것이다. 우리는 비커를 사용해 만들었다. 기본적으로 초산 산성에서 초산연을 생성시키고 이를 이산화탄소로 분해하여 염기성 탄산납을 얻는 방법이다.

우선 맨 처음에 화학 실험용 일급 시약인 납 막대를 롤러로 얇게 늘려 판자 모양으로 만들고(납의 표면적을 크게 하는 것) 초산을 넣은 비커에, 납을 초산에 직접 닿지 않도록 넣고 중탕으로 섭씨 50도로 가열하여 초산 증기를 닿게 하면서 드라이아이스에서 나오는 초산 가스를 약간 비커 안으로 넣는다(반응을 빨리 하기 위해). 2, 3일 연속해서 가열하면 납 표면에 하얀 분말이 솟아나듯이 부풀어 올라 납 백분이 만들어진다. 이 하얀 부분을 핀셋 끝으로 긁어내 분말로 만들고 비단 천 조각으로 체를 쳐서 미세한 가루로 만든 다음 마지막으로 물로 씻어 사용한다. 이 염기성 탄산납은 시약으로 시판되고 있기는 하지만 만드는 방법에 따라 성분, 분말도(粉末度), 결정성(結晶性)이 달라 화장 효과도 달라질 거라고 생각했으므로, 만약을 위해 시판되고 있는 것은 사용하지 않았다.

염기성 탄산납은 몇 년 또는 수십 년의 장기간 동안 계속해서 피부에 바르면 만성 납중독을 일으키겠지만 잠깐 바르기만 해서는 문제되지 않을 것이라고 판단하여 내 얼굴이나 팔에 발라 보았다. 피부에 바를 때는 물에 녹여 피부에 문지르거나 가루 그대로 바르기도 했고 바탕에 머릿기름을 바르기도 했다.

바르는 순간에는 어떤 결과가 나올지 가슴이 두근두근했다. 현재의 가부키 배우처럼 새하얗게 될지 아니면 그리 하얘지지 않을지 궁금하지 않을 수 없었다.

답은 금방 나왔다. 그리 하얘지지는 않았다. 이 납 백분은 피부에 잘 붙었고 잘 퍼졌으며 투명감이 있는 하얀색으로 완성되었다. 피부를 현미경으로 들여다보니 백분이 덩어리가 되어 모공에 괴어 있었으며 피부 위에 얇게 부착되어 있었다. 두껍게 바르려고 해도 좀처럼 피부에 붙어 있지 않았다. 이 백분만으로는 얼굴에 진흙팩처럼 두껍게 바르는 게 쉽지 않았다. 헤이안 시대에 입수할 수 있는 점액, 예컨대 머리를 다듬는 데 쓰이는 남오미자를 섞는다고 해도 그렇게 두껍게는 바를 수 없었을 것이다.

다만 내 피부색은 하얗지 않았기 때문에 모공 부분에 남은 백분은 하얀 점으로 남았고, 가까이에서 보면 두드러져 보였다. 하지만 멀리서 보면 부자연스럽지 않았으며, 희미하게 하얘서 예뻐 보였다.

하얀 피부와 계급

에마키모노(繪卷物 : 이야기 · 전설 등을 그림으로 그린 두루마리—역주)에 그려진 인물을 여러 가지로 비교해보면, 예컨대 「하세오쿄소시」(長谷雄卿草紙)나 「가스가곤겐켄키에마키」(春日權現驗紀繪卷, 가마쿠라 후기)처럼 귀족이나 그 주변 남녀의 얼굴은 희게 그리고 일반 무사나 서민의 얼굴은 그 이외의 색, 즉 보통의 피부색으로 칠하고 있

「가스가곤겐켄키에마키」(春日權現驗紀繪卷). 화장한 궁정 귀족(**왼쪽**)과
아랫사람(**오른쪽**)

다는 것을 알 수 있다. 현실적으로 화장이 가능할 정도로 유복한
사람은 귀족계급이었고, 이들만 귀중한 백분을 바를 수 있어서 피
부가 하얬던 것이다.

화장에 대해서는 몇몇 문학 작품에 기술되어 있는 것으로부터
도 생각해볼 수 있다. 오래된 것으로는 『마쿠라소시』(枕草子)를 들
수 있는데, "황족의 시중을 들던 사람의 얼굴 피부도 드러나 보였
는데 무척 검은 얼굴에 백분이 발라져 있는 곳은 눈이 얼룩처럼
드문드문 남아 있는 것 같은 느낌으로 보기에 몹시 흉했다."고 되

어 있어, 황족의 시중을 들던 사람까지 백분을 발랐다는 것을 알 수 있다. 그리고 『마스카가미』(增鏡)의 1243년 부분에는 나이든 사람들이 "아무리 젊은 사람이라 하더라도 재판을 담당하는 사람이 하얗게 바르는 일이 있을까?"라고 수군거렸다고 씌어져 있는 등 신분이 높은 사람이 백분을 바르는 것은 일반적이었던 모양이다.

『헤이케모노가타리』(平家物語)에는 "잡아 누르고 목을 베려고 투구를 들어 올리고 보니 나이는 고작 열여섯 정도인데 엷은 화장을 한데다 이도 검게 물들였다."는 대목이 있다. 헤이케(平家)의 귀공자들은 백분을 바르고 눈썹을 두껍게 그리고 이를 검게 물들였던 것이다.

이상과 같이 실제로 귀족계급이 백분을 발랐고 그만큼 피부는 하얬을 것으로 생각되는데, 에마키의 세계에서도 피부의 색으로 신분계급의 차이를 구체적으로 표현하고 있다. 하얀 피부의 우월성은 그 후에도 더욱 강해지고 널리 일반 사람들에게까지 보급되어갔다.

콧날이 오뚝한 미인관의 발생

고대에서 중세에 걸친 화장에 대해 말해왔지만, 당시의 화장은 어떤 미의식에 따라 이루어지고 있었을까? 잠시 얼굴에 대한 당시의 미의식과 그 배경에 대해 해석해보고자 한다.

헤이안 시대 후반이 되자 중국 문화의 영향에서 벗어나 국풍(國風) 문화*가 형성되었는데, 그때 얼굴에 대한 새로운 미의식이 발

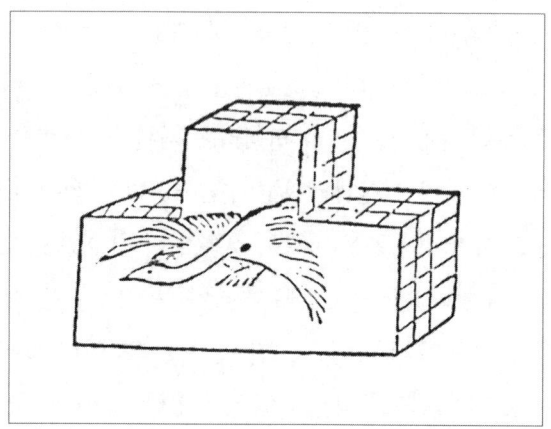

백분 가게의 간판(『진린킨모즈이』에서)

생했다. 정확하게 말하자면 미의식을 명확하게 보여주는 자료가
문헌이나 회화에 등장한다고 말하는 것이 옳을 것이다.

그런 의식의 하나가 에도 시대의 백분 가게의 간판에 상징적으
로 표현되어 있으므로 간판을 보기로 하자.

위 그림은 겐로쿠(元祿) 3년(1690)에 정리된, 그림이 들어간 백과
사전 『진린킨모즈이』(人倫訓蒙圖彙)에 실려 있는 백분사(白粉師) 그림에
서 베낀 것인데, 마치 올림픽 시상대처럼 보인다. 이 형태와 그림,
그리고 전체의 색에 의미가 있다. 즉 백분같이 흰 간판 옆에 그려
진 새는 흰 것을 대표하는 백로다. 백로처럼 하얘지는 백분을 의
미하는 것이다. 이 시상대 형태
는 凸, 즉 한가운데가 높아 '가
운데가 높은 것'[中高]을 나타낸
다. 얼굴에서 말하자면 한가운

국풍 문화
중국의 영향이 강했던 나라 시대의 문화
(唐風)에 비해 헤이안 중기에서 후기에 걸
쳐 번성한 일본풍의 귀족문화를 가리킨다.

데가 높은 것이니 콧날이 오뚝한 훌륭한 용모, 즉 미인을 의미하게 된 말이다. 다시 말해 이 간판은 "여기서 팔고 있는 백분을 사용하면 백로처럼 피부가 하얘지고 콧날이 오뚝한 미인이 된다."고 호소하고 있는 것이다. 콧날이 오뚝한 미인관은 멀리 헤이안 시대 후기까지 거슬러 올라갈 수 있다.

헤이안 시대 후기에 만들어진 『하마마쓰추나곤모노가타리』(浜松中納言物語)에서는 "얼굴 모양은 가늘지도 않고 볼록하지도 않고 적당한 정도이지만 가운데가 살짝 올라간 느낌이고 색은 하얗다.", 『무라사키 시키부 일기』(紫式部日記, 1008~1010)에는 "궁의 내시야말로 …… 콧날이 오뚝한 얼굴이며 색은 엷고 희며 다른 사람들보다 뛰어나다"고 적혀 있다. 이런 글에서는 이미 소개한 백분 가게의 간판으로 상징되는 의식을 읽어낼 수 있다. '콧날이 오뚝한' 미인관은 다음 시대에 더욱 발전하여 일본인의 미의식에서 중요한 위치를 차지하게 된다.

아름다운 얼굴의 요소로서 콧날뿐만 아니라 얼굴의 윤곽이나 형태 역시 중요하다. 헤이안 시대에 사람들이 선호한 얼굴은 에마키모노에 그려진 것처럼 볼록하고(아랫볼이 불룩한 얼굴) 둥근 얼굴인데, 늘어뜨리는 머리 모양이 그것에 어울리는 얼굴 모양을 규정하는 것으로 여겨진다. 대충 말하자면 이러한 경향은 에도 시대 중기까지 이어진다. 머리 모양과 관련해서 말하자면, 헤이안 시대의 늘어뜨린 머리에서 이른바 일본 특유의 머리 모양이 형성되고, 나아가 살쩍이 튀어나오고 커다란 상투가 머리 위로 올라가 두부(頭部)가 더욱 커짐으로써 종래의 균형이 무너지고 세로로 긴 얼굴 모양까지 요구하게 된다.

오늘날에는 미인은 계란형이라는 신화가 있다. 계란형이라는 말은 옛날부터 있었던 것처럼 보이지만 사실은 제2차 세계대전 후에 등장한 번역어다.

그런데 어느 정도 볼록한 얼굴이었는지는 분명하지 않지만 『겐지 이야기』에서도 "야위기는 했으나 볼은 볼록하고", "무척 하얗고 매력적이며 포동포동하게 살이 찐 몸집이 큰 사람이고, 머리나 이마의 모양도 좋고 눈빛이나 입매가 매우 귀염성이 있으며 아리따운 용모다." 또한 마찬가지로 『무라사키 시키부』에서도 다이나곤(大納言)*인 주군은 "하얗고 너무나도 사랑스러우며 토실토실하게 살이 쪘지만 (중략) 모두 비할 데 없이 섬세하고 아름답다." 그리고 『에이카모노가타리』의 황후도 "원래 포동포동한 얼굴을 갸웃하니 무척 아름답다."고 하여 통통한 것이 꽤 많은 지지를 받고 있다.

눈썹을 제거하고 다시 그려 넣다

나라 시대까지 미의식의 중심이었던 눈썹 화장은 헤이안 시대에 접어들어 귀족 문화가 발달함과 동시에 더욱 발전하여 눈썹을 뽑는 화장으로 뚜렷하게 변해간다. 『마쿠라소시』에는 "무상감을 느끼게 하는 것은, 끊임없이 코를 풀고 콧물을 늘어뜨리며

다이나곤
일본의 율령제에서 사법, 행정, 입법을 관장하는 최고 국가기관인 다이조칸(太政官)의 차관에 해당하는 관직.

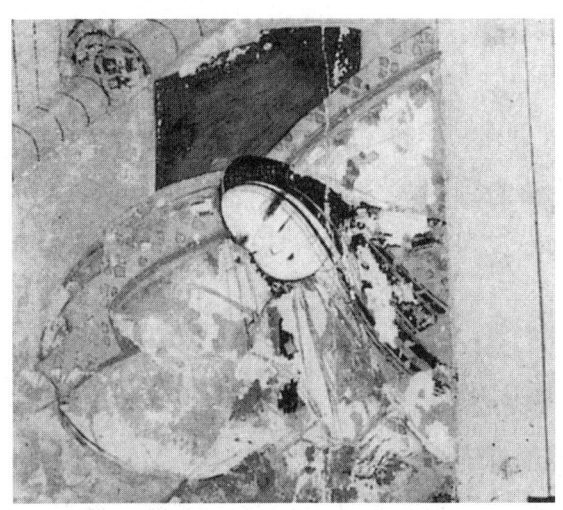

『겐지모노가타리에마키』「정자 1」〔東屋一〕. 도쿠가와(德川) 미술관 소장

이야기할 때의 목소리와 눈썹을 뽑았을 때의 얼굴", "좀처럼 없는 것 …… 털이 잘 뽑히는 은으로 만든 족집게"라고 한 것처럼 눈썹을 족집게로 확실히 뽑는다는 표현을 볼 수 있다. 면도칼이 화장도구로 등장하기 시작하는 에도 시대 전기까지는 족집게가 눈썹화장의 주역이었다. 조시(鑷子 : 금속제 족집게—역주)라고 불린 족집게는 미시마타이샤(三島大社)나 구마노(熊野)의 하야타마타이샤(速玉神社) 등에 봉납되어 있는 화장도구의 하나인데, 기본적인 형태는 현대의 것과 그다지 다르지 않다.

현대에는 남성도 눈썹을 뽑는 시대가 되었지만 눈썹을 뽑으면 얼마나 늙어 보이는가를 쉽게 알아보기 위해서는 얼굴 사진을 확대 복사하여 눈썹 부분을 하얗게 칠해 지워보면 된다. 아마 짙은 눈썹이 젊음을 표현한다는 것을 이해할 수 있을 것이다.

눈썹 화장도 뽑는 것만이 아니라 뽑은 다음에 다시 그려 넣는 것이 요구되었다. 회화 자료는 그 변천을 분명히 보여준다. 헤이안 시대 말기인 12세기에 그려진 『겐지모노가타리에마키』(源氏物語繪卷)를 보면 전형적인 히키메카기바나(引目鉤鼻)*인데 눈썹은 약간 두껍지만 직선에 가깝다. 하지만 거의 눈을 감은 듯한 실눈과 평행한 채 윤곽이 흐릿하게 넓은 이마 아래쪽에 눈썹이 그려져 있다. 그 위치는 원래의 눈썹이 있던 자리다.

그런데 가마쿠라(鎌倉) 시대가 되면 『산주롯카센에마키』(三十六歌仙繪卷, 가마쿠라 중기)의 나카쓰카사(中務)**상(像)처럼 눈썹을 인공적으로 만들고 이마 가장자리와 눈의 거의 중간 지점에 눈썹을 크게 그리게 된다. 그 후 시간이 지나면서 두꺼워지고 이마 가장자리에 가까워진다. 아즈치모모야마(安土桃山) 시대(1568~1603)가 되면 「아자이 나가마사 부인상」(淺井長政夫人像)처럼 완전히 이마 위로 올라가 거의 이마 가장자리 바로 밑에 굵게 그려진다. 시대와 함께 그려 넣는 눈썹의 위치는 자연스러운 위치에서 이마 위까지 올라가고, 결국에는 이마 가장자리 가까이까지 올라간 것을 알 수 있다.

눈썹을 뽑고 이마 위쪽에 그려 넣는 것은 여성에 한정된 것이 아니었다. 조정이나 헤이케(平家)의 귀공자들이 이를 검게 물들이고 백분을 바르며 눈썹을

히키메카기바나
헤이안 시대의 그림에서 볼 수 있는, 특히 귀족의 얼굴을 묘사하는 방법의 한 가지다. 눈은 실눈, 코는 'く'자 모양, 얼굴 윤곽은 통통한 것이 특징이다.

나카쓰카사
나카쓰카사(中務, 912~991)는 헤이안 시대 중기의 여류 가인으로서 36가선(歌仙) 중의 한 사람이다.

그려 넣는 것은 가마쿠라 시대에 정리된 『헤이케모노가타리』(平家物語) 등의 군키모노가타리(軍記物語)*에 상세하게 소개되어 있다.

또한 당시 지고(稚兒)의 세계에도 화장은 침투했다. 오늘날 지고라고 하면 사원 등에서 화장을 하고 지고 복장을 한 채 제례행렬에 참여하는 남녀 아동을 떠올릴 것이다. 화장을 하고 지고 행렬에 참가한 경험이 있는 사람이 있을지도 모른다. 지금은 지고라고 하면 유치원 아동에서 초등학교 저학년 정도의 어린이를 가리키지만 예전에는 사원 등에서 심부름을 하던 좀더 나이가 든 소년을 가리켰다.

여인의 출입을 금하는 사원에 지고를 두는 풍습은 헤이안 시대의 이른 시기까지 거슬러 올라간다고 한다. 당시의 지고들도 화장을 한 듯한데, 그것에 대해서는 닌나지(仁和寺)의 슈카쿠호신노(守覺法親王 : 1150~1202, 고시라카와(後白河) 천황의 두 번째 왕자)가 저술한 『우키』(右記)에 상세하게 나와 있다. '아이들의 동정'(童形等消息事) 부분에는 25개조에 걸쳐 예의범절이 한문체로 써어 있다. 그것에 따르면 출가하는 연령은 "삭발은 열일곱 또는 열아홉으로 그 연령을 정해야 한다. 그리고 푸른 먹으로 그린 아름다운 눈썹, 연지와 분을 바르는 화장은 고작 4, 5년이다."라고 되어 있다. 열두 살부터 열네 살 정도에 지고로서 절에 들어가 열일곱이나 열아홉에 출가할 때까지의 4, 5년간은 연지와 백분을 바르고 눈썹을 그렸다는 이야기다. 화장을 하고 마치 여성 같은 옷차림을 하고 있었다.

군키모노가타리

가마쿠라 시대부터 무로마치(室町) 시대에 걸쳐 쓰인 역사상의 전쟁을 소재로 한 문예.

사원에서는 여인의 출입을 금했으므로 미모의 지고는 승려의 남색 대상이었다고 한다.

그 부분에 대한 자세한 사정은 무로마치 시대에 쓰인 '지고 이야기'라 불리는 이야기책들을 보면 알 수 있다. 주인공인 지고를 둘러싼 승려의 갈등이 그려지고 동성간의 비련을 주제로 하고 있다. 그런 이야기에 등장하는 어린 귀인은 소년의 모습인데, 백분을 발라 하얀 얼굴에 세련된 굵은 눈썹을 하고 있었다. 그 모습은 『지고 문수보살상』(稚兒文殊菩薩像)이나 『아시비키에』(芦引繪) 등에도 보인다. 또한 그 눈썹 화장에 대해서는 아시카가 요시미쓰(足利義滿)가 출가했을 때(1395)의 기록으로서 다카쿠라 나가유키(高倉永行)가 정리한 『호타이쇼조쿠쇼』(法體裝束抄)에 딸려 있는 「도타이쇼조쿠」(童體裝束)에 자세히 소개되어 있다. 이 「도타이쇼조쿠」는 아시카가 요시미쓰의 아들 요시모치(義持)가 성인식을 할 때(1394) 사용한 것을 기록한 것이다. "지고 눈썹. 위쪽에 눈썹 그리는 먹을 진하게 바르고 끝 부분을 아름답게 비치도록 흐릿하게 한다. 동자(童子) 눈썹. 초승달 모양으로 가운데는 진하게 칠하고 양끝을 흐릿하게 하면 좋다."고 씌어 있다.

지고 교육에 관한 학습 교본에도 눈썹 그리기만이 아니라 이쑤시개(칫솔)의 사용 방법, 머리를 묶는 방법 그리고 거울이나 이쑤시개를 몸에서 떼어놓지 말라고 한다거나 손톱, 이를 검게 물들이는 관습까지 나와 있다.

이를 검게 물들이는 관습의 등장

눈썹을 밀고 이마 위에 그리는 화장 문화는 이를 검게 하는 것을 요구했다. 그것이 '이를 검게 물들이는' 문화다.

이에 대한 고대의 미의식은 고고학 분야에서 찾아볼 수 있다. 조몬 시대 후반에서 말기(약 3천~2천3백 년 전)에는 대부분의 성인이 발치(拔齒)를 했다. 건강한 송곳니(2개)를 뽑았던 것이다. 14~16세 이상의 사람에게서 보였는데, 성인식에서 이를 뽑은 모양이었다. 4개나 6개를 뽑기도 하고, 결혼할 때나 재혼할 때 또는 가까운 사람이 죽었을 때도 뽑았던 것으로 보인다.

헤이안 시대에 갑자기 등장한, 이를 검게 물들이는 풍습은 귀족 사회에서 여성이 성인이 되었음을 표시하는 의미로 시작되었다. 나중에는 일반 여성이 결혼한 것을 의미하게 되었는데, 이런 풍습은 메이지 시대가 될 때까지 천 년 가까이 지속되었다. 게다가 여성만이 아니라 일부의 남성까지도 이를 검게 물들였다.

헤이안 시대 이전에도 중국의 문헌, 예컨대 『후한서』(後漢書)의 왜전(倭傳)이나 일본의 2, 3세기경을 기록했다는 유명한 『위지』(魏志) 왜인전(倭人傳)에는 "사람들의 이가 검은 나라가 동쪽 바다에 있다."라든가 "사람들의 이가 검은 나라가 있다."고 씌어 있기 때문에 이를 검게 물들이는 풍습이 있는 지역이 존재했음을 알 수 있다. 그러나 사람들의 이가 검은 나라는 어디이고 또 어떻게 이를 검게 물들였는가 등 구체적인 것은 분명하지 않다.

이를 검게 물들이는 풍습의 기원으로는 빈랑나무 열매를 씹는 동남아시아의 풍습을 흔히 거론한다. 이것은 인도네시아어로 시리(발리어로 바제)라고 불리는, 검정 후추에 가까운 식물의 잎에 소량의 석회(발리어로 파몰)와 작게 깎은 빈랑나무 열매(발리어로 부아), 그리고 소량의 간벨(열대성 관목 껍질의 일종)과 기호에 따라 정향 등을 더해 감싸서 입에 넣고 천천히 씹는 것을 말한다. 잘고 부드러워질 때까지 1~2분 동안 씹으면 빨갛게 되기 시작하고 4~5분 지나면 침까지 빨개진다. 그러면 잎까지 뱉어버리고 마지막에 담배 잎으로 입과 이를 깨끗이 닦고 끝내는 방식이다. 이것을 반복하면 빈랑나무 열매에 포함된 검붉은 액체로 인해 이가 검게 변한다.

1991년 인도네시아 발리 섬을 방문했을 때 마을 축제를 보러 갔더니, 길가에 쭈그리고 앉아 시리 잎에 빈랑나무 열매 등을 싸서 입에 넣고 질겅질겅 씹고 있는 할아버지의 모습이 자주 눈에 띄었다. 발리의 축제에서는 공물(供物)을 할 때 빈랑나무 열매를 씹는 데 사용하는 재료를 세트로 해서 제일 위에 올린다. 시리는 산, 빈랑나무 열매는 논, 간벨은 마을, 석회는 바다, 씹는 담배는 밭을 의미하는데, 전체적으로 하나의 세계를 표현한 것이라는 이야기를 들었다.

또한 자카르타에 3년쯤 살았던 친구에게 들으니 이 풍습은 '마칸 시리'(시리를 씹는다는 뜻) 또는 '시리'라고 불리는데 현지에서는 우선 이를 튼튼하게 하기 위해, 다음으로는 일종의 청량제, 기호품으로 취급된다고 한다.

그러나 빈랑나무 열매를 씹는 이 습관을 곧바로 이를 검게 물들이는 관습으로 연결하는 것은 너무 성급한 일일 것이다.

그 이유를 말하기 전에 일본에서 이를 검게 물들이는 관습의 화학적 메커니즘에 대해 개략적으로 설명하기로 한다.

기본적으로 먹을거리 등을 썩혀서 만든 산(초산)을 포함하는, 이를 검게 물들이는 데 쓰이는 진한 액체 ― 상류계급에서는 '철장수'(鐵漿水, 가네미즈)라고 불렀다 ― 에 철(부스러기)을 녹이고, 그렇게 녹인 철과 붉나무 열매의 가루에 포함된 탄닌이 반응하여 물에 녹지 않는 탄닌산 제이철이 만들어지며, 이것이 이의 에나멜질을 물들이는 것이다. 그러므로 이를 검게 물들이는 데 쓰이는 진한 액체를 만들기 위해서는 철을 산(酸)으로 녹이는 상당히 높은 화학 지식이 요구된다.

일본에서 이를 검게 물들이는 문화는, 이염(泥染)처럼 천연물에 포함되어 있는 미량의 철을 이용하는 것이 아니라 의도적으로 철을 산에 녹여 반응시키는 문화다. 그러나 빈랑나무 열매를 씹는 동남아시아의 습관에는 철을 녹이는 과정 같은 것이 전혀 없다. 따라서 이 '시리'라 불리는 풍습을 이를 검게 물들이는 관습으로 직접 연결시키는 데는 무리가 있다.

그런 의미에서 한국이나 중국에서는 보이지 않는, 이를 검게 물들이는 문화가 중앙아시아에 존재했다는 사실은 그냥 지나칠 수 없는 일이다. 예전에 오사카 쇼인(樟蔭)여자대학 강사였던 가토 사다코(加藤定子)로부터 들은 것인데, 『산악 타지크 여성의 전통적인 의복과 현대』(山岳タジク女性の傳統的な衣服と現代)라는 책에는 이를 검게 물들이는 것에 대한 내용이 있다고 한다. 그 책에 따르면 원료는 일본에서 이를 검게 물들이는 재료와 거의 같은 탄닌과 철이 사용

야마이조시(病草紙)·입 냄새가 나는 여자. 이를 검게 물들인 여성 (가마쿠라 시대, 교토국립박물관 소장)

되었는데 염색하는 방법은 일본과 달리 왁스 상태로 이에 문질러 바르는 방식이었다. 이것은 테이슈코리(테이슈는 우즈베크어로 이를 말하고 코리는 불분명하다), 또는 호리단돈(타지크어로 이의 흑갈색 반점)이라 불리는데 7세기에 이슬람교도가 가져와서 처음에는 지배계급에서 행해졌고 나중에는 노동자계급에까지 침투했으나 서구화에 의해 소멸되었다고 기록되어 있다.

이를 검게 물들이는 타지크의 이 문화는 발전하고 소멸해가는 과정의 유사성을 포함하여 일본의 그것과 무척 유사하다. 또한 현재까지도 식물을 이용하거나 빈랑나무 등으로 이를 검게 물들였다든가, 눈썹을 밀어버린 여성이 중국의 윈난성(雲南省), 북베트남, 미얀마에 사는 태족(傣族) 등 그밖에도 여러 군데에 존재한다는 것은 『중국민족 복식문화 도전』(中國民族服飾文化圖典)이나 신문기사, 현지에 간 사람이 찍어온 사진, 여행자의 홈페이지 등에서도 알 수 있다. 이를 검게 물들이는 일본의 문화와 같은지 어떤지는 직접 조사해볼 수 없지만, 생각보다 많이 퍼져 있었다고 생각되어 그걸 상상하는 것만으로도 흥미롭다.

이를 검게 물들이는 것의 역사에서 보면 『고지키』에 이를 검게 물들이는 것에 대한 내용이 있다는 생각은 에도 시대부터 있었다. 『고지키』의 중권 오진(應神) 천황 부분에서 보이는 "이는 모밀잣밤이나 마름* 같다."라는 걸 어떻게 해석하느냐의 문제였다. 이와세 모모키(岩瀬百樹)는 『역세여장고』(歷世女裝考, 1847)에서 모토오리 노리나가(本居宣長)의 주장에 반대하여 "이는 마름 같은 광택이 났다고 하며, 검게 물들여 반짝반짝하는 이를 마름에 비유하여 아름답다 하지 않았겠는가"라고 하면서 이것이 이를 검게 물들였다는 내용을 적은 일본 최고(最古)의 문헌이라고 주장했던 것이다. 현대에서도 마름 열매에 탄닌이 포함되어 있다는 화학적인 이유에서 이 주장이 일부에서 받아들여지고 있다.

화학적으로는 위에서 말한 그대로지만, 그것이 풍속으로서 나름대로 널리 퍼져 있었다면 좀더 기술되었더라도 좋았을 텐데, 오진 천황 이후에도 헤이안 시대까지는 기록이 없다는 점이나 그 시작이 귀족계급의 성녀식(成女式)이었고 철을 원료로 사용하는 기본형이 완성되어 있었다는 점 등을 아울러 생각하면, 일반적으로 해석되고 있는 것처럼 모밀잣밤이나 마름 열매의 속처럼 하얗고 아름답다고 묘사한 것으

마름
진흙 속에 뿌리를 박고, 줄기는 물속에서 가늘고 길게 자라 물 위로 나오며 잎은 줄기 꼭대기에 뭉쳐나고 잎자루에 공기가 들어 있는 불룩한 부낭이 있어서 물 위에 뜬다. 여름에 흰 꽃이 피고 열매는 핵과로 식용한다.

로 해석하고 싶다.

그런데 이를 검게 물들이고 있는 여인에 대해 "이를 검게 물들였다."고 직접적으로 표현한 기록이 등장하기 시작한 것은, 10세기 이전에 편찬되었다는 한화사전(漢和辭典) 『와묘루이주쇼』(倭名類聚抄) 이후다. 거기에서는 『몬젠』(文選)의 주를 인용하면서 "이를 검게 물들인(黑齒, 하구로) 여자를 흔히 하구로메(波久路女)라고 하며, 요즘 여성들에게는 이를 검게 물들이는 도구가 있다."고 하여 하구로메, 즉 이를 검게 물들이는 여성이 실제로 존재한다고 기록하고 있다. 그리고 "거울, 다토가미(疊紙)*, 이를 검게 물들이는 것을 비롯한 한 세트", "아직 이를 검게 물들이지 않았는데 화장을 하라 했더니 눈썹이 뚜렷한 것도 귀엽고 아름답습니다." "듣기 힘든 것 …… 이를 검게 물들이고 말하는 소리"라는 표현도 찾아볼 수 있다.

당시 귀족사회에서는 성인식을 할 때 이를 검게 물들였다. 그 무렵의 성인식은 8, 9세 때 했지만 나중에는 13세, 17세로 연령이 올라가 에도 시대 중엽 이후에는 결혼할 때야 이를 검게 물들였다. 일반적으로 결혼한 후 임신을 할 때까지는 반(半) 성인으로 불리며 여성은 이만 검게 물들이고 눈썹은 밀지 않았다.

이렇게 이를 검게 물들이는 것도 결코 여성만의 화장은 아니었다. 『마쿠라소시』에 남성(천황이나 황족 등을 가까이 모시며 시중들던 사람)이 백분을 발랐다는 기술이 있다는 것은 앞에서 이미 말했지만, 이를 검게 물들이고 진한 화장까지 한 남성이 시라카

다토가미
두꺼운 일본 종이에 감물·옻 등을 칠해서 접은 싸개로, 여자의 머리를 묶거나 시가(詩歌)의 초고 또는 휴지로 쓰던 종이.

와인(白河院 : 1086~1129년, 천황에서 물러난 뒤에도 실권을 잡고 정사를 보던 시기, 토바인(鳥羽院, 1129~1156) 시절이라는 설도 있다) 시대에 존재 했다고 하는데, 이것은 남색의 기원으로도 생각되고 있다.

『요슈후시』(雍州府志)[7]에 "고시라카와인이 집권하고 있을 때 남색을 심히 중히 여겼다. 그러므로 궁정귀족의 자제들은 16, 17세가 되면 눈썹을 밀고 특별히 검댕으로 두 눈썹을 그려 넣고, 백분으로 얼굴을 화장하고, 철장으로 이를 물들이고, 연지를 손톱 끝에 바르는 등 한결같이 여성 화장을 했다."고 기록되어 있는 데서 알 수 있다.

이러한 귀족사회의 화장을 흉내 내어 나중에는 헤이케 사람들도 백분을 바르고 이를 검게 물들이고 눈썹을 그려 넣기 시작했으며 이는 점차 무사들 사이로도 퍼져나간다. 『헤이케모노가타리』에서는, 자신이 아군이라고 말하는 자의 투구 속을 들여다보니 "이를 검게 물들이고 있었다. 장하다, 아군 중에는 이를 검게 물들인 사람이 없는데 헤이케의 자제들이라서 그렇구나, 하고 생각하고는 뒤늦게 덥석 붙잡았다." 또는 『헤이케모노가타리』의 유명한 아쓰모리의 임종 장면(敦盛最期)에 "이제 나이 열여섯, 열일곱인데 엷게 화장을 하고 이를 검게 물들였다. 내 아들 고지로(小次郎)의 나이쯤 되었는데 얼굴 생김새가 너무나 아름다웠으므로 칼을 어디에 찔러야 할지 몰랐다."라든가 남북조(南北朝)의 전란을 그린 『태평기』(太平期, 1370년경)에서는 "나이 사십이 되지만 눈썹을 그렸고 이를 검게 물들였으며 두건을 쓰고 나타난 사람", "나이 열여섯이 되는 아이는 두꺼운 눈썹에다 이는 검게 물들였다." 또는 "하얗고 깨끗한 승병 8명이 엷은 화장을 했고 이는 검게 물들였다."고 표현되어 있다.

귀족사회에서 발달한 남성의 화장은 신분과 지위를 표현한 것으로 무가사회가 확립될 무렵까지 그 의미를 가졌던 것 같다. 특히 이를 검게 물들인 것은 일종의 상징이 되어 다음과 같은 이야기로 발전한다. 18세기에 쓰인 『오아무모노가타리』(おあむ物語)에 따르면, 오아무가 세키가하라(關ヶ原)의 이시다 미쓰나리(石田三成)의 성에 있을 무렵, 아군이 가져온 적의 머리는 천수각(天守閣)에 푯말을 달아 늘어놓았고 밤이 되면 부인들이 하나하나 정성껏 이를 검게 물들였다고 한다. "옛날에는 이를 검게 물들인 머리는 신분이 높은 사람으로 소중히 다뤘기" 때문에 이를 검게 칠해서 신분이 높은 사람을 죽였다고 꾸며 공을 세우려고 했던 것이다.

그러나 남자의 검은 이나 연지와 백분 같은, 요즘 말하는 메이크업에 해당하는 화장은 귀족사회를 중심으로 메이지 시대에 접어들 때까지 계속되긴 했지만 무사계급에까지 확대되지는 않았다.

고전문학에서 보는 미인관

지금까지는 화장을 중심으로 얼굴에 대한 미의식을 살펴보았다. 그럼 구체적으로 어떤 미인상이 좋은 것으로 여겨졌을까? 예컨대 눈은, 입은, 귀는 어떤 모양인지, 지금이라면 당연히 생각하게 되는 의문을 파고들다 보면 이상한 점을 발견하게 된다. 답이 없다는 것이다. 사례를 인용하면서 확인해보기로 하자.

우선 문학의 세계를 보자. 맨 처음은 『고지키』와 『니혼쇼키』의 시대인데 먼저 『고지키』를 보기로 하자.

고하타노무라에 도착하셨을 때, 아름다운 처녀를 그 마을의 네거리에서 만났다.(중권)

천황은 히무카노쿠니의 모로아가타노키미의 딸 가미나카히메의 용모가 아름답다는 말을 들으시고 옆에 두고 부릴 생각으로 불러들였는데, …… 그 태자 오호사자키노미코토는 그 처녀가 나니하쓰에 정박하고 있는 것을 보고 그 모습이 단정하고 아름다운 것에 마음이 움직여 …… (중권)

강 근처에 옷을 빨고 있는 소녀가 있었다. 그 자태가 무척 아름다웠다. 천황은 그 소녀에게 "너는 누구의 자식인가?" 하고 물었다. 소녀는 답하여 "저의 이름은 히케타베노아카이코라고 합니다." 하고 아뢰었다.(하권)

이름은 구로히메, 그 자태가 균형 잡혀 아름답다.(하권)

이처럼 "아름다운 처녀", "용모가 아름답다", "자태가 아름답다" 등으로 표현되며 '형태'라는 추상적인 말이 쓰이고 있다. 얼굴의 어느 부분이 어떻기에 '아름답다'는 것인지는 표현되지 않았다. 유하라 미요코(湯原美陽子)의 『오초모노가타리 문학에서 자태의 아름다움에 대한 연구』[8]에 따르면, 이때의 '아름답다'는 말은 "빛나는 아름다움"이라는 의미로 사용되었다고 한다. 오늘날 사용하는 의미와는 약간 다르지만 어쨌든 여기서 구체적인 아름다움을 탐구할 수는 없다.

대체로 말하자면 이러한 경향은 헤이안 시대의 문학에도 그대로 이어지고 있다. 예를 들면 다음과 같다.

선제(先帝)의 넷째 황녀는 용모가 뛰어나 평판이 높습니다.(『겐지 이야기』, 「기리쓰보」(桐壺))

아직 이를 검게 물들이지 않았는데 화장을 하라 했더니 눈썹이 뚜렷한 것도 귀엽고 아름다웠습니다. (『겐지 이야기』, 「잇꽃」)

겐지의 얼굴은 천황과 그다지 다르지 않을 정도로 닮았지만 그렇게 생각해서인지 천황이 좀더 위엄이 있고 훨씬 멋지십니다.(『겐지 이야기』, 「행차」)

얼굴 생김새는 분명히 어디가 빼어나고 어떻게 아름답다고 할 정도는 아닙니다만 그저 우아하고 기품이 있으며 마음속이 깊은 느낌이어서 어느 누구와도 달랐습니다.(『겐지 이야기』, 「향내 나는 분」)

이처럼 이 시대에도 역시 '형태', '모습', '모양', '형체', '얼굴', '느낌' 등 추상적인 말을 사용하면서 얼굴의 이목구비나 몸에 대한 형태, 비율 등에 관한 구체적인 미는 거의 묘사하지 않았다.

그 전형은 『다케토리모노가타리』(竹取物語)의 '가구야 아가씨'다. '가구야 아가씨'는 아름다운 아가씨의 대표로서 묘사되어 있다고 생각하기 쉽지만 실제로 읽어보면 그 아름다움에 대한 구체적인 표현은 보이지 않는다.

대나무 속에서 나와 성인이 될 때까지 '매우 아름답고' '한없이 아름다우며' 머리를 올린 후 "이 아이의 용모가 아름다운 것은 세상에 예가 없고 집안에는 어두운 곳이 없이 빛으로 가득 차 있다."는 식인데, 여기에서도 구체적인 미를 찾아볼 수는 없다.

또한 이미지로 보아 머리의 아름다움이 표현되어 있어도 좋을 성싶지만 그조차도 없다.

이상과 같이 당시의 이야기(物語) 문학에서 이러한 표현을 추출하면 한이 없을 정도다. 그것들에 공통되어 있는 것은 얼굴 자체의 존재감은 물론이고 몸의 존재감조차 느낄 수 없다는 점이다. 구체적인 존재감이 있는 용모보다도 성격, 인격을 포함한 높은 내면성, 정신성이 요구되었던 것으로 보인다.

물론 가구야 아가씨라는 말 자체가 빛나는 아가씨라는 의미이지만, 바로 뒤에서 다루는 얼굴 감추기 문화와 아울러 생각하면 미 = 빛난다 = (눈이 부셔서 잘 보이지 않기 때문에) 구체적으로 표현될 수 없는, 그리고 봐서는 안 되는 것이라는 의미로까지 발전시켜 생각할 수 있다.

이 점은 다음에 이야기할 회화에서의 양식화된 표현방법을 보면 한층 명확해진다. 양식화라는 추상화가 발달한 이유와도 서로 겹친다.

회화에서 보는 얼굴의 미

고대의 미인상으로서 먼저 나오는 것은 쇼소인(正倉院)에 전해지는 「도리게리쓰조노뵤부」(鳥毛立女屛風)와 야쿠시지(藥師寺)의 「길상천녀상」(吉祥天女像)일 것이다. 풍만한 얼굴에 두꺼운 아미(蛾眉)를 그려 넣었고 길게 째진 눈초리에 두툼하고 붉은 입술, 이마에 화전(花鈿), 입술 옆에는 엽전(靨鈿)을 찍고 볼연지도 발랐다. 당나라의 찬란한 문화를 동경하던 그 시대의 미인상이었겠지만, 그 후의 역사를 보면 일본에는 정착하지 않은 것 같다.

중국대륙 문화의 영향에서 벗어나 국풍 문화의 형성기인 헤이안 시대가 되면 회화의 세계에서도 얼굴에 대한 새로운 미의식이 발생한다. 그것은 바로 그 후 일본의 얼굴 문화를 방향 지웠다는 점에서 중요하다. 그 미의식이란 『겐지모노가타리에마키』(12세기) 등의 에마키모노(繪卷物)에 그려진 귀족 여성들의 모습에서 찾아볼 수 있다. 여러 벌의 홑옷을 껴입는 귀족 정장을 하고 머리를 늘어뜨린 채 아래가 조금 볼록한 하얀 얼굴에, 이른바 히키메카기바나라 불리는 양식으로 이목구비가 그려져 있다. 양식화된 용모로부터 그 나름대로의 미를 느낄 수는 있어도 한 사람 한 사람의 존재감은 느낄 수 없다. 그 얼굴에서는 눈의 표정, 시선이 표현되어 있지 않다. 거의 감은 듯한 눈은 전체적으로 하나의 선으로 표현되어 있는데 자세히 보면 먹으로 여러 번 가는 선을 정성껏 그려 눈에 깊이를 주고 있다. 그 때문인지 희로애락의 표현은 보는 사람에 따라 다르게 보이는데 중간적으로 느껴지기도 한다. 마치 발(簾)을 통해 보는 것 같은 느낌이다.

일반적으로 히키메카기바나라는 양식화는, 예컨대 미야 쓰기오(宮次男)의 『초상화』[9]에서 이렇게 지적되고 있다.

이 표현은 귀족 이외의 계급에는 적용되지 않았고, 앞에서 말한 메나시쿄(目無經)의 경우, 서민은 밑그림에서부터 눈, 코가 그려져 있기 때문에 귀족과 서민은 의식적으로 구별되어 그려졌다는 것을 알 수 있다. 따라서 이 '히키메카기바나'의 표현은 이를테면 귀족의 특권의식과 자존심을 회화에 확실히 나타낸 것으로 생각할 수 있다. 일본 회화(야마토에[大和繪])가 귀족 사회에서 발생하고 전개되어온 회화인 이상 귀족이 중심이 된 것도 어쩌면 당연하다고 할 수 있다.

이렇게 지적된 것처럼 계급에 따라 얼굴 묘사를 구별했다고 파악된다.

또한 야마모토 겐키치(山本健吉)가 『생명과 형태 — 일본미의 근원을 찾는다』[10]에서 이 점에 덧붙여 "얼굴 생김새를 그리는 것에는 신체에서 '혼'(魂)을 억지로 떼어놓는 것 같은 박리(剝離)의 고통이 있었다는 것을 생각하지 않을 수 없다. 그것은 또 귀족만이 그 '혼'을 소중히 한, 또는 귀족만이 '혼'을 가진 인간이라고 생각되었다는 것을 의미하기도 했다."면서 일본인의 '혼'에 대한 생각을 말하고 있다. 확실히 이 점은 이야기 문학 부분에서 말한 것과 공통된 부분이다.

그러나 미인상을 생각하려고 하면, 히키메카기바나라는 양식화된 표현이 발달한 것을 이러한 이유만으로는 설명할 수 없다. 왜냐하면 미의 반대쪽에 '추'(醜)의 묘사가 존재하기 때문이다. 귀족계급이면서 얼굴 생김새나 몸집이 평균에서 벗어나는 '추'로 생각되면, 갑자기라고 해도 좋을 정도로 그 묘사는 구체적이고 사실성(寫實性)을 띠게 되는 사례를 어떻게 설명하느냐가 문제가 된다. 요컨대 미가 양식화된다고 해도, 추는 양식화되지 않은 채 구체적이고 사실적으로 표현되는 것이다.

추한 것의 표현

추한 예를 몇 개 들어보기로 하자. 문학에서 대표적인 이 시대의 추한 인물은, 『겐지 이야기』에 나오는 '스에쓰무하나'(末摘花)와 『오치쿠보모노가타리』(落窪物語)*에 나오는 넷째 딸의 남편이 되는 '오모시로노코마'(面白の駒)**다.

스에쓰무하나는 "다음으로 그렇게 꼴불견인 것은 코였다. 무심코 그 코에 눈길이 머물렀는데 보현보살이 타고 다니는 코끼리 같았다. 어처구니가 없을 만큼 높고 길게 뻗어 있는데다 코끝이 아래로 살짝 쳐져 있

『오치쿠보모노가타리』
『겐지 이야기』보다 앞선 10세기 말경에 지어졌다는 이야기로 작자는 알려져 있지 않다. 계모에게 괴롭힘을 당한 신데렐라와 비슷한 이야기다.

오모시로노코마
원서에는 넷째 딸의 별명이 '오모시로노코마'라고 나와 있으나 사실은 넷째 딸이 결혼하게 되는 추한 남자의 별명이다. 저자의 착각으로 보여 고쳐놓는다.

고 빨간 것이 특히 이상했다", 즉 보현보살이 타는 흰 코끼리를 떠올리게 하는 코로, 콧날이 높고 길게 아래로 뻗었으며 끝이 빨갛다고 하는 것처럼 미에 비해 상당히 구체적으로 표현되어 있다.

『오치쿠보모노가타리』에 나오는 넷째 딸의 남편도 오모시로노코마라는 별명으로 불리는데 "안색은 눈처럼 희고 목은 무척 길며 얼굴 생김새는 마치 말 같고 코는 크게 부풀어 있다. 금방이라도 히힝 하는 울음소리를 내며 달려갈 것 같은 얼굴이다." "머리부터가 매우 가늘고 작으며 얼굴은 백분을 발라 화장을 한 듯이 하얀데, 코가 벌름벌름 움직이고 하늘을 향하고 있어 사람들은 어이가 없어 놀라며 쳐다본다." "넷째 딸이 보기에도 얼굴 보기가 괴로우며 콧구멍은 사람이 지나갈 정도이고 벌름벌름 콧바람을 내뿜으며 드러누워 있었는데 불쾌한 마음이 들고 흥미가 싹 가셔버렸다." "코가 위로 크게 부풀어 있는데 콧구멍은 좌우에 궁궐을 지을 정도로 폭이 넓고 크다."(권2)는 등 집요하게 묘사하여 불쌍하게 여겨질 정도다.

추에 대해 이렇게까지 집착하는 것은 문학의 세계만이 아니었다. 회화의 세계에서도 그것은 마찬가지였다. 「오부스마 사부로 에고토바」(男衾三郎繪詞)에 등장하는 주인공의 부인은 "키는 7척 정도이고 머리는 오그라들었으며 뒤로 묶은 것은 헝클어져 있다. 얼굴에서는 코밖에 안 보인다. ヘ자 모양의 입에서 나오는 말마다 어리석은 것밖에 없었다."고 표현된 것에서 알 수 있는 것처럼 큰 코에 곱슬머리로 아주 구체적으로 그려져 있다. 그 딸은 어머니를 닮아 "얼굴을 옆으로 향했는데도 얼굴이 넓다. 눈은 금속제의 밥

「오부스마 사부로 에고토바」(부분) (가마쿠라 시대, 중요문화재, 도쿄국립박물관 소장)

공기를 파놓은 것처럼 움푹 들어갔고, 눈썹은 뽑은 다음 다시 그려 넣었다. 눈초리가 올라가 있고 어깨도 치켜 올라가 있다. 이마의 머리는 오그라들었는데 그나마 별로 없다. 딱 요괴를 닮았다."고 적혀 있으며, 에마키의 그림도 유달리 눈에 띄게 그려져 있다. 하녀를 포함하여 다른 여성은 히키메카기바나로 그려져 있어 그 추한 모습이 더욱 두드러진다. 마치 현대의 집단따돌림(이지메)을 보는 것 같기도 하다.

다만 현대의 미의식에서 오부스마 사부로의 부인이나 딸들을 보면 모델도 될 수 있을 것 같은 몸집이나 얼굴 생김새다. 태어난 시대가 달랐다면 미인이 될 수 있는 얼굴이다. 바로 시대가 미의식이나 미인의 모습을 만들어낸다는 하나의 사례라고 할 수 있을 것이다.

히키메카기바나로 그려진 대상은 귀족계급, 특히 그런 대로 생긴 얼굴의 여성, 두드러지게 '추'하지는 않은 사람들이었다. 그러나 귀족계급이어도 몸집이나 얼굴 생김새에 '추'한 요소가 있는 경우는 사실적으로 그려졌다. 즉 미는 양식화되었으며 추는 구체적이고 사실적으로 묘사되었다는 것을 알 수 있다.

눈썹 화장의 의미

이처럼 헤이안 시대에는 귀족계급에서 얼굴의 사실성과 구체성이 사라지고 양식화된 미의 세계가 만들어졌다. 구체성을 제거한다는 이러한 점에서 당시의 화장을 생각하면 몇 가지 의문점이 떠오른다. 그 하나는 그려 넣는 눈썹, 즉 눈썹 화장이다.

일본에서는 헤이안 시대부터 에도 시대까지 여성이 성인이 되거나 아이가 생겼을 때 눈썹을 뽑거나 밀었다. 왜일까? 만요(萬葉)의 시대(620~760)에서부터 눈썹 모양에 집착했는데, 헤이안 시대 후기 이후에는 성인이 되면 원래의 눈썹을 제거하고 이마 위쪽에 눈썹을 그려 넣는 풍습이 생겼다.

대체 눈썹은 어떤 의미를 가졌을까? 미인화의 대가인 우에무라 쇼엔(上村松園)은 회화에서 눈썹이 가진 역할을 단적으로 이렇게 말했다.

> 눈썹과 눈이 수려하다(眉目秀麗 : 용모가 빼어나다는 뜻－역주)든가 눈썹이 수려한 젊은이(眉ひいでたる若うど)라든가, 버들눈썹을 곤두세워 화를 낸다(柳眉を逆だてて : 미인이 눈썹을 치켜세워 화를 내는 모양－역주)거나, 우수에 찬 초승달 같은 눈살을 찌푸린다든가, 슬픈 눈살을 살짝 편다든가 …….
> 옛 사람은 눈을 마음의 창이라 했고 또 눈썹을 감정의 경보기(警報旗)에 비유하는 등 눈썹에 대해 여러 가지로 표현해왔다.
> 눈은 입만큼 어떤 말을 한다 …… 고 하는데 사실 눈이나 입 이상으로 눈썹만큼 내면의 감정을 여실히 표현해주는 것은 없다.(「눈썹에 대한 기록」, 『세이비쇼』[青眉抄], 1943)

역시 화가의 눈은 눈썹을 정확히 파악하고 있는 것 같다. 확실히 눈썹은 외형이나 그것에서 나오는 인상만이 아니라 원래 감정을 표현하는 기능을 가지고 있다. 눈썹은 눈이나 입 이상으로 내면의 움직임을 정직하게 반영하는 것이며 마음의 동향이나 감정의 움직임이 드러나는 장소이기도 하다. 바꿔 말하면 감정의 움직임을 나타내는 표시기(表示器)인 것이다. 그러나 눈썹을 단순한 표시기로 파악한 것이 아니라 경보기로 비유한 점이 무척 흥미롭다.

예컨대 '눈썹'과 감정이 관련된 말을 보기로 하자. "눈썹을 읽는다"〔眉を讀む : 속마음을 헤아리다〕라든가, 읽히지 않도록 "눈썹 하나 까딱하지 않는다"(眉一つ動かさず : 전혀 표정을 바꾸지 않는다—역주) 그리고 "눈썹에 침을 발라라"(眉に唾えをつけ : 속지 않도록 조심하라), 또 어떤 때는 "눈살을 찌푸리"(眉をひそめ)거나, "버들눈썹을 곤두세운다"(柳眉を逆立てる : 미인이 눈썹을 치켜세워 화를 내는 모양—역주)거나 나아가 "눈살을 편다"(眉を開く : 마음속의 근심이나 걱정이 사라지다)고 한다. 항상 눈으로 관찰함으로써 그 상태를 읽어낼 수 있는 것이다.

또한 이미 말한 것처럼 눈썹의 형태에서 오는 인상에서 '초승달 눈썹'(三日月眉), '버들눈썹'(柳眉), '아미'(蛾眉)라는 말이 있는데, 이 말은 그저 눈썹의 형태가 좋다는 것만이 아니라, 뜻이 변하여 미인을 나타내기도 했다.

이렇게 생각하면 눈썹을 뽑거나 밀어버리는 것은 앞에서 말한 기능이나 의미가 사라진다는 걸 의미한다. 즉 감정의 움직임을 나타내는 표시기로서의 기능이 부정되고, 게다가 눈썹의 형태에서 오는 인상을 느끼게 하는 것도 부정된다. 눈썹을 통한 커뮤니케이션이 불가능해지는 것이다. 원래 성인이 된다는 것은 제 몫을 하는 어엿한 한 사람의 인간이 되는 것일 테고, 옛날 가치관으로 말하면 아이를 낳음으로써 어엿한 한 사람의 여성이 되었을 것이다. 그러나 어엿한 어른이 되자마자 눈썹이 없어지고 눈썹을 통한 커뮤니케이션을 할 수 없게 되기 때문에 제 몫을 하는 어엿한 어른이 아니게 된다. 화장의 역사에서 보면 당시 눈썹을 제거하고 다시 그려 넣는 여성들이나 귀족 남성들은 각각의 사회에서 눈썹에 의한 커뮤니케이션, 즉 감정의 표출이 금지된 사람들이었다고 할 수 있다. 또 그런 점에서 눈썹을 제거하고 다시 그려 넣는 것은 결과적으로 신분을 표현한 것이기도 했다.

이러한 화장 풍속은 가까운 민족들에게서는 발견할 수 없다. 베트남이나 미얀마 북부에 사는 태족 여성들이 결혼하면 눈썹까지 밀어버린다는 이야기를 듣기는 했지만 일본과의 관계는 불분명하다. 눈썹의 존재에 대해 상당히 과민하게 느끼는 풍토가 있었던 것 같다. 이러한 과민함은 다음에 말하게 될 얼굴 감추기, 또는 쇼와 시대 중반이 지나서까지 남아 있던, 감정을 겉으로 드러내는 것을 싫어했던 현대 일본인의 미의식과도 통하는 내용을 포함하고 있다.

이 점은 1990년대 이후의 젊은 여성들이 눈썹을 밀고 화장을 하는 유행을 다룰 때 다시 언급할 것이다.

왜 늘어뜨린 머리가 선택되었는가

눈썹을 없앰으로써 감정의 표출이 분명하지 않게 되고 감정이 감추어지는 결과를 낳았지만, 감추어지는 것은 그것뿐이었을까? 얼굴과 머리 모양의 관계에 맞춰 이 점을 살펴가면서 당시에 왜 얼굴의 양식화가 이루어졌는지를 생각해보고자 한다.

일반적으로 얼굴의 미를 이야기할 때, 얼굴 자체에 대해서는 아주 열심히 파고들어도 얼굴과 머리 모양, 즉 헤어스타일과의 관계를 언급하는 예는 무척 드물다. 머리 모양을 말할 때도 마찬가지다. 그러나 평소의 생활에서 생각해봐도 알 수 있는 것처럼, 누구에게나 자신에게 어울리는 헤어스타일, 또는 어울리지 않는 헤어스타일이 있다. 거꾸로 말하면 어떤 하나의 헤어스타일에 한정했을 때 그 스타일에 어울리는 얼굴, 어울리지 않는 얼굴이 있는 것이다. 일종의 균형 감각이겠지만, 이 균형 감각은 그다지 시대에 좌우되는 것이 아니라 보편성을 띠는 것 같다.

그렇다면 지금처럼 자유롭게 머리 모양을 선택할 수 없었던 시대에 머리 모양이 한정되면 그것에 어울리는 얼굴 모양이 선택되고 그런 얼굴의 사람이 미인으로 생각되었다고 해도 이상하지 않을 것이다. 이처럼 시대의 머리 모양과 시대의 얼굴 사이의 관련성을 생각하면 머리 모양이 시대에 지배당하기가 더 쉬웠다. 즉 얼굴 모양보다 머리 모양이 우선되었던 것이다.

길게 늘어뜨린 머리에 균형 잡힌 얼굴은 야위고 긴 얼굴이 아니라 하얗고 포동포동한, 약간 아랫볼이 볼록한 둥근 얼굴일 것이다. 이마가 노출되기 시작하고 그려 넣은 눈썹이 이마 위쪽으로 옮겨가면 상하의 균형을 생각해 얼굴은 약간 길어질 것이다. 그리고 에도 시대 초에 살쩍을 바짝 죄어, 머리를 묶은 부분이 작아지고 뒤로 내밀어진 부분이 좀더 뒤로 나갔을 때는 둥근 얼굴이 균형 잡힌 얼굴이었을 것이다. 또한 에도 시대 후기처럼 묶은 부분이 위로 많이 이동하고 살짝이 좌우로 뻗어나가 뒤로 내밀어진 부분이 없어지면 외씨 같이 희고 갸름한 얼굴이 균형 잡힌 얼굴이 되었을 것이다.

머리 모양과 얼굴 모양의 관계를 시각적, 회화적으로 말하면 이상과 같이 되지만 일단 본론으로 돌아가기로 하자.

물론 헤이안 시대에는 길게 늘어뜨린 머리가 선택되었다. 그 이전에는 토우에서 보이는 것처럼 머리를 틀어 올리는 기술이 있어서 틀어 올린 머리 모양이 존재했고 중국대륙으로부터도 그러한 문화가 전해졌을 테지만 국풍화(國風化)할 때 귀족사회는 길게 늘어뜨리는 머리를 선택했다. 왜일까? 왜 검고 긴 머리가 중시되었던 것일까?

늘어뜨린 머리의 미의식을 살펴보려고 당시의 문학작품을 읽어보면 어떤 말과 맞닥뜨리게 된다. 바로 '미미하사미'(耳挾み)*다. 먼저 『겐지 이야기』에는 "앞머리를 귀에 걸쳐 바쁜 듯 총총히 도와주고", "앞머리를 귀에 걸쳐 아름답지도 않은 부인"이라고 써 있다.

사전을 찾으면 '미미하사미'란 "헤이안 시대에 여자가 활동하는 데 불편이 없도록 흘러내리는 앞머리를 귀에 걸쳐 뒤쪽으로 돌린 것. 상류계급의 여자에게는 품위 없는 것으로 생각되었

미미하사미
앞머리가 흘러내리는 것을 귀에 걸고 뒤쪽으로 돌리는 것. 품위 없는 것으로 생각되었다.

다."(『廣辭苑』제2판)라고 되어 있다. 현대에도 긴 머리의 여성이 앞머리를 귀에 걸치고 밥을 먹는 모습을 자주 보는데 그것과 비슷한 행위다.

『쓰쓰미추나곤모노가타리』(堤中納言物語)*의 「벌레를 사랑하는 아씨」(虫愛づる姫君)는 "스스로를 꾸미려는 것은 인간의 나쁜 점이에요."라고 말하며 눈썹을 뽑거나 이를 검게 물들이지도 않고 모충(毛蟲)을 사랑하는 등 관례를 따르지 않는 여성으로 유명한데 "늘 앞머리를 귀에 걸친 채 모충을 손바닥 위에 올려놓고 귀여워하며 지켜보고 있다."고 되어 있다. 사전에도 나와 있는 것처럼 당시에는 조신하지 못하고 상스러운 행위로서 미움을 받았으며, 사려 깊은 여성이라면 어떤 순간에도 해서는 안 되는 일이었다. 벌레를 사랑하는 아씨 역시 앞머리를 귀에 걸쳐서는 안 되는 신분이었다.

『겐지모노가타리에마키』에는 앞머리를 귀에 걸친 채 귀를 드러내고 있는 여성은 전혀 나오지 않는다. 가마쿠라 시대에 그려진 『36가선에마키』(三十六歌仙繪卷)의 「나카쓰카사」(中務)**상(像)은 아직 "앞머리를 귀에 걸치"지는 않았다. 「아자이 나가마사 부인상」(淺井長政夫人像)에서 부인인 오이치노카타(お市の方)가 그려진 아즈치모모야마 시대가 되면 앞머리를 귀에 걸치는 '미미하사미'에 대한 의식이 변하여 꺼리지 않게 된 탓인지 "앞머리를 귀에 걸친" 채 이마를 훤히 드러내고 있다. 대략 이런 식으로 변했던 것이다.

『쓰쓰미추나곤모노가타리』
일본의 헤이안 시대 후기 이후에 성립한 단편 모노가타리를 모아놓은 것이며 편자는 불분명하다.

나카쓰카사
헤이안 시대 중기의 가인(歌人)으로 36가선 중의 한 사람이다.

「아자이 나가마사 부인상」. 아즈치모모야마 시대. 고야산(高野山)
지묘인(持明院) 소장

앞에서 말한 눈썹의 변천과 이 '미미하사미'의 변천을 비교해보
면 각각이 서로 관련된 채 변하고 있다는 것을 알 수 있다. 미미하
사미가 허용되어 얼굴이 노출되면 눈썹의 위치가 위로 올라간다.

그렇다면 왜 미미하사미를 싫어한 것일까? 만약을 위해 미미하
사미를 하지 않는 상태를 확인해보면, 앞머리가 얼굴 앞으로 흘러
내려 얼굴을 가려버릴 것이다.

헤이안 시대의 귀족사회에서 여성과 대면할 때는 저택 안에서
발·장막·휘장을 사이에 두고 이루어지는 것이 관례였다. 소맷
자락이나 쥘부채로 얼굴을 가리고, 게다가 얼굴의 눈 앞에는 흘러
내린 머리가 발이 되어 남편 이외의 남성은 직접 얼굴을 볼 수 없

었다고 한다.

예컨대 앞에서 말한 미미하사미를 한 '벌레를 사랑하는 아씨'는 부모를 만날 때도 직접 대면하지 않고 안채의 발을 조금 들어 올려 휘장을 사이에 둔 채 이야기를 했다고 한다. 얼굴을 보여주지 않는 것은 귀족으로서의 신분에 신경을 쓴 행동이었음을 알 수 있다.

또한 외출할 때는 '가즈키'(被衣), 이른바 홑옷 같은 것을 뒤집어 쓰거나 '삿갓' 주위에 천을 내려뜨린 '무시노타레기누'(むしの垂衣)를 착용하거나 복면을 쓰거나 해서 얼굴을 직접 보여주지 않는 문화, 얼굴을 가리는 문화를 만들어낸 것도 무시할 수 없다.

이렇게 보면 얼굴을 가리는 문화와 앞머리를 귀에 걸치는 것은 크게 관련이 있는 것으로 보인다. 즉 얼굴을 보여주지 않기 위해 '미미하사미'를 상스럽다고 생각한 것이다. 그 결과 여성은 자신의 용모를 보여주지 않는 것이 품위 있고 고상하며 교양이 있다고 여겼다. 바꿔 말하면 머리를 늘어뜨리는 것은 얼굴을 보여주지 않기 위한 최상의 머리 모양이었던 것이다.

에마키모노에 그려진 귀족계급의 얼굴이 양식화되어 히키메카기바나로 표현된 것도 그 근저에는 얼굴을 보여주지 않는 = 보지 않는 = 가리는 문화가 존재했기 때문이라고 해석할 수 있다. 눈썹의 화장도 내면의 움직임을 겉으로 드러내지 않는다는 의미에서 얼굴을 가리는 문화의 일익을 담당했을 것이다.

요컨대 일본의 얼굴 문화사를 연구하면 그 근저에서 '얼굴 감추기'라는 존재를 느끼지 않을 수 없는 것이다.

2 장

에도 시대, 일본 얼굴미의 성립

화장의 발달에 대해 생각해보면, 한편으로는 화장에 사용하는 화장품의 발달이 필요하지만 또 한편으로는 화장이 보급되어 화장하는 사람이 늘어나는 것이 불가결해진다. 화장품을 생각할 때는, 중세 이후 납이나 수은을 원료로 한 백분이나 잇꽃(紅花)에서 얻은 연지가 많이 생산되었다는 사실을 빼놓을 수 없다. 16세기 초에 만들어진 『시치주이치반쇼쿠닌우타아와세』(七十一番職人歌合)에는 백분 장수 여성과, 연지와 분을 파는 여성이 그려져 있다. 백분 장수는 머리를 늘어뜨리고 눈썹을 그려넣은 모습이며 부유한 분위기를 풍겼지만 연지와 분을 파는 여성은 쌀장수나 생선장수와 같은 스타일을 하고 있었다. 백분이 더 비싸서 이익을 얻기 쉬웠던 것일까?

　또한 고대 말부터 근세에 걸친 화장의 전파, 즉 도읍의 문화가 지방으로 퍼져나가기 위해서는 유녀, 꼭두각시를 놀리는 사람, 춤추는 유녀라 불리는 여성들이 큰 역할을 했다고 하는데, 구체적인 자료가 부족한데다 전체적인 흐름에서 그렇게 중요성을 갖지 않기 때문에 더 이상 추적하지는 않는다.

이러한 화장사(化粧史)의 흐름은 전국 시대를 거쳐 통일 시대로 향하며 에도 시대에 접어든다. 사농공상(士農工商)의 신분제도가 확립되어 사회의 질서가 안정되는 한편, 천하가 태평한 세상이 되고 점차 조닌(町人)* 문화가 성숙하여 머리 모양, 옷을 포함한 복장 문화가 발달한다. 오오쿠(大奧 : 에도 성에서 쇼군의 정실과 측실이 거처하던 곳—역주)를 포함하여 무가(武家) 사회에서 화장은 여성의 소양으로, 예전 귀족사회의 관례에서 영향을 받아 예의범절로 받아들여졌다. 또한 조닌의 복장은 경제력을 배경으로 가부키나 유곽 세계의 영향을 받아 화려함과 치장을 즐기는 풍조를 보이는 등 복식이나 장식물 또는 화장법이 세분화되어 발전해나갔다.

입술연지의 발달과 검푸른 연지

얼굴에 대한 근세 이전의 미의식은 '나카다카'(中高), 즉 콧날이 오똑한 잘생긴 얼굴이라는 얼굴 전체의 인상이나 백분과 검게 물들인 이, 그리고 그 바탕에 있는 얼굴 감추기 문화가 중심이었고 눈이나 입에 대한 미의식은 거의 나타나지 않았다. 그런 의미에서 눈이나 입의 화장을 강조하는 현대의 미의식과 비

조닌
에도 시대에 도시에 거주하던 직인이나 상인을 말한다. 에도 시대 전기에 신분제도(사농공상)가 확립되어 말단의 상공업 분야에 속한 하층이었지만 뛰어난 기술력과 풍부한 자금력은 무사계급을 압도하는 측면도 보여주면서 독자적인 조닌 문화(도시 문화)의 형성과 발전에 기여했다.

교하면 아직 발달하지 않았고 성숙하지 못한 시대였다고 할 수 있다. 하지만 근세에 접어들 무렵부터 헤어스타일, 이른바 일본의 전통 머리가 발생하여 발달함으로써 얼굴 전체를 노출하기 시작하자 에도 시대에는 점차 일본적인 얼굴에 대한 미의식이 성숙되어 나갔다.

그 결과 우선 이 시대에는 입술연지가 크게 보급되었고, 게다가 이마나 목덜미 화장을 낳았다. 특히 입술연지는 입술을 붉게 할 뿐만 아니라 황금색이나 검푸른 색까지 바르게 되었으며 나아가서는 먹까지도 사용하기에 이르렀다. 물론 원료인 잇꽃 재배가 보급되고 생산고가 증가하여 입수하기가 쉬워졌다는 유통경제의 발달도 커다란 의미를 가지고 있다는 것은 말할 나위도 없다. 그런 의미에서 제일 먼저 입술연지를 다루기로 한다.

그런데 일본인은 대체 언제쯤부터 입술연지를 사용하게 되었을까? 이상하게도 고대 중국에서 전해졌으면서도 근세가 될 때까지 명확한 자료가 발견되지 않는다. 그 풍습은 당시 쇠퇴했다고 판단하지 않을 수 없을 정도로 자료가 적다. 회화에 그려진 입술에는 빨갛게 표현된 것이 있는데, 그렇다고 입술연지를 발랐다고 판단하기는 힘들다.

입술연지의 원료는 주로 잇꽃에서 얻은 연지이고, 통설로는 스이코(推古) 천황(592~628) 18년 3월, 고구려에서 건너온 담징(曇徵)이라는 중이 홍화씨를 일본에 전했다고 한다. 그 후 11세기 전반에 후지와라노 아키히라(藤原明衡)가 편찬한 『혼초몬즈이』(本朝文粹)에는 "위류(魏柳)를 눈썹에 바르고 연지를 입술에 바른다."고 기록되어 있는데 웬일인지 입술연지는 유행하지 않았다. 백분과 섞어 볼연지에 붉은 것이 사용되었을 뿐이다.

에도 시대의 자료를 보면 『게후키구사』(毛吹草, 1638) 제3권에서는, 두 사람이 번갈아 와카를 지을 때 연지와 분이라는 주제어에 대한 운이 "손톱(爪), 입술(唇) ······"이라고 되어 있는 것이 최초다. 1650년에 간행된 왕복 서간집, 지금이라면 여성용 교양서라고 해야 할 『조쿄히덴쇼』(女鏡秘傳書)에서는, 손톱에 붉게 칠할(爪紅) 때는 "아주 옅게 칠해야 한다."고 되어 있지만 볼연지나 입술연지에 관한 내용은 보이지 않는다.

한편 같은 무렵, 읽기 쉽도록 '가나'(仮名)로 쓰인 통속소설인 『오미나에시모노가타리』(女郎花物語, 1661)에서는 무척 보기 흉하고 가소로운 것으로 "잘 씻지 않는 얼굴에 두껍게 분을 바르고 입술연지가 밝게 빛나는 ······ (손톱을 바짝 깎으면 손가락 끝이 휘어져 보이게 되는데) 연지를 진하게 바르면 징그럽게 보인다."고 하여 백분을 두껍게 바르고 입술연지를 밝게 빛나게 바르는 것을 비난하고 있다. 『오미나에시모노가타리』를 보면 입술연지의 존재, 그리고 이미 입술연지를 진하게 또는 옅게 바르는 방법이 미의식의 척도가 되어 있다는 것을 알 수 있다.

이하라 사이카쿠(井原西鶴)는 『호색일대남』[11]이나 『호색일대녀』[12]에서도 경박하고 상스러운 교토 여자의 입이 "입술연지를 지저분할 정도로 발라" 추하고 천박하다거나, "입술연지를 반짝거리게 한다" 또는 "입술연지를 사정없이 바른다"는 등 입술연지를 진하게 바르는 것을 비난하고 있다. 또 그림이 들어간 여성용 백과사전이라고 해야 할 『온나요킨모즈이』(女用訓蒙圖彙, 1687)에서는 볼연지, 손톱을 빨갛게 칠하는 것, 입술연지에 대해 "볼에 연지를 바르는 것은 벚꽃송이에 비유할 수 있다. 하얀 꽃잎 속처럼 붉은색이 있는 듯 없는 듯 희미하게 발라야 한다. 연지를 바른 것이 눈에 띄게 되면 생각보다 좋지 않게 느껴진다. 손톱을 붉게 칠하는 것도 좋지 않은데, 붉은 것은 변변치 못한 것으로 친다. 손톱은 내리는 가을비에 물든 첫 단풍나무 잎 끄트머리의 단풍에 비유된다. 입술은 붉은 꽃의 입술이라고 하여 꽃에 비유된다. 이것도 몹시 붉은 것은 천박하다. 희미해야 한다."고 꽃에 비유하면서 희미한 것을 좋은 것으로 여겼다.

에도 시대에 연지는 일반적으로 작은 사기 술잔이나 접시, 두꺼운 종이, 조개껍데기에 담겨 상품으로 팔렸는데, 사용할 때는 물이나 침으로 문질러 녹인 다음 붓이나 손가락에 묻혀 입술에 바르는 식이었다. 특별한 기술이 없어도 잇꽃에서 채취한 이 연지를 진하게 바르기만 하면 쉽게 반짝이게 할 수 있었다.

그러나 무가 사회에서는 입술연지가 너무 붉거나 번질번질 번쩍거리는 것은 환영받지 못했다. 앞에서 말한 『온나요킨모즈이』에도 나온 것처럼, 그 색은 발랐는지 안 발랐는지 모를 정도로 옅은 것이 가장 좋은 것으로 여겨졌기 때문이다. 나중에 다시 설명하겠지만, 당시에도 연지는 "금 한 돈, 연지 한 돈"이라고 할 정도로 비싼 물건이었다. 비싼 물건이었기 때문에 진하게 많이 바르는 것은 낭비를 의미했고, 그래서 사치라고 하면서 문제로 삼았는지도 모른다. 에도 시대 초기인 간에이(寛永) 연간(1624~1644)에는 실제로 잇꽃으로 물들이는 것에 대한 금지령이 내려지기도 했다. 하지만 여성이 화장도 하지 않은 맨얼굴로 남자 앞에 나서는 것은 금지되었다.

그렇다면 입의 크기나 모양에 대한 의식은 어땠을까? 에도 시대가 거의 끝나갈 무렵인 1813년(분카[文化] 10)에 교토에서 발행된 화장에 대한 책인 『미야코후조쿠케와이덴』(都風俗化粧傳)을 보면 "넓은 입을 좁게 보이게 하는 법", "두꺼운 입술을 얇게 보이게 하는 법" 등의 화장법이 소개되어 있다. 지금은 입이 크다거나 작다고 하는데 200년쯤 전 『미야코후조쿠케와이덴』이 등장했을 무렵에는 넓고 좁다는 식으로 표현했다는 것을 알 수 있다. 면적으로 파악하는 방식이었던 것이다.

입술연지를 바르는 방법은 현대의 수정메이크업과 그다지 다르지 않다. 입술이 크면 "특히 눈에 띄는"데 입술연지를 보통으로 바르거나 진하게 바르면 "입술은 더욱 크게 보이고, 속담에서 말하는 것처럼 쥐 잡아먹은 입술처럼 꼴불견이어서 아주 천박하게 보인다."고 하여 입술 바깥쪽에 백분을 발라 입술연지를 작게 하면 된다고 했다. 입술이 두껍거나 클 때도 마찬가지다. 입이 작으면 "얼굴 모양이 좋다고 해도 너무 작으면 보기 안 좋기" 때문에 클 때의 경우와 정반대로 하면 된다고 했다.

그런데 입의 크기는 목소리의 크기, 바꿔 말하면 자기주장의 강약과 결부시켜 생각하는 경우가 많다. 봉건사회에서 여성의 지위가 낮았던 당시에는 입이 작은 여성이 환영받았다. 에도 시대 우키요에(浮世繪)*의 미인화는 얼굴의 균형이라는 측면에서 볼 때 이

상할 정도로 입이 작게 그려져 있다. "연지를 바른다"는 말에도 이러한 생각이 크게 영향을 미치고 있다. '바른다'(さす)는 말을 '사스'(点す)라고 쓰는 것처럼 가는 것(손가락)으로 작은 면적(입)을 칠한다는 의미를 포함하고 있다. 입술연지가 진한 것을 싫어한 또 하나의 이유는, 입술연지가 진하면 입술의 색이 너무 눈에 띄어 입의 존재를 지나치게 강조하기 때문이다. 그리고 그 결과 여성의 강력한 자기주장을 느껴, 질서가 흐트러지지 않을까 하는 우려 때문일 것이다. 아울러 오늘날에는 연지를 바를 때 '도루'(塗る)라는 말이 사용되는데, '사스'에서 '도루'로 이행한 것은 대략 제2차 세계대전 이후다.

중세 이후 볼에 연지를 발랐다는 기록은 『가이코쿠잣키』(廻國雜記, 1487)에 "얼굴에 바르는 연지 냄새가 골짜기에 스며드는, 일찌감치 넘는 화장 고개"라든가 『모리타케센쿠』(守武千句, 1540)에 "볼에만 연지를 바르기도 하고" 등의 표현에 보이는 것에서 볼연지라 불리는 화장이 존재한 것 같지만 자세한 것은 알 수 없다.

에도 시대에 접어들면 앞에서 말한 『온나요킨모즈이』에서 "볼에 연지를 바르는 것은 벚꽃송이에 비유한다."고 한 것처럼 희미하게 바르는 것을 좋게 여겼다. 『온나초호키』(女重寶記, 1692)에서도 "연지 같은 것도 볼, 입술, 손톱에 바를 때는 희미하게 발라야 한다. 아주 붉은 것은 천하여 술집 여자에 비유된다."고 하여 옅은 화장을 좋은 것으로 여겼다. 에도 시대 후반이 되면 볼연지를

우키요에
에도 시대에 성행한 풍속화인데, 주로 화류계 여성이나 가부키 배우 등을 소재로 했다.

바르지 않게 되었다. 『안사이 수필』(安齋隨筆)에 따르면, 저자인 이세 사다타케(伊勢貞丈)가 어렸을 적인 교호(享保) 연간(1716~1736)에는 백분을 바른 후에 연지와 백분을 섞어 볼을 옅은 붉은 색으로 발랐는데, 겐분(元文) 연간(1736~1741)이 되자 귀천을 불문하고 볼연지를 바르지 않게 되었다고 한다. 유녀를 흉내낸 것이라는 이유에서다. 에도 시대가 끝나갈 무렵 기타가와 모리사다(喜田川守貞)의 『모리사다 만코』(守貞漫稿, 1837~1853)에서도 배우를 제외하고 볼연지는 사용하지 않았다고 씌어 있다.

그렇다면 비난을 당하기는 했지만 그래도 당시의 여성을 매료시켰던, 반짝이는 입술연지란 대체 어떤 색이었을까? 그것을 재현해보기로 했다.[13]

우선 연지를 듬뿍 바르고 나서 말리니 예전에 사용했던 소독약 머큐로크롬이 말랐을 때와 같은 황금색이 되었다. 더욱 진하게 바르니 녹색을 띠며 빛이 났다. 아마 『오미나에시모노가타리』에서 "밝게 빛난다"고 한 것은 바로 이것을 두고 한 말이었을 것이다. 오늘날에도 그렇지만 연지(연지의 화학성분인 카르타민[carthamin] 레드의 원료 가격으로 환산)는 당시에 굉장히 비쌌다. 따라서 황금색으로 밝게 빛나도록 하기 위해서는 상당한 지출이 요구되었다. 그러므로 이러한 색을 바를 수 있는 것은 유곽의 최상위 게이샤나 유복한 집의 여성들로 제한된 사람들이었기 때문에 당시 여성들의 마음을 자극한 듯하다. 황금색은 지출 능력을 표현하는 것이었고 동시에 허영과 사치에 대한 동경이기도 했을 것이다.

그런데 우키요에 전람회에 가면 에도 시대 후기의 그림 중에서 입술이 녹색으로 그려진 것은 판화만이 아니라 육필 그림에서도 수없이 발견할 수 있다. 실제로 우키요에 전집 등을 통해 대체적인 경향을 보면, 19세기에 들어서고 난 교호 연간 이후의 우키요에에는 녹색 입술이 등장한다. 그리고 몇 장의 우키요에를 상세히 관찰하면 녹색 이외에 황색이나 황금색으로 칠해진 것도 보게 된다. 오늘날에도 그런 입술연지를 바르고 전철을 탄다면 주위에 있는 사람들이 깜짝 놀라겠지만, 사실 이 녹색은 인쇄 실수나 퇴색 같은 게 아니라 당시에 유행한 것이었다. 화류계 여성들 사이에서 이런 색을 발랐던 것이다.

어떻게 하면 이러한 색을 만들어낼 수 있을까? 녹색을 재현하기 위해 실험을 더 진행했다.

그 방법은 『미야코후조쿠케와이덴』에 "먼저 바탕에 먹을 칠하고 그 위에 연지를 진하게 발라라. 그러면 진하게 보이는데 그 붉은 색에서 푸른빛이 난다."고 씌어 있는 그대로였다.

먼저 보기 쉽게 팔뚝 안쪽의 하얀 부분을 골라, 처음에는 대충 3센티미터의 사각형에 먹을 칠하고 그 절반 정도가 겹치게 연지를 3센티미터의 사각형에 발라보았다. 마른 다음 먹만 칠한 부분, 먹과 연지를 칠한 부분, 연지만을 칠한 부분에 빛을 비춰 비교해 보니 한가운데, 즉 먹과 연지를 칠한 부분이 다른 부분에 비해 약간 황금색을 띤 녹색으로 빛나는 것을 확인할 수 있었다. 곧바로 다음에는 모델의 입술에 실험을 했고 큰 촛불 아래서 관찰했다. 이상한 분위기였다는 것은 말할 것도 없다.

이 방법은 소량의 연지를 발랐을 때와 같은 효과를 얻을 수 있었기 때문에 유용하게 취급되었다. 현대의 명품 복제와 유사했다.

그러나 이러한 화장에 대해, 오사카에서 간행된 화장에 관한 책 『요간비엔코』(容顔美艶考, 1819)에서는 연지에 먹을 섞어 진하게 보여 주는 것은 "더할 나위 없이 꼴사나운 일"이라고 단언했다. 단지 연지만을 진하게 발라도 "좋지 않은"데 "하물며 연지를 진하게 바르면 황금색이 되어 남자들 눈에 좋지 않게 보이고 남의 눈에는 더욱 흉해 보이기" 때문이었다.

그리고 약 10년 후의 수필 『기유쇼란』(嬉遊笑覽, 1830)에서는 『요간비엔코』와 마찬가지로 "요즘 연지를 진하게 발라 입술을 푸르게 빛나게 하는 것은 어찌된 일인가. 푸른 입술은 사자(死者)의 색이고, 본색을 잃어버린 것이다."고 비판한다.

한편 이 유행은 하녀들에게까지 퍼졌던 모양이다. 『모리사다 만코』에 있는 "하녀 등은 바탕에 먹을 바르고 그 위에 연지를 바르는데 이렇게 하면 연지를 많이 쓰지 않고 푸른빛을 낼 수 있다."는 문장에서도 추측해볼 수 있다. 유행이나 치장을 위해서는 먹을 입술에 바르는 것도 꺼리지 않았던 모양이다. 분카분세이(文化文政, 1804~1840) 무렵에는 교토·오사카·에도 모두 "매우 진하게 발랐"는데 "오늘날(1830~1843년 이후)에는 진한 입술연지를 선호하지 않고 옅은 색으로 바른다. 에도는 특히 옅은 색으로 화장한다. …… 최근 입술연지가 진하기는 하지만 예전처럼 짙은 연지가 말라서 검푸르게 빛나는 푸른색에까지는 이르지 않는다."고 그 쇠퇴를 지적하고 있다.

『모리사다 만코』에서는 또 "위아래 입술 모두 좌우에는 먹을 바

르지 않고 입술 가운데 부분만 바른다. 양끝은 옅은 붉은색으로
바른다."고 그림을 그려가며 설명한다.

이렇게 입술을 녹색으로 칠하는 것은 결코 건강한 일이 아니다.
에도 시대 말기의 퇴폐성을 드러낸 것이라고 하는데, 한편으로는
이런 연지를 발라 자신을 표현하는, 또는 표현하게 하는 사회 저
변의 강력함이나 당시 여성의 정념과 힘을 느끼지 않을 수 없다.

바탕에 먹을 칠하는 유행은 없어졌다고 해도 메이지 초기의 교
토에는 연지를 진하게 바르는 습관이 남아 있었던 것 같다. 유명
한 '고마치베니'(小町紅 : 야마가타[山形] 현에서 난 잇꽃으로 만든 입술연
지ー역주)에 대해 일본화 화가인 우에무라 쇼엔(上村松園, 1875~1949)은
『세이비쇼』[14)에서 다음과 같이 적고 있다.

고마치베니 가게가 근처에 있었다. 늘 번창했다.

그 무렵 연지는 찻종에 갈아서 파는 물건이었다. 마을 아가씨들은
다들 용기를 들고 사러 갔다.

가게에는 물건을 파는 예쁘장한 아가씨가 있었는데, 좌우로 갈라 고
리를 만든 뒤 꼭지에 붙이고 살쩍

을 부풀린 머리를 붉은 헝겊으로
두른 채 계산대에 앉아 있었다.

손님이 들어오면 능숙한 손놀
림으로 연지를 찻종에 갈아서 주
었다. 손님도 오시도리*나 시마
다** 머리를 한 어여쁜 사람이 많

| **오시도리** |
| 여성의 머리 모양의 한 가지. 머리를 좌우로 나누고 비녀 위에서 X자 모양으로 묶은 것으로 마을 아가씨들이 많이 했다. |
| **시마다** |
| 여성의 머리 모양의 한 가지. 앞머리와 뒤로 내민 부분을 앞뒤로 길고 크게 하여 묶은 모양인데 주로 미혼 여성들이 했다. |

았는데, 고마치베니라고 하면 늘 아름다운 그 가게의 정경이 떠오른다.

연지를 바르는 방법도, 찻종에 간 비단벌레 색 연지를 작은 붓으로 녹여 윗입술은 옅게, 아랫입술은 진하게 바르는 식이었다. 거기에서는 뭐라 말할 수 없는 풍정이 떠돌았다.

에도 시대의 눈썹 화장과 얼굴형

입술연지가 에도 시대까지 거의 등장하지 않았던 새로운 화장이라고 한다면 눈썹 화장은 에도 시대 이전에 지배계급 사이에서 행해지고 있던 것이 일반화된 예다. 근세에 접어들어 눈썹 화장은 사회적으로 귀족계급의 전통적인 방법이 무가의 예법에 포함되어 간 것이었고, 일반적으로는 신분계급을 표시하는 것, 즉 눈썹을 밀어버린 것은 결혼을 했으며 아이가 있다는 것을 의미하게 되었다. 또한 개인적으로는 여성의 치장으로서 얼굴형에 따라 행해지기도 했다.

우선 치장으로서의 눈썹 화장을 보기로 하자. 앞에서 말한 『미야코후조쿠케와이덴』에서는 '눈썹을 그리는 방법'으로 다음과 같은 것이 소개되어 있다. "눈썹을 그리는 방법은 여러 가지가 있지만 얼굴 모양에 따라 그려 넣는 법이 달라진다. 짧은 얼굴, 둥근 얼굴에는 초승달 모양으로 가늘게 그리고, 긴 얼굴이나 좀 큰 얼굴에는 약간 두껍게 그려야 한다. ……"고 하여 얼굴 모양과의 균형을 말하면서 상세하게 지시한 다음, 마지막으로 눈썹을 그릴 때는 위쪽은 뚜렷이, 아래나 눈썹머리와 눈초리는 흐릿하게 하는 것이 비결이라 정리하고 있다.

이『미야코후조쿠케와이덴』이 출판된 것은 에도 후기인 1813년(분카 10)으로 에도의 화장 문화가 상당히 발달한 후라고 할 수 있는데, 당시에는 눈과 눈썹 사이가 넓고 넉넉한 것이 좋으며 그 사이가 좁은 것은 몹시 천하고 추한 것으로 생각되었다. 따라서 눈과 눈썹 사이가 좁은 사람은 보통(이 무렵의 '보통'이란 눈과 눈썹 사이가 비교적 넓은 것을 말한다)으로 보이기 위해 눈썹의 털 아래 부분을 약간 제거하라고 그림을 넣어 설명하고 있다. 일단 사고 자체는 얼굴 모양에 따른 대응이라는 점에서 긍정적으로 평가할 수 있다.

한편 에도 시대 이전에는 "눈썹을 그릴 때는 눈썹의 아래 부분만 민다. …… 그린 눈썹이 둥근 것은 신이레(しんいれ), 끝이 똑바른 것은 고가이(かうがい)라고 한다. …… 신분이 낮은 사람은 눈썹을 그리지 않고 머리도 부풀리지 않는다."(『오조로온나노코토』[大上臈御名之事], 1589)라고 한 것처럼, 눈썹 화장은 신분제도 안에서 이루어졌기 때문에 말이나 관습, 도구의 설명이 중심을 이루고 있었다.

에도 시대에 접어들자『호색일대녀』(1686)에서는 당시에 유행하던 얼굴의 눈썹은 두꺼운 눈썹이고 눈썹 사이가 넓으면 좋다고 하며, 같은 무렵의『온나요킨모즈이』나『온나초호키』에 따르면 먹으로 눈썹을 그려 넣을 때는 먼 산에 봄 안개가 낀 느낌이나 달무리가 진 상현달 또는 하현달처럼 엷게 그려 넣으라고 씌어 있다. 선명하게 그려 넣는 것보다는 주위가 살짝 흐릿해 보이는 것을 선호했던 것이다.『온나요킨모즈이』나『온나초호키』의 독자가 무가(武家)계급의 여성이었기 때문인지 자유로운 치장 방법에 대해서는 언급하고 있지 않다.

에도 시대도 중엽에 이르면 무가사회에서는 눈썹 화장이 갖는 사회적인 의미가 중시되어 『게쇼마유쓰쿠리덴』(化粧眉作口傳, 1762) 등으로 정리되고 예법서(禮法書)의 일부에 포함되어갔다. 이 책은 무가의 여성이 해야 할 눈썹 화장법을 자세히 설명한 것이다. 즉 성인식을 하기 전의 타고난 눈썹인 '텁수룩한 눈썹', 10~14살까지의 '일반 눈썹', 스무 살 무렵까지의 실눈썹(糸眉), 구식 눈썹, 궁중에서 하는 위로 올린 눈썹, 성인이 된 이후의 '고미'(枯眉) 등에 대해, 그리고 각각의 이마 윗부분의 화장, 머리 모양, 여러 도구 등에 대해 상세히 설명해놓고 있다.

이 책을 보면 무가의 여성들에게 눈썹 화장법이 얼마나 중요했는지를 알 수 있다. 바로 '눈썹 그리기'라는 말이 상징적인 의미를 가지며, 눈썹 화장이라고 하면 화장 전체를 의미하기도 했다.

예전에는 귀족사회에서 행해지고 있던 방법이나 미의식이 다음 시대의 지배층에 계승되고, 동시에 그 기본에 해당하는 부분이 서민에게까지 내려가 일반 풍속으로 자리 잡았다.

그 결과 서민들 사이에서 결혼한 여성은 이를 검게 물들이고 아이가 생기면 눈썹을 밀어버리는 것이 당연했을 터인데, 기타가와 우타마로 등의 우키요에를 보면 어린아이에게 젖을 물리고 있는 어머니에게도 눈썹이 그려져 있다. 이런 그림을 보고 모순을 느끼는 사람도 적지 않을 것이다. 아이가 있다면 눈썹을 밀어버렸을 텐데, 하고 말이다.

하지만 이것도 꼭 모순되는 것은 아니다. 왜냐하면 우키요에를

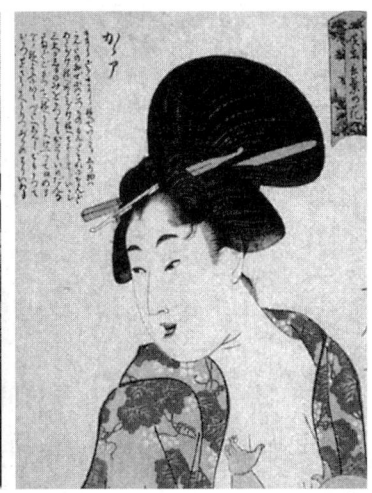

오른쪽 기타가와 우타마로(喜多川歌)의 『한 그루의 나무에서 여러 가지 꽃이 피는 말의 꽃, 어머니』
(쌍分ヶ言葉の華 カ あ) 중 「정해진 방식으로 눈썹이 그려진 어머니」(다카하시 세이이치로(高橋誠一郞)
컬렉션, 게이오기주쿠(慶應義塾) 소장)
왼쪽 9대 번주 다테 무네나리(伊達宗德)의 아내 요시히메(佳姬) 「천상미」(天上眉)(우와지마(宇和島)
다테 문화보존회 소장)

그릴 때의 정해진 규칙에 따라 그렸기 때문이다. 『모리사다 만코』
에 따르면 풍속화를 그리는 우키요에 화가는 미인을 그릴 때 20세
이상 30세 이하의 기혼 부인은, 지금의 풍속으로는 반드시 눈썹을
밀었지만 그림에서는 눈썹을 그려 넣는다고 했다. 그림에 눈썹이
없으면 '마흔 살'쯤으로 보이기 때문이라고 그 이유를 말한 모리
사다는, 후세 사람들이 이렇게 정해진 당시의 규칙을 잊어버린다
면 잘못된 판단을 할지도 모른다면서 염려했다.

　이 얼마나 여성에게 친절한 배려인가. 아니, 그보다는 미인화를
그리는 남성을 위한 규칙이었는지도 모른다. 어쨌든 보는 입장을

고려해서 그린 것 같다. 그러므로 『모리사다 만코』에서 모리사다는 옛날 그림을 볼 때 그 그림을 보고 풍속을 알 수 있다고 하지만 꼭 현실 그 자체를 그리지는 않았으며, 그 이유는 나름대로의 과장을 통해 아름답게 보이기 위한 것이라고 설명한다.

일자눈썹의 의미

일본에서 여성의 눈썹은 밀어버리는 것, 제거해버리는 것이라는 이미지가 화장의 역사에는 늘 따라다니지만 완전히 그 반대 이야기도 있다. 1970년대 중반 도쿄에서 열린 고대 시리아전(展) 때의 일이다. 전시물 중에서 기원전 3000년에 만들어진 25센티미터 정도의 앨러배스터(Alabaster : 설화 석고)제 부인상이 흥미를 끌었다.

이슈타르 신전의 프리마돈나, 우르 니나(Ur-Nina)를 나타낸다는 이 상은 머리 한가운데서 좌우로 갈라진 검은 머리칼이 이마의 가장자리를 두른 채였고 그 이마 밑에는 일자눈썹이 그려져 있었다. 기껏해야 눈썹 한 줄이었지만 일본인에게는 친숙하지 않은 것이었다. 그때는 왜 눈썹이 일자로 이어졌을까, 하고 꽤나 마음에 걸렸던 것으로 기억한다. 그것 외에 예배자상 등에서도 일자눈썹이 보였기 때문에, 아마도 얼굴에 털이 많은 민족 고유의 특징일 것이라고, 그때는 그렇게 결론지었다.

그 후 얼마 지나지 않아 본격적으로 화장의 역사에 몰두할 필요가 있었을 때 다시 이 일자눈썹들과 대면했다. 여기서는 몇몇 자료를 통해 일자눈썹이 어떻게 퍼져나갔는지를 살펴보려고 한다.

먼저 중국을 보기로 하자. 삼국시대, 위나라의 건국자인 조조(曹操)는 천하통일을 꿈꾸었다. 그는 어떤 것이든 두 개 이상인 것은 모두 하나로 통일한다는 방침을 세우고, 두 개 있는 눈썹을 이어 하나로 만들 수 있다면서 여성의 눈썹을 일자로 잇게 했다[15]고 한다. 또한 중국의 위구르족이나 서투르키스탄에도 일자눈썹이 많았다고 한다.

『상징 사전』(シンボル辭典)에 따르면 민간전승에서는 "좌우의 눈썹이 붙어 있는 사람은 주의하라. 그 사람의 마음에는 교활함이 있기 때문이다." 하고, "그리스에서는 흡혈귀가, 북구 신화에서는 늑대가 된 사람이" 일자눈썹이며 "눈썹이 붙어 있는 사람은 결혼할 때까지 살지 못하고" 남자는 냉혹한 심성의 소유자, 여자는 질투심이 많은 것으로 여겨졌다고 한다. 또한 고대 그리스에서는 코 위에 가까이 붙어 있는 눈썹을 선호했고 테오크리토스(Theokritos : BC 3세기 전반 그리스의 대표적인 목가시인-역주)의 시에서도(『メークアップの歷史』) 일자눈썹의 존재를 확인할 수 있다. 그리고 고대 로마의 오비디우스(Publius Ovidius Naso)가 『사랑의 기술』(Ars amatoria)에서 "당신은 납을 이용해 살결을 희게 만드는 법도, 연지를 한 번 찍어 발라 자연스러운 붉은빛을 내는 법도 알고 있다. 필요하다면 좌우의 눈썹을 한가운데까지 늘리는 법도 알고 있을 것이다."고 말한 것처럼 일자눈썹은 옛날부터 세계 각지에 존재한 미의식이었던 모양이다.

오늘날에도 중앙아시아에서는 우스마(ycma)라는 식물의 잎에서 추출한 즙으로 좌우의 눈썹을 붙여 일자로 그리는 여성의 화장법이 행해지고 있다. 가토 사다코(加藤定子)는 이렇게 적고 있다.

노천 시장에서 구입하거나 뜰에 재배한 신선한 우스마 잎을 열 장 정도 따서 햇빛에 펼쳐 놓고 얼마간 시들게 한 다음 작게 뭉쳐 손으로 즙을 짜낸다. 뒤집은 밥공기의 밑 부분으로 그 즙을 받는다. 눈썹에 물들일 때는 좌우를 계속해서 물들이고 마르기를 기다려 다시 물들이는 것을 세 번 반복하고 나서 마지막에는 물로 씻는다. 젊은 여성들은 이렇게 눈썹을 물들이면 눈썹이 검은빛을 띠게 되고 농밀해진다고 확신하여 하루걸러 물들였다. 나이가 든 여성들도 1년에 한 번은 "신의 뜻에 맞다"며 사용한다고 한다. 눈썹을 물들이지 않은 사람이라도 속눈썹에 우스마를 바르는 사람이 많다. 그러나 우스마가 자라지 않는 한랭지에서는 우스마를 바르는 것이 경솔한 짓이며 죄가 된다고 믿는 지역도 있다.[16]

NHK 텔레비전의 『실크로드』에 따르면 위구르족은 지금도 치장을 위해 이렇게 하고 있다.

일자눈썹은 중앙아시아만이 아니라 중근동의 아라비아에서도 결혼식 등에서 행해지고 있다. 가타쿠라 모토코(片倉もとこ)는 『아라비아 노트』[17]에서 다음과 같이 말하고 있다.

노파가 신부에게 화장을 해준다. 이집트 고대의 여왕들처럼 눈썹 그리는 먹으로 눈 주위에 짙게 테두리를 그리는 것은 어느 아랍 여성이나 마찬가지지만 화장하는 방법은 대체로 부족마다 조금씩 다르다.

우스마로 눈썹을 일자로 그린 여성(우즈베키스탄 사마르칸트에서 가토 사다코가 촬영)

리히안족은 코 위에서 눈썹과 눈썹을 연결하여 일자로 만들어버린다.

이 일자눈썹은 홋카이도(北海道)의 아이누족들 사이에서도 있었던 것 같다. 야마토 유조(大和勇三)는 『얼굴』[18]에서 "이 외에 눈썹과 눈썹 사이를 선으로 연결한 눈썹 문신을 한 사람이 있는데, 특히 이 눈썹 문신이 이부리(胆振) 해안 시라오이(白老) 부근에서부터 서부지방에 한정되어 있다는 데서 알 수 있는 것처럼 지역적으로 보아 안면 문신의 기본 양식에는 확실한 차이가 있었다. ……"고 말한다.

조몬 시대 토기의 손잡이 부분에 그려진 얼굴이나 흙으로 만든 가면을 보면 좌우의 눈썹이 코 위에 붙어 있는 것을 볼 수 있다.

아마 털의 밀도가 높아서 좌우의 눈썹이 붙어버리기 쉽고, 그 때문에 일자눈썹이 일종의 아름다움을 표현하게 되었을 것이다.

하에기와와 미의 발생

눈썹만이 아니라 털에 대한 의식 또한 과민하다고 느낄 때가 있다. 예전에 가발 만드는 사람을 '하에기와(生え際 : 이마, 목덜미 등 머리털이 나기 시작한 가장자리―역주)의 마술사'라고 했을 정도로 일본인은 하에기와에 대해 상당히 예민한 미의식을 갖고 있었다. 머리털의 색이 검기 때문에 피부색과의 대조가 심해지는 것을 피하려는 미의식이 그렇게 만들었을 것이다.

이러한 미의식이 역사적으로 확실히 기록된 것은 에도 시대에 들어서고 나서다. 헤이안 시대 무렵에는 『겐지 이야기』에서 "훤칠하게 키가 큰 사람으로 머리 모양과 이마가 뚜렷하고 눈매나 입매가 무척 애교가 있는 뛰어난 용모입니다."라든가, "눈썹 언저리가 희미하고 어린아이 같이 머리를 쓸어 올린 이마나 머리 모양도 무척 귀엽습니다."고 한 것처럼 '이마 모양에 흥미가 있었던 듯한데 어떤 모양이 아름다웠는지는 기록되어 있지 않다. 아마 이 시대의 이마 모양은 하에기와를 주의 깊게 관찰하여 표현하지는 않았을 것이다. 앞에서 설명한 얼굴 감추기 문화와의 관계도 무시할 수 없다.

그 후 여성의 활동이 활발해지고 앞머리를 귀에 걸치는 것에 대한 저항감도 감소하여 이마가 노출되자 이마에 대한 미의식이 발달하기 시작한다. 무가사회가 되자 「아자이 나가마사 부인상」으로 대표되는 것처럼 이마의 머리를 귀에 걸쳐 늘어뜨리고, 눈썹은 앞머리 하에기와에 가까운 무척 위쪽에다 두껍고 크고 흐릿하게 그려 넣게 된다. 당시까지는 머리털을 묶는 위치가 등이거나 높아 봐야 어깨 바로 위쯤이었는데, 모모야마 시대에 접어들 무렵에는 후두부 근처까지 올려서 묶음으로써 이마가 완전히 노출된다. 그리하여 이마의 하에기와에 확실히 시선이 머물게 되고 드디어 하에기와 화장이 등장하게 된다.

그 배경에는 에도 시대 초기에 이르러 면도칼이 보급되기 시작했다는 것을 덧붙일 수 있다. 그때까지는 털을 제거하려고 할 경우 족집게로 털을 뽑는 수밖에 없었는데 그 고통이 얼마나 심했을지는 지금의 우리도 충분히 짐작할 수 있다.

남자에게 사카야키(月代)*는 피할 수 없는 헤어스타일이었는데, 머리를 뽑을 때의 고통을 참는 것이 남자로 인정받는 일이었는지도 모른다. 상당히 고통스러웠을 것임에는 틀림없다. 당시 남자의 머리를 손질해주거나 수염을 깎아주는 것을 업으로 하던 가게의 간판이 보여주는 것처럼[19] 무로마치 시대 후기인 덴쇼기(天正期, 1573~1592) 무렵까지 족집게가 사용되었고 그 이후에는 면도칼이 그것을 대신했을 것으로 여겨진다.

면도칼이 보급되자 손쉽게 하에기와를 정리할 수 있게 되었다. 하에기와 화장이란 하에

사카야키
헤이안 시대에 남자들은 관(冠)이 닿는 이마 언저리의 머리털을 반달 모양으로 밀었는데 그것을 '사카야키'라고 한다. 에도 시대에는 서민들 사이에서도 행해졌는데 성인의 표시였다.

기와에 백분을 바르거나 아니면 좁고 작게 보이기 위해 '기와즈미'(際墨)라 부르는 먹을 하에기와에 칠해 다듬는 것을 말한다.

그 결과 아름다운 이마를 가진 사람이 미인이 되고, 등잔 이마〔火燈額 : 아치 모양의 이마—역주〕라든가 기러기가 나는 모습과 닮았다는 데서 붙인 기러기 이마(雁額), 후지 이마(富士額)*, 후지 이마(不二額)**라는 말이 생겨 미인의 상징으로 쓰이기 시작한다.

머리를 묶는 위치는 등이나 어깨 바로 위에서 점차 위로 올라가 후두부에서 묶게 된다. 그러자 이마가 완전히 드러나고 이마의 하에기와가 확실히 보이기 시작한다. 동시에 눈썹은 하에기와의 선을 의식한 것처럼 가느다란 활 모양으로 변해간다.

그런데 이마에서 아름다움을 느끼게 된 것은, 지금 말한 것처럼 근세, 즉 에도 시대가 되어서다. 그 지표가 앞머리 하에기와의 '기러기 이마'로 불리는 부분이다. 이마 한가운데의 하에기와 부분에 있는, 기러기가 나는 듯한 형태의 머리 돌출부를 가리키는데, 일본머리 가발에서도 빼놓을 수 없는 미의 포인트다. 이 기러기 이마는 고대의 다카마쓰즈카(高松塚) 고분벽화의 여성상, 에마키모노, 노(能)***의 가면, 「아자이 나가마사 부인상」, 근세 초기의 풍속 병풍 그림 등에는 그려져 있지 않다. 회화에서도 얼굴을 본격적으로 노출하는 시대가 되

후지 이마
머리털이 난 부분의 윤곽이 후지 산(富士山)의 모양과 비슷한 이마. 미인의 조건이었다.

후지 이마
'후지'(不二)는 세상에 둘도 없다는 뜻에서 후지 산을 의미한다.

노
가마쿠라 시대에 시작되어 무로마치 시대에 완성된 전통 가무극.

어서야 등장한다.

에도 시대 초기에 여성으로서의 몸가짐을 기록한『조쿄히덴쇼』(女鏡秘傳書, 1650)는 백분 항목에서 하에기와에 바른 백분의 경계를 알 수 없도록 하라고 한 다음, 이마를 미는 방법 항목에서는 "이마가 아름답지 못하면 얼굴에 귀염성이 없어지기" 때문에 흔적이 눈에 띄지 않도록 모양 좋게 밀면 된다고 세심하게 기록하고 있다.

또한『오미나메시모노가타리』(女郎花物語, 1661)에서는 "하에기와에 바르는 먹이 너무 검으면 인형에 채색한 것 같아서 무척 섬뜩하다."(상권)고 하여 하에기와에 바르는 먹이 지나치게 진한 것에 대해 주의했고,『호색일대남』에서는 "이마는 둥글게 해야 하는데 하에기와에 바르는 먹이 진하면 촌스럽다."(권3)고 했으며,『온나요킨모즈이』(1687)에서도 "하에기와는 아무래도 희미하고 엷게 발라야 한다."고 했다. 이처럼 하에기와를 자연스럽게 보이도록 하는 데 주의했다. 그중에는 수필에 "예전에 하에기와에 먹을 바른 여성을 보고 하루에 몇 번이나 구토를 한 일이 있었다."고 쓴 사람도 있었다.[20] 극단적인 경우에는 풍자의 대상으로서 소화(笑話)에까지 등장한 것 같다.

1692년(겐로쿠〔元祿〕 5)에 나온『온나초호키』에 따르면 이마의 모양은 더욱 세밀하게 분류되어 대액(大額), 소액(小額), 환액(丸額), 아치형 이마〔火燈口額〕, 밀어올린 이마(すりあげ額 : 밀어 올려 넓어진 이마), 이렇게 다섯 종류가 있었다. '밀어올린 이마'라는 이름까지 등장한 것을 보면 이마 화장이 상당히 발달했다는 것을 알 수 있다.

이마 화장은 결코 여성만의 특권은 아니었다. 남성들도 이른바 상투(존마게, 丁髷)* 때문에 이마를 반달 모양**으로 밀었다. 이마 언저리의 머리털을 밀 때 이마 화장과 밀접한 관련을 맺게 된다. 기보시(黃表紙)*** 『신가쿠하야소메구사』(心學早染艸, 1790)에서는 이마 가장자리의 털을 뽑거나 밀어 이마를 넓게 보이는 것이 당시의 '세련된 멋'으로 유행했다고 소개하고 있다.

그런데 "이마가 넓은 사람은 총명해 보인다."거나 "이지를 간직하고 있는 넓은 이마" 등으로 흔히 말하는 것처럼 옛날부터 이마는 지혜나 지식의 창고로 생각되었다. 그 탓인지 요즘에도 이마가 넓지 않은 여성은 앞머리를 늘어뜨려 이마를 감추는 일이 많은 것 같다. 한편 이마에 손을 대서 넓어 보이게 하는 풍습은 중세부터 르네상스기에 걸친 시기에 유럽 각지에서도 찾아볼 수 있다.

12세기 중엽 영국의 귀부인들 사이에서는 넓고 큰 이마가 유행했다. 앞머리의 하에기와를 밀고 눈썹을 밀어버린 결과였다.

상투
이마 위의 머리를 밀고 후두부에서 머리를 모아 틀어 올렸는데 그것이 존마게, 즉 일본식 상투다.

반달모양
사카야키(月代), 즉 이마 언저리의 머리털을 반달 모양으로 밀었던 것을 말한다.

기보시
에도 시대 중기에 간행된 구사조시(草紙)의 일종으로 그림을 주로 하여 세태나 인정을 그린 이야기. 익살과 풍자를 특징으로 하며 노란 표지를 사용한 데서 이런 이름이 붙었다.

또한 14세기 말부터 15세기에 걸쳐 프랑스에서는 호리호리한 몸에 몹시 작은 머리라는 스타일이 유행했다. 팡세(Jacques Pincet)와 들랑드르(Yvonne Deslandres)가 쓴 『미용의 역사』(*Histoire des soins de beauté*)에 따르면 "머리 모양은 삼각형이고 이마가 넓은 편이 좋은 것으로 여겨졌고, 그렇게 보이기 위해 이마의 머리털을 뽑거나 눈썹을 뽑기도 했다."고 한다. 이마 하에 기와에 난 머리를 뽑거나 해서 요즘 말하는 역삼각형 얼굴로 보이게 했을 것이다. 그리고 하얀 이마를 강조하기 위해 곱슬머리로 하거나 검은 벨벳 리본을 달기도 했다.

르네상스기의 이탈리아나 엘리자베스 시절의 영국에서도 "넓은 이마는 미인의 표시"였다. 넓은 이마가 여성의 얼굴이 가지는 품위를 높이고 매력적으로 보이게 한다고 여겨졌기 때문이다. 그리고 그 넓은 이마에 진주나 보석을 장식하는 것이 당시의 가장 중요한 치장이었다.

영국의 대표적인 시인 초서(Geoffrey Chaucer)의 작품에 나오는 수녀의 이마는 "적어도 한 뼘 정도"였다고 한 것이라든가, 수도사이자 저술가인 이탈리아의 피렌추올라(Agnolo Firenzuola, 1493~1545)가 1548년에 쓴 여성의 아름다움에 관한 대화에서 "이마는 널찍하지 않으면 안 된다. 넓고 높으며 산뜻하게 자리 잡아야 하고 …… 높이는 가로의 딱 절반이어야 한다. …… 이마는 윤이 나지 않은 칙칙한 흰색이 아니라 잘 닦은 거울처럼 밝고 빛나는 하얀색이어야 한다."고 했을 정도로 이마는 넓은 편이 좋다고 생각되었다. 또한 당시에 그려진 회화, 안토니오 델 폴라이우올로(Antonio del Pollaiuollo, 1429~1498)의 부인상, 부르고뉴의 마리아, 피에로 델라 프란체스카(Piero della Francesca, 1416~1492)의 「십자가에 경배하는 시바의 여왕」, 「우르비노 공작부부의 초상」, 크리스튀스(Petrus Christus, 1420?~1472)의 「젊은 여인의 초상」, 로히어르 판 데르 베이던(Rogier van der Weyden, 1400?~1464)의 「여인상」 등에서도 이마가 넓은 미인을 볼 수 있다.

물론 이 그림들에서 부자연스럽게 보일 정도로 이마가 넓은 것
은, 이마를 넓게 보이기 위해 눈썹을 뽑고 하에기와를 밀어서 가
다듬은, 즉 인공적인 손질을 가했기 때문이다. 그러므로 소녀들은
머리털의 성장을 막기 위해 이마에 호두 기름을 바르기도 했다고
한다.

이마의 머리를 위쪽까지 미는 것은 얼굴의 비율에 변화를 가져
온다. 즉 눈 아래 부분에 비해 이마가 더 넓으면 갓난아이나 어린
이, 또는 이가 빠진 노인의 얼굴 비율에 가까워지는 것이다. 한편
이마가 좁아서 유명한 것은 밀로의 비너스로 대표되는 고대 그리
스의 여성상이다. 그리스의 남성들이 여성의 이성적인 얼굴을 싫
어했기 때문이라고 한다. 이마 하나에도 이렇게 여러 가지 미학이
있다니 흥미로울 따름이다.

하얀 피부의 가치가 점점 커지다

오카와 : "그 얼굴로 질투를 하다니 꼴불견이야, 정말."

오야마 : "오로쿠 씨 피부가 희니까 부부가 같이 있으면 백옥과 구
운 과자를 하나의 댓잎에 싼 것 같다고 할 거야."

오카와 : "살빛이 희면 여자의 일곱 가지 결점을 가린다고 하지만
피부가 검다면 우리와 똑같지 뭐."(『우키요후로』 3편 하권)

근세가 되어 하얀 피부의 중요성은 이 『우키요후로』(浮世風呂,

1809~1813)에서 보이는 것처럼 점점 커졌다. 얼굴의 하에기와가 아무리 아름답다고 해도 하얀 피부를 당하지는 못했다.

현대의 일본에서도 "살빛이 희면 일곱 가지 결점을 가린다."고 하거나 이즈모(出雲) 미인, 교토(京) 미인, 가나자와(金澤) 미인, 니가타(新潟) 미인, 아키타(秋田) 미인이라는 말이 흔히 쓰인다. 거기에서 공통되는 아름다움은 햇볕에 그을리지 않은 하얀 피부라는 것인데, 피부색과 자외선을 쐬는 양을 측정한 결과로부터도 증명되고 있기 때문에 하얀 피부에 대한 집착은 그만큼 강했다고 할 수 있다.

그러므로 한편으로는 "후지 산이 보이는 지방에는 미인이 없다."는 말이 생겨났다. 후지 산이 보이는 간토(關東) 지방에서 도카이(東海) 지방은 연간 자외선을 쐬는 양이 가장 많으므로 햇볕에 그을려 피부가 검기 때문에 아름답지 않다는 것을 의미하는데, 각 화장품 제조사가 피부색과 자외선을 쐬는 양에 대해 연구한 결과가 그 말을 뒷받침해주고 있다.

고대부터 피부색이 하얗다는 것은 서구에서도 존중되었다. 예전에는 하얗고 투명한 피부가 지배계급, 즉 바깥에서 노동하지 않는 사람의 색이었다. 그을린 피부와 바깥 공기에 노출하는 것은 하층계급임을 나타내는 오욕의 표시였다. 바깥에서 노동하는 사람임을 보여주는 증거였기 때문이다. 그로 인해 그을린 피부를 하얗게 보이기 위해 얼마나 많은 백분이 사용되었던 것일까? 19세기의 유럽에서는 고도로 기술적인 18세기의 화장법을 벗어나, 한 것인지 안 한 것인지 모를 정도로 옅고 자연스러운 화장이나 전혀 화장을 하지 않는 방향으로 옮겨갔다. 또한 햇볕으로부터 피부를 보호하기 위해 양산을 썼고 피부를 더욱 하얗게 보여주기 위해 블루펜슬로 가슴이나 관자놀이의 정맥을 파랗게 칠하기도 했다.

고대 이집트에도 정맥을 파랗게 칠하는 풍습이 있었다. 이 파란 정맥이 서구에서는 고귀한 피, 즉 파란 피(Blue blood)인데 귀족 출신이나 명문 출신을 의미했다. 1915년에 출판된 애스킨슨의 『향수와 화장품』이라는 책에도 이 블루펜슬 처방이 실려 있다. 다만 정맥이 자연스럽게 보이도록 그리기 위해서는 상당한 기술이 필요했던 것 같다. 『미용의 역사』에 따르면 "귀부인들은 그 사회적 신분의 차이를 나타내는 것으로 피부 위에 엷은 청색으로 한 줄이나 두 줄의 혈관을 그려 넣었다. 이것은 진주색 피부가 하얗다는 것을 두드러지게 해 그 부인의 섬세함을 나타냄과 동시에 19세기의 작가 앙리 켄도 강조하고 있는 것처럼 '특별히 본질적 요소인 고귀한 피가 많다'."는 것을 나타내기도 했다고 한다.

롤라 몬테즈(Lola Montez, 1818~1861)의 『아름다움의 열쇠』(1858)에서는, "요즘의 젊은 아가씨들은 얼굴을 하얗게 하려고 때로 백악(白堊)이나 점판암(slate), 차 찌꺼기 같은 것을 먹고 있다. 이것은 아마 얼굴색을 '창백하게' 하기 위해서는 좋은 방법일 것이다. 왜냐하면 건강을 해쳐 자연스럽고 아름다운 장밋빛 얼굴은 확실히 사라지고, 밝고 건강한 안색이 파리하고 병적인 색으로 변해버리기 때문이다."고 말한다. 그리고 익명의 남녀가 쓴 『상류사회의 관습』(1859)에서는 "예전에 내가 알던 귀부인은 안색을 대리석처럼 하얀 상태로 유지하기 위해 때때로 정맥에서 혈액을 뽑아

냈고, 또 다른 부인은 마치 데생을 할 때처럼 빵의 부드러운 부분으로 얼굴을 문질렀다는 이야기를 들었다."는 내용이 나온다.

하얀 피부, 하얀 백분 등 '하얗다'는 말을 자주 사용하지만 화장에서 말하는 흰색은 시대에 따라, 백분에 따라 달랐다. 백분에 사용되는 흰색 안료가 달라지면 당연히 그 흰색도 달라진다. 무대화장을 예로 들어 흰색을 생각해보기로 하자. 납백분의 재연 실험을 설명할 때도 말했지만 하얗다고 하면 현대의 가부키 화장의 그 하얀색을 떠올리는 사람이 많을 것이다. 촛불을 조명으로 사용했던 시대에는 납백분의 흰색도 지금 보면 그다지 하얗지 않았다. 극장의 규모가 커지고 그 크기에 따라 조명의 밝기가 요구되자 더욱 흰 백분, 즉 빛의 반사율이 높은 백분이 필요해졌다. 그렇게 하지 않으면 배우의 얼굴이 두드러지지 않기 때문이다. 이처럼 흰색을 빛의 반사율의 양적 변화로 파악할 수도 있지만, 노란빛이 도는 흰색이라거나 커버력이 좋은 흰색을 말할 때처럼 흰색의 질 문제도 있다. 따라서 화장에서 흰색을 말할 때는 이러한 관점을 도입하거나 의식할 필요가 있는 것이다.

교토의 무기(舞妓)나 예기(藝妓)의 화장에 대해서도 같은 말을 할 수 있다. 지금의 화장은 새하얘서 낮에 밖에서 보면 이상하게 비치지만 밤의 조명 아래서는 그다지 부자연스럽게 느껴지지 않는다. 그런데 왜 그 정도로 하얗게 발랐는지를 생각해보자. 그녀들의 화장은 일종의 분장 화장인데, 그 화장을 보고 있으면 하얗게 바름으로써 본래의 얼굴 모양을 부정하고 또 그렇게 부정한 것 안에서 예(藝)로서 자신이 무엇을 표현할 수 있는지를 묻고 있다는 기분이 든다. 타고난 자신을 부정하면서 그 안으로부터 번져 나오는 자신을 보여준다는, 상당히 엄격한 것을 자신에게 강요한다고도 할 수 있다. 옛날 제의 때 무녀가 하얗게 화장한 것과 공통된 의식이 느껴진다.

바꿔 말하면 하얗게 바르지 않을 경우 자신의 기예를 표현할 수 없다는 것이기도 하다. 자신의 기예를 보여주기 위해 한 번은 자기 자신을 지울 필요가 있다는 것이다. 결과적으로 인형 같은 화장이라고 하면 분명히 그러한데, 모두 똑같은 화장을 해서 개성이 없다고 비판할 수도 있겠지만 나는 그만큼 가혹한 일도 없다고 생각한다. 타고난 얼굴로 개성을 드러낼 수 있을 만큼 쉬운 일은 아니었을 테니까 말이다.

눈 화장의 등장

현대에는 일반화되어 있지만 눈 화장이 처음으로 등장한 것은 에도 시대 후반이 되어서다. 배우를 흉내 내는 데서 시작되었다는 이 화장은 당시에도 비난의 대상이 되었는데, 오늘날과 같이 눈을 뚜렷이 보여주어 입체감을 드러내는 눈 화장과는 전혀 다른 미의식에 기반하고 있었다. 이 방법은 메이지 이후 서구의 화장법이 수입되었어도 일본풍 화장으로 남았다.

19세기 초 시키테이 산바(式亭三馬)는 『우키요후로』에서 "교토 여자는 눈 가장자리에 연지를 불그스름하게 바르고 검게 빛나도록 입술연지를 진하게 바른다."고 하면서 눈 가장자리(옆)를 붉게 화장한 것을 소개하며 비난했다.

　　오카베 : "그래. 그 화장 봤어? 눈가에 연지를 바르고 그 위에 백분을 바르니까 눈 가장자리가 불그스름해져서 약간 취한 듯한 안색인데, 참 불쾌해."

　　오이에 : "눈가에 연지를 바르는 것도 원래 배우한테서 나온 모양이던데."

　　오카베 : "…… 눈가에 연지를 바른 사람은 늙으면 눈 가장자리가 검게 되거든. 한 번 잘 봐봐. 중년부인 중에 눈가가 검은 사람이 많을걸."

　눈가의 연지는 흔히 요염함을 드러낸다고 하지만 당시에는 그렇게 표현되지 않았다.

　또한 같은 무렵에 발간된 화장에 관한 책 『미야코후조쿠케와이덴』에는 "눈 위에 연지를 바르는 법"이 나와 있다. 화장을 해서 결과적으로 얼굴이 침울해 보이거나 흐리멍덩해진 사람은 그 얼굴을 뚜렷하고 한층 돋보이게 하기 위해 "눈 위에 살짝 연지를 발라야 한다." "연지를 바르면 약간 장난스럽게" 보이기 때문이다. 다만 여러 번 연지를 바르면 앞에서 말한 것처럼 그 부분에 "연지가 눌어붙어" 다소 거무스름해진다고 되어 있다.

　눈의 형태에 대해서는 같은 책에 "눈동자가 아래로 드리워진 것을 올리고 또 눈동자가 올라간 것을 똑바로 보이게 하는 화장 방법. 눈초리가 아래로 처진 것을 올려 보이게 하려면 우선 평소처럼 백분을 바르고 나서 약간 축축한 수건으로 눈가를 닦고 눈초리를 위쪽으로 살짝 닦은 뒤 그 흔적에 연지를 아주 엷게, 살색처럼 어슴푸레하게 눈초리 쪽, 위쪽으로 바른다."고 소개되어 있다.

이처럼 눈 화장은 한 번 바른 백분을 부분적으로 닦아내고 연지를 엷게 바르는, 현대의 아이섀도 같은 방법이 대표적이지만 그밖에도 "작은 눈을 보통의 눈처럼 보이게 하는 법", "커다란 눈을 가늘게 보이게 하는 법", "눈썹과 눈 사이가 좁은 것을 넓고 넉넉하게 보이게 하는 법" 등 당시의 미의식에 적합한 화장법을 권하고 있다. 또 눈의 크기에 대해서는 눈이 가늘어 무리하게 눈을 크게 뜨면 "눈꺼풀이 올라가고 눈동자가 위로 올라가 하늘을 보는" 듯해서 보기 흉하다든가 "눈빛이 무섭고 화난 얼굴"로 보이기 때문에 주의하라고 설명하고 있다.

어쨌든 눈 화장은 아직 일부의 여성들 사이에 유행하던 것이었다. 우키요에에서는 상당한 수의 화장 풍속이 그려져 있지만, 눈 화장은 무척 적다. 가까스로 우타가와 구니사다(歌川國貞)의 「당세미인합·무용 선생」(當世美人合·踊師匠) 한 장을 찾을 수 있었다. 이 그림에서는 가발을 쓴 선생이 연지 붓과 약지를 써서 눈초리에 연지를 바르고 있다.

우키요에에 그려진 얼굴을 자세히 관찰하면 현실의 얼굴보다 눈이나 입이 상당히 작게 그려졌다는 걸 알 수 있다. 그렇지만 이 차이를 특별히 의식하지 않는 한 부자연스럽게 느껴지지는 않는다. 그렇게 느껴지지 않게 하는 눈, 코, 입, 눈썹, 얼굴 모양의 배치와 정돈이 미인화의 매력인지도 모른다. 하지만 오늘날의 소녀만화에 그려진 눈의 크기와 비교하면 현대의 얼굴과는 전혀 다른 문화인 것을 알게 된다. 그러나 신기한 매력을 갖고 있다.

오뚝 선 콧날의 미와 옆얼굴

헤이안 시대에서 시작된 '오뚝 선 콧날의 미(中高美)'는 에도 시대에 들어서도 지지를 받았다. 『호색일대남』에도 "입술이 뒤로 젖혀지고 콧날이 오뚝 선 얼굴에 뛰어난 시구를 읊을 수 있는 여자가 있다."는 표현이 나온다. 이 시대에도 정면에서 본, 오뚝 선 콧날의 미가 존중되었던 모양이다.

'오뚝 선 콧날'이라고 해도 서구인과 같은 입체감은 없고 콧날이 오뚝 섰다고 형용되는 높이였다. 적당히 코가 높은 얼굴인 것이다. 헤이안 시대의 주니히토에(十二單) 이래, 옷을 껴입는 경우의 그 굴곡을 없앤 것이라고도 할 수 있다. 옷을 껴입음으로써 몸의 선을 명료하지 않게 하고, 더구나 너무 나온 가슴은 눌러 들어가게 함으로써 입체감을 피하려는 의식이 있었던 것이다. 옛날부터 튀어나온 엉덩이, 큰 가슴은 기모노에 어울리지 않는다고 생각했던 것도 이런 의식에서다.

반대로 굴곡이 뚜렷한 옆얼굴을 가진 아름다운 서구인이 기모노를 입은 모습을 생각해보라. 당신이 일본인이라면 아마 그것을 보고 어딘가 어울리지 않는다는 느낌을 받을 것이다. 그것은 서구인 얼굴의 입체감과 기모노가 가진 입체감이 서로 다른 데서 기인한다. 덧붙여 말하자면 신부 의상으로 소맷자락이 긴 기모노를 입을 경우 얼굴을 하얗게 바르는 화장을 하지 않으면, 지금 말한 이유에서 어울리지 않는 것과 같은 이치다. 하물며 자신이 직접 평소의 화장으로 고쳐버린다면 전문가가 볼 때 얼굴을 찌푸릴 것임에 틀림없다.

그런데 '미'에 대해 '추'가 있는 것처럼 '오뚝 선 콧날'에도 반대 말이 있었다. '구루리다카'(ぐるり高), '나카히쿠'(中ひく), '나카비쿠'(中びく)라는 말이 그것이다. 주변이 높고 한가운데, 즉 코가 낮은 추한 얼굴인 오타후쿠(お多福)*를 말한다. 일반적으로 해학적으로 사용되는 일이 많다.

『사이카쿠오리도메』(西鶴織留, 1694)에 "머리가 눈에 띌 정도로 코가 낮은 얼굴(中ひく成兒)에다 무리하게 코를 집어 올려……"라고 한 것 외에도 『호색일대남』에 "부엌으로 들어가 코가 낮은 아가씨를 칭찬하고 시렁에서 물건도 내려주었다"든가 『게이세이킨탄키』(傾城禁短氣, 1711)에 "'야아, 큰 도련님께서는 얼굴이 좋아 보이십니다'라고 코가 낮은 얼굴을 칭찬하니"라든가 『가엔스이쿄슈』(雅筵醉狂集, 1731)에서는 "백분을 간판으로 하는 굴곡이 없는 왜나막신 가게의 문맹(文盲)"이라는 표현도 나온다.

바로 '오타후쿠'의 이미지다. 당시 '오뚝 선 콧날'[中高] 혹은 '코가 낮은 추한 얼굴'[ぐるり高]이라는 말이 일상적으로 쓰였고 백분의 간판이 될 정도로 일반화되어 있었지만 오늘날에는 거의 사어(死語)가 되었고 이러한 한가한 표현은 잊혀져버렸다.

오타후쿠
둥근 얼굴에 이마와 광대뼈가 나오고 코가 납작한 여자로 추한 여자의 표본으로 여긴다.

콧날이 오뚝 선 얼굴이 정면에서 본 얼굴이라면 옆에서 본 얼굴은 어떤 의미를 가지고 있었을까? 정확히 옆에서 본 얼굴이 그려진 우키요에는 아주 적다. 그렇다고 해서 회화 전반에 옆에서 본 얼굴이 없는 것은 아니다. 그 이전에도 보였다. 예컨대 헤이안 시대 초기의 불교화, 헤이안 말기의 「반다이나곤에코토바」(伴代納言繪詞, 12세기), 「시기산엔기」(信貴山緣起, 12세기), 그리고 에도 시대 초기에 가노 히데요리(狩野秀賴)가 그린 「다카오칸부즈뵤후」(高雄觀楓圖屛風)에서 이를 검게 물들인 여인이나 MOA 미술관이 소장하고 있는 「탕녀도」(湯女圖), 「히코네뵤후」(彦根屛風), 히시카와 모로노부(菱川師宣)가 그린 그 유명한 「돌아보는 미인도」(見返り美人圖) 등이 있다. 잘 관찰해보면 위에서 예로 든 그림은 거의 전신상에 그려진 얼굴이다.

한편 에도 시대 후기에 상반신을 그린 우키요에 판화의 인물화처럼 얼굴이 크게 그려지게 되자 기타가와 우타마로(喜多川歌麿)나 게이사이 에이센(溪齋英泉)은 정면에서 본 얼굴도 아니고 옆에서 본 얼굴도 아닌 대부분 앞쪽에서 비스듬히 본 얼굴을 그린다. 비스듬히 앞에서 본 얼굴을 미적인 것으로 선택한 것이다. 게다가 시선이 정면을 향하는 일도 없다.

우연히 발견한, 옆에서 본 얼굴의 예로는 비록 실루엣이긴 하지만 에도 시대 후기에 그려진 문인화 「분초 부부상」(文晁夫婦像, 谷文晁, 紙本墨書, 光出美術館 所藏)이 있다. 이것은 부부의 옆얼굴을 실루엣으로 마주보게 한 그림인데, 분초는 운치 있게 나름대로 개성을 가진 얼굴로 그려진 데 비해 아내는 단정하고 예쁜 얼굴로 그려져 있다.

그러나 설사 옆얼굴이 그려졌다고 해도, 일반적으로는 부자연스러움을 느끼지 않을 수 없다. 우타가와 도요쿠니(歌川豊國)가 그린 「이마요스가타햐쿠스가타즈」(時世粧百姿圖)처럼 코가 없기 때문에 코에 가까운 부분의 눈이 얼굴 바깥으로 튀어나갈 듯한 옆얼굴로 표현되어버리거나 얼굴 윤곽은 옆이라도 눈이나 눈썹은 비스듬히 앞쪽에서 본 것이고, 극단적인 경우에는 정면처럼 보이는 형태로 표현되어 있는 경우도 있다.

이처럼 옆얼굴에 대해서는 거의 관심이 없었고, 별로 느끼는 바가 없었다고 해도 좋을 것이다.

목덜미의 미

흥미롭게도 옆얼굴은 꺼렸지만 뒤, 즉 뒤쪽 문화는 존재했다. 오래된 예는 『고지키』까지 거슬러 올라갈 수 있다. "고하타(木幡) 길에서 만난 아가씨의 뒷모습(後姿)은 작은 방패처럼 날씬했다."(中卷, 歌謠)라고 한 것처럼 '등쪽'(後手), 즉 뒷모습은 머리의 아름다움과 함께 일찍부터 미의 대상이 되었다. 『겐지 이야기』에 "나가서 공허하게 돌아오는 뒷모습도 바보 같습니다."라고 한 것이나 『곤자쿠모노가타리』(今昔物語)에 "문을 나서서 보이지 않을 때까지 보았더니 걸어가는 뒷모습이 나긋나긋해서 좋았습니다."(二四·三一), 그리고 『오치쿠보모노가타리』에서 "단장을 하고 허리에 매는 띠를 헐렁하게 해서 걸어가는 뒷모습, 머리 길이가 세 척 남짓인데 무척 아름다웠습니다."고 하는 등 뒷모습에 주의했고 머리의 아름다움도 의식하고 있었다.

이 뒷모습의 아름다움을 보여주는 전형적인 예는 뭐니 뭐니 해도 에도 시대에 발달한 '목덜미(襟足)의 미'일 것이다.

일본의 전통적인 머리가 발달함으로써 뒤로 내민 부분, 즉 다보(髱)라 불리는 뒷머리를 묶은 부분이 점차 위로 올라가 뒷머리의 하에기와, 즉 목덜미를 드러내게 된 에도 시대 중엽 이후에 발달한 미의식이 바로 '목덜미의 미'다. 목덜미를 가다듬는 것을 목덜미 화장이라 불렀는데, 하에기와 화장과 마찬가지로 그 형태의 미가 만들어졌다. 머리를 짧게 자르거나, 길게 길러도 아래로 늘어뜨리는 것이 보통인 오늘날에는, 목덜미에 대한 미의식이라고 해봐야 일본 무용 발표회나 교토의 화류거리, 무기(舞妓)나 예기(藝妓)의 세계에만 남아 있을 뿐 기본적으로는 사라져버렸다고 해도 좋을 것이다.

지금도 일본 무용 발표회에서는 전통적인 가발을 쓸 때 화장을 담당하는 화장사가 가발 아래의 목 부분에 눈썹 펜슬로 두 줄을 그려 넣는 장면을 볼 수 있다. 가발에는 목덜미가 붙어 있지 않기 때문에 그려 넣는 것인데, 목덜미를 더함으로써 목이 길어 보이고 목 언저리가 뚜렷해지기 때문이다.

한편 무기들은 가발이 아니라 자신의 진짜 머리를 틀어 올렸다. 무기에서 예기가 된 사람들은 꽤 오래 전부터 가발을 이용한 사람이 많았기 때문에 어린 무기들과는 목덜미의 화장이 달랐다. 무기들의 목덜미 화장은, 가발을 썼을 때와는 전혀 다르다. 멀리서 본 인상은 우키요에의 미인화에 그려져 있는 목덜미를 표현한 것처

럼 보인다. 실제로 미인화처럼 뚜렷하고 긴 목덜미를 가진 여성은
무척 드물 것이다. 그러나 목덜미 화장을 할 경우 하에기와에서
몇 센티미터 이내에는 백분을 바르지 않는다. 결과적으로 하에기
와와 백분을 바른 부분 사이에는 몇 센티미터의 띠가 생긴다. 멀
리서 보면 그 띠가 검은 머리와 하얀 백분이라는 두 색의 대조를
누그러뜨리는 완충지대가 된다는 것을 알 수 있다. 우키요에에서
는 하얀 피부에 가는 머리털을 줄무늬 모양으로 그려 넣어 머리털
의 하에기와 부분을 그렸는데, 하얀 피부에서 검은 머리로 옮겨가
는 사이의 띠 모양으로 보이는 부분과 유사하다.

　118쪽의 사진처럼 목덜미의 형태를 두 줄 또는 세 줄로 남기는
관습이 남아 있다. 두 줄 혹은 세 줄이라는 표현은 목덜미, 즉 후
두부에서 목에 걸쳐 털이 자라나 있는 모습이 줄무늬가 되어 드리
워져 있는 검은 부분의 수를 두 줄, 세 줄이라고 센 것이다. 이는
에도, 즉 도쿄 식의 표현이다. 교토에서는 목덜미 사이 백분의 하
얀 부분을 센다. 따라서 그 수는 에도 식으로 표현할 때보다 각각
한 줄씩 적다. 에도 식의 두 줄을 한 줄 또는 '보즈'(ボウズ)라고도
부르는데, 이는 평소에 일상적으로 하는 형태다. 그에 비해 에도
식의 세 줄, 즉 교토 식의 두 줄로 그리는 것은 설날이나 추수를
감사하는 핫사쿠(八朔) 등 특별한 날에 하는 화장이다. 무기들은 그
런 모양의 스테인리스 판을 목덜미에 대고 백분을 발라 한가운데
의 모양을 예쁘게 완성한다.

　하에기와에서 몇 센티미터쯤 남기는 방법은 목덜미에만 썼던
것이 아니다. 앞얼굴이나 이마, 살쩍 등도 하에기와 근처를 남기

고 발라, 백분으로 바른 형태를 계란형으로 예쁘게 다듬는다. 그렇게 하면 멀리서 보았을 때 모두 균형 잡힌 인형 같은 얼굴 모양으로 보인다.

화장의 역사를 연구하기 시작한 뒤 목덜미의 그 줄을 헤아리는 방법을 알았을 무렵, 뒷머리를 올리고 있는 여성을 발견하면 나는 목덜미의 줄 수를 맞춰보곤 했다. 혼자일 때는 그냥 목덜미의 그 줄이 몇 줄인가를 맞춰보았고 누군가와 같이 있을 때는 내기를 하기도 했다.

그런데 우키요에의 미인화 중에는 목덜미 화장을 하고 있는 그림이 꽤 있다. 기타가와 우타마로의 「화장 미인」(化粧美人)이 유명한데, 앞뒤로 거울을 놓고 목덜미를 들여다보면서 손가락 끝에 백분을 묻혀 목덜미에 바르고 있는 그림이다. 정확히 헤아려본 것은 아니지만 목덜미를 화장하는 그림이 무척 많았기에 왜 그렇게 많은지 궁금해 한 적도 있다.

미인의 비유로서 "고마타(小股)가 올라붙은 멋진 여자"라는 말이 있다. 사전을 찾아보면 "날씬하고 세련된 여인의 몸매"라든가 "야무지고 맵시 있는 여인의 모습" 등으로 설명되어 있지만, '고마타'(小股)란 대체 어느 부위를 가리키는가에 대해서는 여러 가지 설이 있고 확실하지도 않다. 어떤 문학자는 분위기 같은 것이라서 구체적인 부위가 어디든 상관없는 게 아니냐고 말하는가 하면, 시대를 고증하는 사람은 허벅지 윗부분을 운운하는 등 그야말로 설은 다양하다.

몸의 일부를 형용하여 미인을 형용하는 말은 또 있다. 예컨대

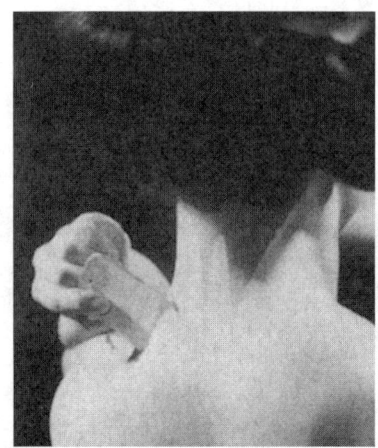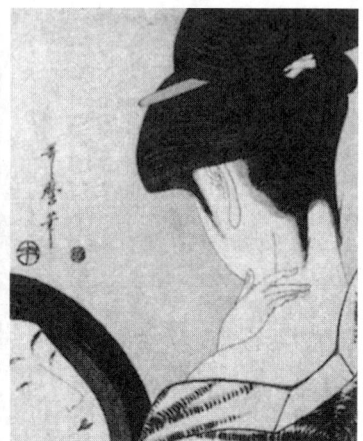

오른쪽 기타가와 우타마로, 「화장 미인」 : 목덜미에 백분을 바르면서 목덜미 화장을 하고 있다. 기메미술관(ギメ美術館) 소장.
왼쪽 현대의 교토 기온(祇園)의 무기.

고대부터 아미(蛾眉), 유미(柳眉), 주순(朱脣)이라는 말이 있었고 에도 시대에 생긴 말로는 '후지비타이'(富士額)가 있다. 머리를 틀어 올려 이마가 드러나게 되었기 때문에 발생한 미의식인데, 이마의 머리털이 난 모양이 후지 산과 비슷한 형태로 아름답다는 데서 미인에 비유되었다. 우키요에의 미인화에 자주 등장하는데, 이마의 형태를 아름답게 보이기 위해 하는 하에기와 화장이 발달했다는 것은 앞에서 이미 말했다. 이마뿐만 아니라 목덜미의 하에기와에도 상당한 주의를 기울였다. 에도 시대 후반, 머리의 뒤로 내민 부분이 좌우로 튀어나가도록 후두부의 머리를 묶게 되어 목덜미 부분이 드러나자 거기에서 아름다움을 찾게 된 것으로 보인다. 기타가와 우타마로를 비롯하여 미인화가 전성기를 맞이한 에도 시대 후기의 우키요에에는 거울을 앞뒤로 놓고 목덜미를 화장하는 장면이 많이 그려졌다. 그것을 위한 화장법이 화장 관련 서적에 해설되어 있을 정도다. 그런데도 목덜미를 칭하는 말은 특별히 전해지지 않는다. 목덜미는 긴 편이 아름답다고 여겨졌지만, 예컨대 후지 산 모양의 이마 같은 말처럼 목덜미의 모양을 형용하는 말은 없다.

그런데 왜 목덜미를 '에리아시'(襟足 : 목덜미의 머리털이 난 언저리 ―역주)라고 하는 것일까? '에리아시'란 물론 후두부의 목 아랫부분, 즉 머리의 하에기와를 가리키지만 왜 그 말에 '다리'(足)라는 글자가 붙은 것일까? '에리'(襟), 즉 옷깃은 원래 의복의 일부로 목을 감싸는 부분이지만 어찌된 일인지 '에리쿠비'(襟首), 즉 목덜미가 되어 몸의 일부를 가리키게 된다. 그러므로 '에리아시'란 '에리쿠비'의 머리털이 나기 시작하는 부분, 즉 하에기와에서 목으로 뻗어간 곳이라고 할 수 있다. 뚜렷하게 좌우로 뻗어간 것으로 보이는 것이 아름답다고 여겨졌고, 그것이 없는 사람은 면도칼로 주변을 밀어서 일부러 그런 모양으로 만들기도 했다. 19세기 말에 소녀 시대를 보낸 소설가 노가미 야에코(野上弥生子)는 가장 말년에 집필한『숲』(森)에서 "특히 아무리 부러워한다고 해도 그것만은 흉내 낼 수 없다고 자랑스럽게 생각하는 것은 에리아시(襟脚)였다. …… 속임수의 에리아시라고 하는데, 사실 만든 것에 지나지 않았다. …… 이게 또 엄청나게 공력이 드는 일이었다. 바싹 밀어버린 선을 따라 자라나는 털을 하나하나 족집게로 뽑아야 했다. 바로 외과수술이나 마찬가지였는데 더할 나위 없이 아프다는 것은 말할 것도 없다. …… 머리털 뽑는 일을 소홀히 하지 않으면 그 부분

의 피부가 변질되어 자라나도 보잘것없는 배냇머리 같은 것에 지나지 않기 때문에 뽑아도 고통을 느끼지 못하게 되는데, 마지막에는 그런 것조차 사라져버린다. 거기까지가 참고 견뎌야 하는 것인데, 나의 아름다운 에리아시도 그렇게 해서 갖게 된 것이다."고 적고 있다. 시대는 메이지유신 전인 것 같은데 에리아시의 미에 얼마나 집착했는지를 느낄 수 있다. 또 '쓰케네'(付け根), 즉 밑동 부분에 대해 생각하면 '에리아시'(襟足)보다 '에리아시'(襟脚)라고 해야 의미를 더 쉽게 알 수 있다. 현대에도 각(脚)과 족(足)은 구별해서 쓰는 일이 많기 때문이다.

'각'이라는 이름이 붙은 이상 다리(脚) 위에 몸이 있고 다리의 밑동 부분(付け根)이 있을 것이다. 거기에서 좌우로 뻗은 에리아시(襟脚)의 쓰케네(付け根) 부분을 작고 귀엽다는 뜻을 담아 '고마타'(小股)라고 불렀다. 그리고 좌우로 뻗은 에리아시의 쓰케네가 위로 올라가 에리아시가 날씬하게 뻗은 아름다운 모습을 "고마타가 올라붙었다"고 형용했던 것으로 생각된다.

물론 결과적으로 여러 설이 나온 것처럼 마타(股)라는 말이 간접적으로 좀더 넓은 의미를 포함하고 있겠지만, 정면과 뒷면의 모습을 중심으로 하고 옆모습을 피한 전통적인 미의식은 오비(帶 : 기모노를 입을 때 허리에 매는 띠―역주)를 뒤에서 묶어 그 방법이 기모노의 뒷모습을 아름답게 한 것처럼, 목 위에서도 머리 모양이나 머리 장식만이 아니라 에리아시의 미, 즉 고마타가 올라붙은 미를 좋게 생각하여 뒷면의 미를 완성시켰다고 보는 것이 자연스럽다. 우키요에에 그려진 미인의 전신상을 보면 오비의 위치가 실제보다 높게 그려져 있어 다리가 길게 보이는 것과 마찬가지로 전신의 균형을, 서로 비슷한 형태로 머리 부분에서도 찾았다고 생각된다.

또한 일본인은 나체를 누드로 감상하는 문화를 가지고 있지 않았다. 춘화라는 특수한 장르를 발달시켰으면서도 누드는 없었다. 나중에 미의식 부분에서 상술하겠지만 몸에 대해서는 기본적으로 존재감이 없는 문화인 것이다. 그러므로 몸의 마타(股)를 생각하려고 하면 상당히 무리라는 느낌을 갖게 된다. 몸보다는 머리, 머리의 하에기와에서 미를 추구한 점이 일본적인 미인 것이다.

이렇게 보면 기타가와 우타마로만이 아니라 게이사이 에이센, 우타가와 구니사다 등 대부분의 우키요에 화가들이 목덜미 화장을 하는 미인화를 여러 차례 그린 이유를 납득할 수 있다.

'후지비타이'와 '고마타가 올라붙은' 미인, 이 둘은 모두 과거의 미인상이 되었다. 왜냐하면 오늘날에는 대부분의 경우 늘어뜨린 앞머리가 이마를 가리고 뒷덜미는 뒷머리에 가려 보이지 않게 되었기 때문이다.

이를 검게 물들이는 문화가 완성되다

헤이안 시대 이후, 여자가 성인이 되었다는 표시로 이를 검게 물들이던 관습은 에도 시대에 이르러 일반적으로 기혼 여성임을 나타내는 표시가 되었다. 더욱이 이를 검게 물들일 때의 그 검은 색은, 어떤 색을 섞어도 다른 색에 물들지 않는다는 데서 "정숙한 여인은 두 지아비를 모시지 않는다."라든가 "충신은 두 임금을 섬

기지 않는다."는 등 당시의 사회체제에 있던 표현으로 연결되어
열녀와 충신의 상징이 되었다.

관점을 바꿔보면 이를 하얗게 하지 않고 검게 물들이는 것은 타
고난 이에 대한 부정이자 하얀 것에 대한 부정이기도 했다. 지금
은 이를 드러내고 웃거나 사진을 찍을 때 '김치-'라며 이를 드러내
는 것이 당연한 일이 되었지만, 제2차 세계대전 전까지만 해도 그
런 관습은 없었다. 하얀 이는 보여주는 것이 아니었던 것이다.

그런데 청치자(靑齒者)라고 쓰고 아오하모노라고 읽는 말이 있다.
'청'(靑)이란 미숙함을 의미하고 '하모노'는 반편이를 가리킨다고
한다. 즉 아오하모노는 제 몫을 할 수 없는 사람을 가리키는 말인
것이다. 『고요군칸』(甲陽軍鑑, 1621년 이전)에서는 "백마를 아오라고 말
하는 것 같다"고 하여 백(白)과 '아오'(あを, 靑)의 관계를 말하고 있는
데, 원래 '청'(靑)이란 백과 흑의 중간 범위를 나타내는 광범위한
색깔의 이름으로 여겨졌고 때로는 백도 가리켰던 것 같다.

이를 검게 물들이는 것이 아니라 이를 하얗게 하는 것과 관련해
서는 『태평기』(太平記)에 미이데라(三井寺)의 종을 히에이잔(比叡山)에
빼앗겼을 때 부른 노래 "미이데라의 아이는 이가 하얗게 되었을
것이다. 달아야 할 가네(鐘도 가네로 읽고 鐵도 가네로 읽는다—역주)를
산에 빼앗겼으니"라는 표현이 있다. 철장(鐵漿 : 옛날에 이를 검게 물
들이는 데 쓴 액체—역주)으로 검게 물들인 이와 종이라는 두 가지
뜻으로 읽을 수 있게 해놓고, 종이 없어서 달 수 없다는 것과 이를
검게 물들일 수 없다는 것, 따라서 이가 하얀 것을 표현하고 있는
점이 흥미롭다.

기타가와 우타마로, 「부인인상학
십체, 재미있는 모습」(婦人人相
學十體面白き相).
이를 검게 물들인 여성

에도 시대에는 하얀 이라고 하면 아가씨를 의미했다. 결혼해도
과부, 즉 홀몸이 되었을 때는 이를 검게 물들이는 것을 그만두고 이
를 하얗게 했다는 것, 요시와라(吉原 : 도쿄의 유곽 지역―역주)의 게
이샤(藝者), 사창가의 사창이나 게이샤는 이를 검게 물들이지 않았
다는 것이 막부 말기에 나온 『모리사다 만코』에 자세히 나와 있다.

마찬가지로 『모리사다 만코』에 따르면 당시에는 원칙적으로 이
를 검게 물들이고 나서 결혼하는 것이 일반적이었지만, 교토나 오
사카의 민간에서는 20세의 미혼여성, 에도에서는 20세도 안 된
미혼의 여성들이 이를 검게 물들이는 경우가 굉장히 많았다고 한
다. 또 결혼을 해도 21, 22세 이하의 경우 이는 검게 물들이지만
머리 모양은 미혼의 표시인 시마다 머리를 하는 등 원칙이 상당히
무너져 있었던 모양이다.

처음으로 이를 검게 물들일 때는 축하 행사를 했다. 센류(川柳)*
에는 그 여성의 심정이 다양하게 표현되어 있다.

　아름다운 아가씨, 안타깝게도 이가 검구나(柳多留八·二九)**

　이를 검게 물들여 아가씨 촌스러워졌네(柳多留三十·四)

　처음으로 이를 검게 물들이고 들여다본 거울 속 어머니의 얼굴(柳多
留七九·五)

　거울을 보며 물들이는 부끄러움(柳多留一〇·二三)

아름다운 아가씨인데 유부녀였다거나 이를 검게 물들였기 때문
에 평범해져버렸다거나, 거울 앞에서 처음으로 이를 물들이고 있
는 딸을 걱정스러운 듯 뒤에서 들여다보는 어머니처럼 이를 검게
물들이는 것에 대한 당시 사람들의 심정이 엿보인다.

　처음으로 이를 검게 물들일 때는, 그때 사용하는 액을 근처의
일곱 집에서 얻어오는 관습이 있었다.

　이를 검게 물들일 때 쓰는 액을
달라며 벌써 얼굴을 감추네(柳多留二
〇·三二)

　일곱 집 외에는 한동안 내왕하지
않는다네(川傍柳一)

　이를 검게 물들일 때 쓰는 액을
드문드문 받아 미움을 받는다네(柳

센류
17음으로 된 단시로 세태나 풍속을 풍자와
익살을 섞어 묘사한 것.

柳多留八·二九
원제는 『하이후야나기다루』(誹風柳多留)
다. 에도 시대 중기부터 막부 말기까지 거
의 매년 간행된 센류집이다. 간단히 『야나
기다루』(柳多留)라고 부르기도 한다.

多留——·一○)

이처럼 이를 검게 물들이는 부끄러움, 결혼하는 것에 대한 놀림이 뒤섞인 복잡한 여심을 읽을 수 있다. 처음으로 이를 검게 물들이는 일이 끝나면 액을 얻어온 그 일곱 집에 인사를 하러 다녔다.

비웃음을 사 속상하다며 나가는 철장을 받은 데 대한 인사(柳多留五·二八)
어딘가의 안주인이라고 놀리는, 철장을 받은 데 대한 인사(柳多留——·——)
철장 받은 데 대한 인사를 하러 가서는 고개만 숙이고 말이 없네(柳多留三四·一○)

이를 검게 물들인 얼굴이 익숙하지 않아 이상했던 모양이다.

처음으로 이를 물들이고 한동안은 입에 병풍을 친 듯(柳多留一二九·一八)
시커먼 아내에게 남편은 새빨간 거짓말(柳多留三五·二)

그 밖에 이런 표현도 있다.

데웠다가 식힌 술과 철장을 섞었네(柳多留一二四·九○)

이처럼 술을 섞어 철장을 만들었다는 이야기 외에도 이를 검게 물들이는 관습과 관련된 표현은 무척 많다. 폴라문화연구소(ポーラ文化研究所)의 위탁 연구[21]에 따르면 이를 검게 물들이는 것과 관련된 센류(『하이후야나기다루』[誹風柳多留]의 약 11만 수에서 뽑음)는 230수로, 화장과 관련된 것 중에서 약 10퍼센트를 차지한다는 결과를 얻었다고 한다.

이를 검게 물들일 때 쓰는 액체의 성분은 우리가 지금 사용하고 있는 만년필에 넣는 검은 잉크와 같다. 탄닌을 많이 포함한 옻나무과의 붉나무에 생긴 벌레혹을 오배자(五倍子)라고 하는데, 이것을 가루로 만든 것에 철장수(鐵漿水), 즉 이를 검게 물들이는 데 쓰이는 액체인 초산제일철의 수용액을 섞어 화학반응을 일으키면 물에 녹지 않는 탄닌산제이철이 만들어진다. 이것을 이의 에나멜질에 물들이는 것이다. 여기까지는 염색을 하는 사람들에게 그다지 새로운 이야기가 아니다. 흔히 하는 염색법인 것이다.

이 탄닌은 이의 상아질 단백질을 수렴시켜 부패를 막고 제일철의 용액은 인산칼슘을 강화하며 탄닌제이철은 이의 표면을 덮어 이를 보호하는 등의 작용을 하기 때문에 이에는 좋았던 것 같다.

이러한 작용 외에도 이를 검게 물들이기 전에, 요즘 말하는 치석에 해당하는 이에 낀 때를 제거했기 때문에 충치를 예방하는 효과도 있었다. 때가 충분히 제거되지 않으면 이에 염색이 잘 안 되었다. 그리고 충치가 잘 생기는 사람과 그렇지 않은 사람이 있는 것처럼, 이를 검게 물들이는 것도 잘 되는 사람과 그렇지 않은 사람이 있었다. 잘 물들여지지 않는 사람은 고생이 많았을 것이다.

이를 검게 물들이는 미학은 옻칠처럼 광택이 나고 새까만 것이 아름답게 여겨졌고 밥을 먹을 때 일부분이 벗겨져 하얀 반점이 생긴 이는 지저분해 보여 추한 것으로 여겨졌기 때문이다.

이가 새까맣게 물들여졌을 때 입 안은 마치 이가 없는 동굴 같은 인상을 주었을 것이다. 시각적으로는 이의 존재가 부정되었던 것과 같은 것이다.

여성들은 이를 검게 물들이기 위해 엄청난 고생을 했다. 우선 이를 물들이는 데 쓰이는 액체를 만들어야 했다. 이는 식초, 술, 쌀뜨물, 죽 등과 녹슨 쇠 부스러기, 바늘, 낡은 못을 항아리에 넣고 2, 3개월 동안 화롯가에 두어 따뜻하게 해서 만든다. 화학적으로는 술 등을 삭혀 만든 초로 철을 녹여 제일철의 수용액을 만드는 것이다. 이것만으로도 구토를 유발할 만큼 악취를 풍겼다. 그러므로 이를 검게 물들이는 것은 남편이나 아이들이 일어나기 전에 재빨리 끝내야 했다.

더욱이 윤을 내거나 물을 잘 들이게 하기 위해 이 철장수에 담뱃잎이나 차를 넣는 등 갖가지 방법을 썼다고 한다. 그중에는 남자가 알몸으로 가랑이를 벌리고 항아리를 넘으면 물이 잘 든다는 등의 속설까지 있었다. 잘 물들지 않는 사람은 매일 아침 물들여야만 했을 것이고, 또 이삼 일에 한 번만 해도 되는 사람도 있었을 것이다.

1712년(쇼토쿠(正德) 2)에 나온 일본 최초의 도설(圖說) 백과사전 『와칸산사이즈에』(和漢三才圖會)는 일본과 중국의 고금에 걸친 여러 종류의 사물을 분류하고 그림과 함께 한문으로 해설한 책이다. 그중에서 '철장'(鐵漿 : 이를 검게 물들이는 일) 항목과 시금치 항목에는, 이를 검게 물들인 여성은 시금치를 기피하는데 먹으면 피를 토하며 죽기까지 한다고 씌어 있다.

그 이유를 잘 생각해보니, 시금치는 수산(Oxalic Acid)을 많이 포함하고 있어서 이를 검게 물들이는 탄닌산제이철을 환원·분해하여 물에 녹는 제일철 이온으로 만들기 때문에 검은색을 없애는 것이라고 해석할 수 있다. 이 원리는 잉크를 지우는 것과 같다. 이를 검게 물들이는 것과 시금치의 조합은 검은색 잉크와 잉크 지우는 것의 관계였던 것이다.

메이지 시대에 접어들자 갑자기 이를 검게 물들이는 관습에 대한 금지령이 내려졌다. 메이지 원년 1월의 다이조칸(太政官)* 포고에서 덴조비토(殿上人 : 천황의 측근에서 섬길 자격이 있는 귀족—역주)나 공경(公卿 : 조정에서 일하는 신분이 높은 고급관리—역주)에게 "남자가 이를 검게 물들이는 것은 옛날에 없던 의식이니 이후에는 하지 말라고 했다." "젊은 나이에 눈썹을 만드는 일도 위와 같다." 이어서 메이지 3년 2월에는 화족(華族)에게도 "화족은 이제부터 성인식 때 이를 검게 물들이고 눈썹을 밀어버리는 의식을 그만두어야 한다."고 했다. 그 이유는 여러 외국에 없는 야만스런 풍습이기 때문이라는 것인데 너무나 메이지다운 결정이 아닐 수 없다. 그 후 메이지 6년에 쇼켄 황태후(昭憲皇太后)가 솔선수범하여 그만둔 것을 계기로 점차 일반사람들에게 퍼져나갔고 결국 소멸되었다.

다이조칸
메이지 신정부에 설치된 관청 이름으로 입법, 사법, 행정의 기능을 갖고 있는 최고행정기관이었다.

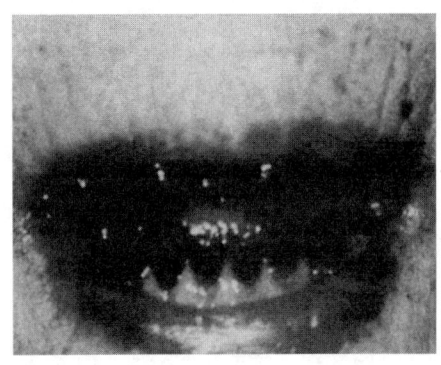

이를 검게 물들인 아키타의 할머니

　현재 이를 검게 물들이는 일이 의식화되어 남아 있는 예는, 도카라(吐噶喇) 열도의 다이라지마(平島)에서 열리는 여자의 성인식에서 이를 검게 물들이는 것을 축하하는 일이라든가 나가노(長野) 현 마쓰모토(松本) 시 등에서 결혼식 때 '하네오야'(ハネ親) 제도가 행해지고 있는 정도일 것이다.

　실제로 이를 검게 물들이고 있던 사람의 예는, 1970년대 중반에 내가 직접 취재한 아키타(秋田)의 할머니가 마지막 사람이라고 생각한다. 그것은 폴라문화연구소가 설립되고 얼마 지나지 않은 무렵의 일이었다. 아키타에 이를 검게 물들인 할머니가 건강하게 살고 있다는 이야기를 듣고 16밀리미터 영화 카메라맨과 함께 가서 취재했다. 이를 검게 물들이는 관습에 대해서는 문헌이나 우키요에 자료 등을 통해 지식으로 알고 있던 정도였고, 실제로 보거나 냄새를 맡아본 일은 한 번도 없었다.

　아키타에 도착한 다음 날, 그 지역의 치과의사와 함께 시내에 사는 할머니 댁을 방문했다. 그해에 96세가 된다는 할머니는 무척 건강하여 취재나 촬영에 흔쾌히 응해주었다.

할머니는 열여덟 살에 시집을 왔는데 결혼하기 전날 처음으로 이를 검게 물들였다고 한다. 그 이후 70년 가까이, 전쟁이 한창이던 몇 년간을 빼고는 이를 검게 유지했다는 것이다.

우선 치과의사인 와타나베 고타로(渡辺光太郎)가 이의 상태를 살펴보고 소견을 들려주었다. 충치는 거의 없었고 이의 연령은 50대 정도라고 했다.

할머니는 곧장 도구를 꺼내 이를 검게 물들이는 시범을 보여주었다. 그 도구는 좌우에 귀 모양의 손잡이가 있는 대야(미미다라이, 耳盥)*, 석쇠(와타시가네, 渡し金)**, 철장수를 끓이는 작은 주전자, 사발, 붓이었다. 대야에 석쇠를 걸쳐놓고, 주전자에 철장수를 넣어 끓인 다음 사발에 담아 붓으로 이를 물들이고는 입을 헹구어낼 거라고, 나는 교과서와 같은 에도 시대적 발상을 하고 있었다. 하지만 할머니는 화롯가에 묻어둔 깡통에 철장수를 담아 데우고 알루미늄 주전자에 떠 담아서는, 이쑤시개 끝에 탈지면을 둥글게 해 실로 묶은 붓 끝을 적시고 오배자 가루 대신 약국에서 산 탄닌을 붓에 묻혀 물들였다.

대야
좌우에 귀 모양의 손잡이가 있는 대야로, 이를 검게 물들일 때 입을 헹구어내는 데 썼다.

석쇠
대야 위에 걸쳐 놓고, 이를 검게 물들이는 데 쓰는 도구를 얹는 동판.

할머니가 이를 물들이기 시작하자 나는 그 속도에 놀라고 말았다. 사사삭 굉장한 속도였다. 새까맣게 된 입안에서 몇 번이나 시커먼 침이 흘러나와 수건을 적셨다. 마지막으로 입안을 닦아냈다. 거기까지 채 3분도 걸리지 않았다.

입술이나 잇몸이 원래의 색인 붉은 색으로 돌아오자 새까맣게 된 이와의 대비가 뭐라 말할 수 없을 정도였다. 이를 검게 물들인 탓인지 입술은 더욱 빨개져 예뻐 보였는데, 할머니의 이 입가는 아마 예전의 미를 표현했을 것이다.

앞에서 말한 대로 이를 검게 물들이는 물질의 화학 성분은 만 년필에 넣는 검은색 잉크와 같다. 검은 잉크를 입에 머금는 것을 상상하는 것만으로 속이 메슥거릴지도 모른다. 실제로 할머니의 철장수는 굉장한 냄새를 풍겼다. 강렬한 구토를 유발하는 자극적인 냄새였다. 자칫하면 위 안에 있는 것이 몽땅 밖으로 나올 뻔했다. 아마 다시 한 번 그 냄새를 맡게 되면 금방 알아챌 수 있을 것이다.

화장에 관한 책에서 미를 탐색하다

에도 시대의 후반, 즉 19세기에 접어들자 화장을 체계적으로 정리한 전문 서적이 나타난다. 그것은 이미 앞에서 몇 번이나 인용한 『미야코후조쿠케와이덴』(1813)이다. 이와 비슷한 책으로 『요간비엔코』(容顔美艶考, 1819)가 있는데, 이 책은 화장만을 다룬 점이나 종합성, 구체성이라는 점에서 『미야코후조쿠케와이덴』보다는 떨어진다.

이것 외에도 부분적으로 화장을 다룬 책이 있었다. 『온나카가미히덴쇼』(女鏡秘伝書, 1650), 『온나초호키』(女重宝記, 1692), 『조추미치시루

베』(女中道しるべ, 1712), 『지에카이』(知慧海, 1724) 등이다. 그러나 화장에 관한 책이라 불리는 것은 앞에서 말한 『미야코후조쿠케와이덴』과 『요간비엔코』뿐이다. 그래서 여기서는 화장에 관한 대표적인 책인 『미야코후조쿠케와이덴』에 쓰인 내용을 통해 에도 시대의 전형적인 미의식을 탐색해 보기로 한다. 지금까지 인용한 것과 다소 겹치는 부분이 있겠지만 전체적으로 확인하고 싶기 때문에 이해해주기 바란다.

이 책에서 말하는 미야코(都 : 도읍이라는 뜻)란 교토(京)를 말하는데, 교토에 사는 여성들 중에는 세련되고 예쁜 사람이 많다. 모두들 태어날 때부터 그런 것이 아니며, 설사 시골에서 태어난 사람이라고 해도 이 책을 읽고 여러 가지로 시도해보면 몰라볼 정도의 여성이 될 것임에 틀림없다는, 물건 파는 사람의 말이 맨 첫머리에 쓰여 있다.

우선 '첫 번째 안면 부분'부터 구체적인 예를 제시해보자. 맨 처음의 서두를 보면 "태어나면서부터 삼십이상(三十二相 : 부처의 몸에 갖춘 서른두 가지의 독특한 모양—역주)을 갖춘 미인은 극히 적다. 화장의 방법이나 얼굴을 단장하는 방법에 따라 훌륭한 미인이 될 수도 있다. 그중에서도 하얀 얼굴을 제일로 친다."고 하며 본문에서는 우선 "안색을 하얗게 하는 약의 처방"을 소개하고 "안색을 하얗고 투명한 백옥처럼 광택을 내는 것"을 화장의 첫 번째 목적으로 하고 있다.

다음으로 "낮은 코를 높게 보이게 하는 방법"이라고 하여 코를 문제 삼고 있는데, 그 이유는 "코는 얼굴에서도 한가운데에 있어서 제일 먼저 다른 사람의 눈에 띄기 때문에 콧날이 곧은 것을 제일로 친다."고 말한다.

이어서 눈초리가 올라가고 내려가는 것을 다루며 그림과 함께 화장법을 소개하고 있는데, 눈초리가 올라가서 어떻게 보인다거나 내려가서 어떻게 보인다는 말은 없다.

눈에 대해서는 크기에 대해서도 논하고 있다. "눈은 얼굴 한가운데에 있어서 얼굴의 모양을 두드러지게 하는 첫 번째 것이라서 의연하고 강한 것이 좋다. 하지만 지나치게 크면 보기에 안 좋다. 억지로 눈을 가늘게 뜨면 눈꺼풀, 눈초리의 주름으로 인해 세상에서 말하는 사팔뜨기와 같은 눈빛이 되어 오히려 눈매를 나쁘게 하는 경우가 있다."고 하면서 그림을 넣어 "큰 눈을 가늘게", "작은 눈을 보통의 눈처럼 보이게 하는" 화장법을 설명하고 있다.

그리고 "눈썹과 눈 사이가 좁은 것은 매우 천하고 보기 흉한 것"이라고 하며 "넓고 넉넉하게 보이도록 하는 법"을 다루고 있다.

이어서 입으로 옮겨가 "입의 크기는 특별히 눈에 띄는 것이다. 여기에 보통처럼 연지를 바르거나 진하게 바르면 입은 더욱 크게 보여, 마치 사람을 잡아먹기라도 한 사람의 입처럼 보기 흉하고 천하게 보이는 것"이라고 하면서 "큰 입을 작게" 또는 "보통의 입처럼" 보이게 하는 방법이나 "두꺼운 입술을 얇게 보이게 하고" "좁은 입을 크게 보이게 하는 방법"을 설명하고 있다.

그리고 나서 "둥근 얼굴을 길게 보이게 한다."고 얼굴 모양에 대해 말하지만, 특별히 어떤 모양이 좋은지는 말하지 않고 막연하게 평범한 용모를 좋게 여기는 의식만 있다.

우타가와 구니사다, 「집녀팔경 경대동정추월」(集女八景 鏡臺洞庭秋月).
에도 후기의 화장 풍경(폴라문화연구소 제공)

마지막으로 이마를 다루는데 "이마가 벗겨져 올라가면 이마가 드러나 앞머리와 눈썹 사이가 너무 넓어 보기에 안 좋다."고 하며 "넓은 이마를 좁게 보이게 하는 방법"을 그림과 함께 해설하고 있다.

이상과 같이 일부러 상세하게 나열했다. 왜냐하면 의식적으로 이러한 순서를 취한 것인지 아닌지에 상관없이 어떤 의미를 갖는다고 생각했기 때문이다.

순서를 종합해서 보면 우선 하얀 얼굴이 맨 처음에 나오고, 다음으로는 적당한 높이의 코, 눈초리, 눈의 크기, 눈썹과 눈의 사이, 입의 크기, 얼굴 모양, 이마 순으로 이어진다.

즉 '하얀 얼굴', 피부색이 하얀 것이 아름다움의 최대 조건이다. 이어서 적당한 '코의 높이', 코가 낮으면 안 된다고 생각했다. 다음으로 '눈'이 이어지는데 굳이 미인의 2대 조건이라고 하면 하얀 피부와 적당히 높은 코다. 여기서는 '오뚝 선 콧날'(中高)이라는 말은 쓰이지 않고 있지만 하얀 피부에 오뚝 선 콧날의 여성상이 등장하고 있다. 이러한 의식은 헤이안 시대 이후 그다지 변하지 않았다.

지금 말한 '안면 부분'에서는, 보는 입장에서의 미의식이었지만 반대로 보이는 입장, 즉 화장하는 입장에서의 의식은 어땠을까? 그러므로 중권(中卷)을 살펴보기로 하자.

화장을 하는 것(化粧容儀)은 귀염성을 얻고 덕을 쌓는 근원이며 몸의 불결함이나 더러움을 청결히 하고 예를 바르게 하는 것의 근본이다. 몸을 청결히 하면 저절로 마음이 바르게 되고, 성인(聖人)도 여성의 네 가지 덕을 들었다. 특히 덕(德)과 용(容)을 나란히 놓았다. 덕이란 수신제가(修身齊家)를 말한다. 용은 화장하는 것을 말한다. 용의(容儀)란 화장을 하여 자태를 바르게 하는 것을 말한다.

권두에서는 이렇게 화장하는 의미를 해석하고, 나아가 구체적으로 "아침 일찍 일어나 날마다 거울 앞에서 얼굴에 화장을 하고 마음의 거울 앞에서는 나쁜 것을 멀리 하고 좋은 것을 가까이 하며 구부러진 것을 바로 잡아 곧게 하면 실로 여자의 길을 지켜 화장의 진실을 얻을 수 있다고 할 것이다."고 화장을 하는 마음가짐을 말하고 있다.

그리고 '네 번째 화장 부분'의 첫머리에서는 화장하는 목적을 다음과 같이 분명히 밝히고 있다.

여인이 분과 연지를 바르는 것은 호사스러운 풍류에 있지 않다. 예의바른 태도를 갖추고 얼굴의 무뚝뚝함을 감추고 애교를 더하기 위해서이며 또 시집에서는 시아버지와 시어머니, 남편에게 마음을 쓰는 예이니 아침에는 반드시 일찍 일어나 뜨거운 물로 흐트러진 머리를 단정히 하고 분과 연지를 발라 다른 사람에게 흐트러진 머리와 잠이 덜 깬 불쾌한 얼굴을 보이지 말아야 한다. 그런데 잠에서 깨자마자 화장을 하여 요란하게 보이는 것은 오히려 좋지 않은 것이니 신경을 써야 한다. 연지는 붉은 것이 좋지만 너무 진하게 바르면 검고 지저분하여 마치 쥐를 잡아먹은 것처럼 무섭게 보인다. 백분도 너무 진하게 바르면 석불 같다고 사람들이 손가락질하게 되니 안 된다. 아주 세세하게 짙고 옅은 것은 자기 얼굴에 어울리도록 바르고, 귓볼이나 하에기와에 얼룩이 지지 않게 얌전히 바르는 것은 진실로 자연의 풍류로 보여 바람직한 것이다.

온나다이가쿠
에도 시대 중기로부터 여성의 교육에 사용된 여러 교훈서를 가리킨다. 여기서 '다이가쿠' (大学)는 사서오경의 하나인 대학을 말한다.

이렇게 온나다이가쿠(女大学)*와 같은 노선에서 말하고 있음을 알 수 있다. 여기서도 여성에게 화장은 의무이자 대전제다.

화장은 하지 않으면 안 되는 것이었는데, 중요한 것은 항상 어느 정도로 하느냐였다. 너무 진한 것은 상스럽다고 하여 꺼렸다.

이와 같은 것이 '세 번째, 머리 부분'의 첫머리에도 보인다.

> 겐코 법사(兼好法師)*는 『쓰레즈레구사』(徒然草)에서, 여자는 머리 모양이 아름다워야 한다고 썼다. 속담에서도 머리 모양을 제일로 친다. …… 얼굴 모양은 좋아도 머리 모양이 좋지 않거나 흐트러져 있으면 그 사람의 마음씨가 드러나 무척 꼴불견이다. 아침에는 일찍 일어나 흐트러진 머리를 다른 사람에게 보이지 않고 잘 빗어야 한다.

요즘 말하는 몸가짐, 에티켓에 해당하는 것이다. 그러나 남편이 잠을 깨기 전에 일어나 화장을 하고 머리를 매만지는 일은, 통근 버스나 전철 안에서 화장하는 여성을 자주 보는 현대와는 완전히 다른 세계의 모습이다.

한편 머리 모양의 개별성이나 개성을 어떻게 다루었는지를 보기로 하자. 앞에서 말한 미인의 2대 조건은 아니지만 막연한 이상상이 있는데, 그 막연한 이상적인 모습에서 벗어난 경우는 그것을 결점으로 의식하게 했고, 막연한 이상적인 모습에 다가가도록 하기 위해 앞에서 말한 것, 예컨대 "낮은 코를 높게 보이는 방법"처럼 화장하는 방향을 제시하고 있다.

그리고 얼굴이나 머리 모양에 대한 개별적인 파악 방법도 있었다. 예컨대 머리 모양에 대해

> **겐코 법사**
> 요시다 겐코(吉田 兼好, 1283~1350)는 가마쿠라 시대에서 남북조 시대에 걸친 수필가이자 가인이다.

서는 키나 얼굴생김새에 따라 머리를 위쪽에서 묶거나 아래쪽에서 묶도록 지도하고 있다.

머리를 묶는 모습은 그 사람, 그 얼굴 생김새에 따라 다른 것이다. …… 상투를 똑같이 마사오카와게(政岡鬢) 형식으로 튼다고 해도 어떤 사람은 기품이 있어 보이고 또 어떤 사람은 천하게 보이기도 한다. 이것은 상투를 트는 방법이나 종류에 있지 않다. 그 사람, 그 얼굴에 어울리느냐 그렇지 않으냐에 따른 것이니 지금 유행하는 방식이라고 해서 그렇게 해야 한다고 생각해서는 안 된다. 그 인품, 얼굴 생김새에 따라 옛날식으로 틀어도 아주 좋게 보일 수 있고 머리 또한 현대풍으로 보일 수도 있다.

얼굴 모양과 화장의 관계에 대해서도, 다음과 같이 얼굴 모양에 맞춰 화장하도록 말하고 있다.

얼굴 모양에 따라 화장하는 방법 — 사람의 얼굴은 모두 한결같지 않다. 천만 명이면 천만 명 모두 다 다른 점이 있으니 그 사람, 그 얼굴 모양에 따라 다르게 화장해야 한다. 대체로 말하자면 둥근 얼굴에 화장할 때는 귀엽게 해야 좋다. …… 긴 얼굴 또는 눈이 치켜 올라간 얼굴은 다소 단정한 화장을 하는 것이 어울린다.

이상과 같이 에도 시대의 화장에 관한 대표적인 책으로 『미야코후조쿠케와이덴』을 들어, 주로 미의식으로 이어지는 바를 살펴보왔다. 마지막에 소개한 것처럼, 개개인에 따라 다르게 화장을 해야 한다는 생각을 드러내기는 했지만 그 기준의 범위 안에 드는 것을 좋다고 함으로써 역시 개성을 운운할 만큼의 자유는 없었다. 그 미의식의 근저에는 기본적으로 무가(武家)의 가치관이 흐르고 있었던 것이다.

화장에 관한 책인 『미야코후조쿠케와이덴』은 1922년(다이쇼 11)까지 여섯 번 정도 출판되었는데 메이지 이후의 화장관(化粧觀)에 커다란 영향을 끼쳤다. 이에 대해서는 나중에 다시 말할 것이다.

『온나다이가쿠』

얼굴에 대한 본격적인 연구를 시작하고 나서부터 나는 "겉모습도 중요"하다고 주장하고 있다. 이전에 쓴 저서의 첫머리에 "겉모습이 좋고 게다가 알맹이도 좋은 게 바람직하다. 따라서 알맹이가 있는 사람은 적극적이며 성형수술도 한다고 한다."고 썼다. 그 때문인지 몇 번인가 성형수술 상담을 받은 적도 있었다. 이런 이야기를 꺼내는 것은, 일본에서는 옛날부터 "겉모습보다는 마음", "얼굴이 아니라 내면"이라고 말해온 것처럼 표면상의 원칙으로서는 외모, 즉 몸이나 얼굴의 존재를 무시하고 내면성이나 정신성을 중시하면서 외모를 통해 내면성을 보는 문화를 만들어왔기 때문이다.

이 점에 대해 용모보다는 마음이라고 분명히 말한 책이 있다. 온나다이가쿠(女大学)라 불리는 교훈서 종류다. 이것들은 에도 시대에 여성 일반의 수신서로 널리 사용되었는데, 수신제가라는 여자의 마음가짐이 가나(仮名)로 씌어 있다. 여자에게 최초이자 가장 중요한 교훈서라는 의미에서 대학(大學)이라는 이름이 붙었다고 한다. 반대로 말하자면 외모에 좌우되기 쉽기 때문에 애써 내면으로 눈을 돌리게 한 것이라고 짐작해볼 수도 있을 것이다.

당시와 같은 봉건사회에서 여자는 성장하면 반드시 다른 집으로 시집을 가야 했고, 그 시집의 사람으로서 가사를 꾸려가고 아이를 낳아 키우는 것이 당연시되었다. 따라서 친정에서 이루어지는 여자 교육은 부인으로서 어울리는 것을 몸에 익히도록 하는 것이었다. 그 때문에 에도 시대 초부터 중국 교훈서의 영향을 받거나 종래의 불교사상 등을 도입한 여자 교훈서가 다양하게 만들어졌고 사행(四行), 즉 부덕(婦德 : 굳게 지켜야 하는 여러 가지 덕), 부언(婦言 : 평소 사용해야 할 말씨), 부용(婦容 : 몸가짐), 부공(婦功 : 익혀야 할 기예나 교양)을 익히도록 예절교육이 이루어졌다. 여기서는 대표적으로 『온나다이가쿠』에 언급된 외모에 대한 생각을 살펴보기로 한다.

유학자이자 교육자였던 가이바 에키켄(貝原益軒 : 1630~1714, 에도 시대 전기의 유학자이자 본초학자—역주)의 『와조쿠도지쿤』(和俗童子訓, 1710)에는 '여자를 가르치는 법'이 나와 있다. 길어지지만 중요하기 때문에 발췌해서 인용하기로 한다.

여자의 덕이란 마음이 바르고 선한 것을 말한다. 대체로 여자는 외모보다는 마음 좋은 것이 마땅히 더 낫다. 여자가 덕을 택하지 않고 외모를 밑천으로 시집가는 것은 예나 지금이나 나쁜 관습이다. 옛날의 현명한 사람은 외모가 뛰어나고 추한 것을 가리지 않았으며, 마음이 훌륭한 사람이어야 왕비 밑에서 일하게 했다. 황제(黃帝)의 비 모모(嫫母), 제(齊)나라 선왕(宣王)의 부인 무염(無鹽)은 모두 그 모습이 무척 보기 흉했지만 여자의 덕이 있어 시집을 가 임금의 도움이 될 수 있었다. 주(周)나라 유왕(幽王)의 비 포사(褒姒), 한(漢)나라 성제(成帝)의 비 조비연(趙飛燕), 그의 누이 조첩여(趙婕妤), 당나라 현종(玄宗)의 양귀비 등은 그 외모가 뛰어났지만 여자의 덕이 부족하여 모두 천하의 재앙이 되었고, 그 몸조차 보전하지 못하였다. 제갈공명은 기꺼이 추한 아내를 맞아 색욕에 빠지지 않고 지혜도 뜻도 점차 맑아지지 않았는가. 이것으로 보면 여성은 심성만 좋으면 외모가 보기 흉해도 아내로 맞이해야 할 이유가 되니 오로지 마음을 조신하게 가져야 한다. 게다가 외모는 타고난 것이니 아무리 보기 흉해도 바꾸기 어렵다. 마음은 나쁜 것을 고쳐 좋게 할 수 있으니 어찌 고쳐지지 않는다고 할 수 있겠는가 …….

이렇게 옛날부터 여자에게는 오로지 여자의 덕을 가르쳐 왔음을 적고 있다.

의복에 관해서도 "몸치장도, 의복의 염색, 무늬도 눈에 띄지 않는 것을 좋은 것으로 친다. 몸과 의복도 더럽지 않고 청결하게 하는 것이 좋다. 화려한 의복과 몸치장을 좋아하여 다른 사람의 눈에 띄게 될 정도가 되면 좋지 않다. …… 다만 자기 몸에 맞고 어울리는 의복을 입어야 한다."고 하여 색이나 무늬는 눈에 띄지 않고 항상 청결히 하며 신분에 어울리는 의복을 입으라고, 지금의 젊은 여성이 들으면 깜짝 놀랄 만한 내용을 말하고 있다.

그 후에 출판된 『온나다이가쿠타카라바코』(女大学宝箱, 편자 미상, 1716)에서도 마찬가지로 "여자는 외모보다 마음이 뛰어난 것을 좋다고 해야 한다. 마음씨가 좋지 못한 미녀는 마음이 가라앉지 않고 무서운 눈으로 결점을 찾아내 화를 내고 말이 거칠며 천박한 말솜씨에 다른 사람보다 앞서 원망하고 질투하며 자기를 자랑하고 다른 사람을 헐뜯고 비웃으며 제멋대로인데, 이것은 모두 여자의 도에 어긋나는 것이다."고 되어 있으며, 17년 후에 나온 『신찬여왜대학』[22]도 내용은 대체로 비슷하다. 여성의 위치가 기본적으로 변하지 않은 시대였던 것이다.

메이지에 접어들어 다카다 기호(高田義甫)의 『여학필독 여훈』[23]이 출판된 1874년 무렵이 되면 서구의 이야기를 도입하면서 "여자는 어렸을 때는 부모를 따르고 성장해서는 남편을 따르고 늙어서는 자식을 따른다. 이것을 삼종지도라고 한다."고 한 것처럼 여성의 위치가 가족제도 안에 확실히 편입되어 간다. 하지만 얼굴 생김새에 대해서는 "여자는 얼굴 생김새가 좋지 않고 행색이 초라해도, 뜻이 곧고 행동이 바르며 집안을 잘 다스리는 사람은 반드시 좋은 사람에게 시집을 가는 것이니, 여자의 부모가 되는 사람은 이 조목들을 어렸을 때부터 읽어서 들려주어 잘 가르치고 깨우쳐야 한다."고 하여 외모보다는 내면의 훌륭함을 미로 보는 사고가 이어진다.

한편 도이 고카(土居光華)의 『긴세이온나다이가쿠』[24]에서는 이야기가 조금 달라진다. 이 책의 첫머리에서 "사람은 남녀의 차별 없이 모두 속박당하지 않으며 자주자립의 권리가 있다. …… 제17장 아내는 항상 그 의복 및 용모를 단정히 하여 남편의 사랑을 잃지 않도록 유의해야 한다."고 하여 상당히 새로운 사고를 전면에 내세우기 시작한다. 그러나 용모에 관한 내용은 없다.

그런데 같은 편자인 도이 고카의 『분메이론온나다이가쿠』(文明論女大学, 1876)에서는 "여자는 용모보다도 마음이 더 중요하다 ……"고 하여 『온나다이가쿠타카라바코』와 거의 같은 말을 한다. 본문 위에 단 주석에는 "용모는 하늘이 준 것이니 용모가 좋다는 것을 자랑하면 안 된다. 추하다고 부끄러워해서도 안 된다. 다만 마음이 좋고 나쁨은 자신이 만들어내는 것이니 그 좋음은 자신의 자랑이고 그 나쁨은 자신의 수치다."고 씌어 있다. 오늘날에 자주 언급되는 무척 진지한 대사와도 통하는 내용이다. 그러나 그 주석에 "근래 부녀자의 치장은 상하 모두 예기(藝妓)의 모습을 모방하여 일찍이 부끄러움을 모른다. 풍속의 퇴폐는 쉽게 추측해볼 수 있다."고 한 것을 보면 흐트러진 치장 풍속을 바로잡기 위해 외모를 무시하고 내면을 중시하는 쪽으로 돌아간 것으로 보인다.

그 후 하기와라 오토히코(萩原乙彦)의 『신찬증보 온나다이가쿠』[25]에서도 "여자는 몸가짐이 중요하다. 아름답지 않더라도 용모를 단정하게 가꾸는 것이 여자의 예다. …… 분과 연지를 바르는 것은 여자의 예이고 소양이다. ……『한서』(漢書)에도 '여성이 용모를 꾸미지 않으면 군부(君父)를 알현하지 못한다'고 씌어 있다. …… 여자는 용모보다 마음이 뛰어난 것을 더 좋게 친다."고 하여, 에도 시대에는 무가 여성의 몸가짐과 마찬가지로 화장이 여성의 예로 자리잡아간다. 외모에 대해 신경을 쓰는 것이 예로서 요구되는데, 집안의 어른이나 남편에게는 물론이고 다른 사람에게도 맨얼굴을 보여주는 것은 실례라는 사고가 주류를 형성한다.

이러한 사고는 제1장의 마지막 부분에서 쓴 얼굴 감추기와 공통되는 것임을 알 수 있다. 화장의 양상을 살펴보려고 해도, 머리 모양의 의미를 풀려고 해도 이 '얼굴 감추기' 문화에 부딪치게 된다. 헤이안 시대 이후의 늘어뜨리는 머리 모양이 얼굴 감추기와 직접 관계된 것처럼, 에도 시대에 일어난 머리 모양의 변천 역시 무시할 수 없다. 얼굴 감추기와 관계된 것이다.

물론 여기서는 여성의 머리 모양을 가리키지만, 에도 시대의 머리 모양은 크게 전기와 후기로 나눠볼 수 있다. 양자의 차이는 정면에서는 살쩍(鬢)과 상투(髷)의 모양, 옆에서는 상투와 위로 내민 부분(髱, 다보)의 형태에 있다. 에도 시대 전기의 머리 모양은 살쩍이 옆으로 뻗지 않고 상투도 그다지 발달하지 않았으며 뒤로 내민 부분이 오로지 뒤쪽으로만 뻗어나갔다. 이에 비해 에도 시대 후기에는 뒤로 내민 부분이 없어지고 목덜미(에리아시)를 드러내게 되어 살쩍이 옆으로 뻗어나가고 상투가 크게 위로 발달해 전체적으로 큼지막해졌다. 장식 빗, 속발에 꽂는 장식이나 비녀 등 머리 장식이 도입되어 발달한 것도 에도 시대 후기의 특징이다.

왜 이러한 변화가 일어났을까? 이 점에 관한 연구는 거의 없는 것으로 보인다. 머리에 쓰는 것과의 관계를 무시할 수 없을 것이다. 예전에 내가 편집한 『화장 문화』(化粧文化, 16호, 1987)에서 '얼굴 감추기(복면 : 얼굴을 뒤덮다)'를 기획한 적이 있다. 당시 나라(奈良)여

자대학 교수였던 고(故) 후카사쿠 미쓰사다(深作光貞, 1925~1991)는 그 때 의뢰한 원고「'얼굴 감추기'의 실크로드」(「顔隱し」のシルクロード)에서도, 그 후에 실시한 폴라문화연구소의 공개 세미나 '드러내다/감추다'(顯わす/隱す)에 초빙되었을 때도 이 점을 언급하며 "일본 머리의 발달은 머리에 쓰는 것과의 관계를 무시하고 논할 수는 없다."고 말했다.

말할 것도 없이 머리에 쓰는 것이란 가즈키(被衣)*나 이치메가사(市女笠)**·무시노타레기누(むしの垂衣 : 여자가 길을 갈 때 이치메가사의 둘레에 길게 늘어뜨린 얇은 모시로 만든 천, 무시타레라고도 한다) 등을 비롯하여 에도 시대에 발달한 모자나 두건 같은 것을 가리킨다. 머리에 뭔가를 쓰고 외출하는 것이 당연시되었던 에도 시대 초기, 결과적으로 머리에 쓰는 것이 얼굴을 감추는 것이 되었다. 하지만 머리 모양은 머리에 쓰는 것의 착용성이 중시되어 자그마했고 보여주는 요소가 요구되지 않았기 때문에 장식물도 발달하지 않았다. 그 후 여러 차례 가즈키나 머리에 쓰는 것에 관한 금지령 — 만지(万治) 연간(1658~1681)에 가즈키를 깊숙이 쓰고 여장을 한 낭인이 로추(老中)***를 암살하려고 한 사건이 일어나 에도에서는 가즈키의 착용이 금지된 이야기가 유명하다 — 이 내려졌다. 실효가 있었는지는 분명하

가즈키
헤이안 시대 이후 신분이 높은 여성이 외출할 때 얼굴을 가리기 위해 뒤집어쓴 홑옷.

이치메가사
대나무 껍질로 엮은 삿갓으로 헤이안 시대 중기부터 주로 상류층 여성이 외출용으로 썼다.

로추
에도 막부의 쇼군 직속으로 정무를 담당했던 최고 책임자.

지 않지만 점차 머리에 쓰지 않고 외출하게 된 것만은 사실이다. 일상적으로 머리를 노출하게 되자 상투나 살쩍, 머리 장식이 급속하게 발달한다. 그렇다고 사회 자체가 변한 것은 아니었으므로 얼굴 감추기 문화는 존속되었고, 옆으로부터의 시선을 피하기 위해 또는 될수록 얼굴을 보여주지 않기 위해 살쩍을 옆으로 크게 뻗게 한 것이라고 생각하면 목에서부터 위쪽 전체의 관계가 확실해진다.

유감스럽게도 이것을 직접적으로 뒷받침해주는 자료는 발견되지 않았지만, 이렇게 생각해야 머리 모양과 머리에 쓰는 것, 그리고 그 배경으로서의 얼굴 감추기 문화의 관계가 명확해진다. 이러한 가치관이 그 후 일본인 전체에게 공통되는 전통의 기본이 되었는데, 이 얼굴 감추기 문화는 또 에도 시대의 회화, 즉 우키요에에 나타난 얼굴의 양식화로 이어진다.

우키요에의 미인상

에도 시대에 발달한 우키요에의 미인화를 보면, 그 깊숙한 곳에서 히키메카기바나(引目鉤鼻)라는 양식화된 표현방법의 존재를 느끼지 않을 수 없다. 미인화라는 독특한 장르가 형성되었고, 예로부터 히시카와 모로노부(菱川師宣, 1618~1694)를 비롯하여 스즈키 하루노부(鈴木春信, 1725~1770), 기타가와 우타마로(喜多川歌麿, 1753~1806), 게이사이 에이센(溪齋英泉, 1791~1848) 등 많은 화가들이 수많은 여성상을 그려왔다. 그런데 이 미인화에서도 얼굴이나 몸에 현실감이나 존재감이 거의 느껴지지 않는다. 각각의 화가들이 그리는 얼굴 생김새는 화가에 따라 다르지만 같은 화가의 작품 중에서는 무척 유사한 얼굴들이 그려져 있다. 잠깐만 생각하면 누구의 그림인지 맞출수 있는데, 같은 화가가 그린 미인상을 구별해내기란 쉬운 일이아니다. 모델이 된 여성은 각각 다르고 사실성(寫實性)을 요구한다면 한 장 한 장의 얼굴이 달라도 이상하지 않겠지만 어느 것을 봐도 한 가지 유형의 범주에서 벗어나는 일이 없다. 자세히 보면 아주 미세한 표정에서 한 사람 한 사람의 내면 묘사를 분명히 느낄수 있지만, 거기에 그려진 각자의 개성이나 얼굴 생김새의 차이를느낄 수는 없다.

그런데 흔히 에도 시대 전기에는 둥근 얼굴, 후기에는 희고 갸름한 얼굴이 미인의 대표였다고 한다. 그러나 이미 말한 것처럼머리 모양의 균형에서 각각의 얼굴 모양이 선택되었을 뿐이다. 얼굴 모양의 유행은 머리 모양에 좌우되는 일이 많다. 개인 차원에서 말하자면 자신의 얼굴 모양에 맞는 머리 모양이 있는 것이고, 얼굴 모양을 자유롭게 선택할 수 없기 때문에 자신에게 어울리는머리 모양을 찾을 수밖에 없는 것이다.

우키요에에서 얼굴 모양은 머리와의 균형에서 상당히 현실적인미의식으로 묘사되었다는 것은 앞에서 이미 말했다. 그러나 그 얼굴 안에 위치하는 이목구비는 현실과는 동떨어진 크기로 그려져있다. 가늘고 긴 눈과 갈고리처럼 가는 선으로 그려진 코, 조그마한 쌀알이라도 세워 넣지 않으면 들어갈 것 같지도 않을 만큼 극단적으로 작은 입. 이처럼 양식화된 그림과 에마키모노에 그려진 히키메카기바나의 표현은 미의식의 면에서 본질적으로 다르지 않다.

1980년대 초의 『게주쓰 신초』(藝術新潮)에서, 당시의 아사노 유코 (淺野ゆう子)의 얼굴 사진을 이용해 기타가와 우타마로의 미인화와 같은 비율로 그녀의 이목구비를 얼굴에 배치한 합성사진을 본 적이 있다. 물론 균형에 맞지 않은 우키요에의 얼굴 조작을 설명하려는 것이었다. 그림에서는 전혀 부자연스럽지 않은 비율의 미인화가 합성사진이 된 순간 요괴처럼 보였다. 이미 여러 차례 말한 것처럼 미인화의 얼굴은 현실감이 희박하고 존재감이 떨어진 얼굴인 것이다.

우키요에에 대한 연구 중에는, 예컨대 기타가와 우타마로의 오쿠비에(大首繪)* 얼굴 표현에서 눈만 추출하여 제작 순서에 따른 미묘한 변화를 조사한 것이 있다. 대체로 우키요에의 범위 안에 있는 사소한 문제로, 우키요에의 얼굴 묘사 방법에 대한 본질적인 질문을 한 것은 아니었다.

이 점은 얼굴만이 아니라 우키요에에 표현되어 있는 손발이나 입욕도(入浴圖) 등에서 보이는 나체를 봐도 마찬가지다. 가는 선만으로 그려진 손이나 발은 아이처럼 투명하고, 목욕할 때의 나체도 미숙한 몸이며 존재감이 희박하다. 이 희박함은 수많은 화가들에 의해 질량감이 풍부하게 그려진 유럽의 회화와는 대조적이다. 예컨대 회화에 그려진 나부(裸婦)의 대표로서 루벤스의 「거울 앞의 비너스」(1615~1618)와 일본의 「입욕 미인도」(入浴美人圖, 기타가와 우

오쿠비에
우키요에 판화의 한 형식으로 일부러 상반신을 크게 그리고, 특히 그 표정을 강조해서 그린 것. 우타마로의 미인화 등이 유명하다.

타마로, 육필)에 묘사된 여성을 비교해보면, 일본과 서구의 신체 그리는 방식이 전혀 다르다는 것을 확인할 수 있다. 서구의 회화는 신체의 존재감이 크고 중량감이 있는 것이다.

교호(享保, 1716~1745)의 개혁으로 춘화의 공간(公刊)이 금지되었고, 여자가 살갗을 드러낸 선정적인 우키요에인 아부나에(あぶな繪)에서 나체로 목욕하는 모습을 그렸지만 그 표현은 빈약했고 육체의 존재감은 떨어졌다. 그러나 섹스의 세계를 그린 아부나에에서는 성기를 과장하면서도 사실적 ─ 엄밀히 말하자면 그렇지 않을지도 모르지만 ─ 으로 그린 몇몇 예외를 제외하면, 몸을 대상화하여 관찰하고 게다가 사생하여 그림으로 그리는 일은 메이지 시대에 접어들어 서양화가 그려질 때까지는 거의 없었다. 하물며 미의 대상으로 감상하는 것도 발달하지 않았다.

극단적인 예는 기타가와 우타마로의 '무선대부'(無線大夫)라 불리는 우키요에다. 여성의 하얀 육체를 표현하는데도 윤곽을 가라즈리(空摺り)*만 하고 색도 인쇄를 피하여 몸의 존재를 직접 표현하지 않는다. 가라즈리로 착색한 후 판의 모서리 선을 찾지 않으면 몸이 있다는 것조차 확인할 수 없다. 서양 회화처럼 사실적으로 그리는 것이 아니라 인상으로 표현하고 몸의 존재는 보는 사람에게 맡기는 것이다. 거기에서는 육체의 존재감은 전혀 없고 육체미가 발생할 여지마저 사라진다.

니시다 마사아키(西田正秋)는 『미술 해부학 논고』(美術解剖學論攷, 1944)에서 우키요에의 형태에 대

가라즈리
우키요에 판화에서 의복의 무늬나 장지문의 뼈대 등의 모양을 판목에 물감을 칠하지 않고 파기만 해서 찍어 빈 곳으로 만들어 표현하는 방법.

해 "미술 해부학의 입장에서 직접 구체적인 특징을 지적해보면
…… 육체를 기준으로 하지 않고 의복에 의한 복식미를 주안점으
로 하여 모습이 그려졌다는 것", 또 '일본의 옛 육체미'에 대해서
는 "일본에서는 원래 영국을 비롯한 서양의 여러 나라와 달리 나
체를 그다지 좋아하지 않았기 때문에 육체미를 표현한 미술은 적
었다."고 말하지만 그 이유에 대해서는 언급하지 않는다. 일본인
은 전통적으로 나체 예술이라고 할 만한 표현 형식을 갖지 않았던
것만은 분명해 보인다.

  헤이안 시대 이후의 에마키모노와 마찬가지로 에도 시대의 대
표적인 회화인 우키요에에서도 본질적으로 구체성이나 존재감을
갖지 않은 얼굴이나 몸의 문화를 확인할 수 있다. 단순한 양식미
라는 차원으로 정리될 수 없는 문화의 심오함을 느끼지 않을 수
없는 것이다.

사이카쿠의 미인관

  그렇다면 에도 시대의 문학에는 어떻게 표현되었을까? 대표적
으로 이하라 사이카쿠의 『호색일대녀』(好色一代女, 1686) 1권의 「주군
의 애첩」 부분을 보기로 하자. 주군이 희망하는 첩의 용모는 다음
과 같다.

  우선 나이는 열다섯에서 열여덟까지이며 얼굴은 살짝 둥글고 피부
  색은 엷은 벚꽃색이고, 눈코입귀는 부족함이 없이 갖추어졌고, 눈이

가는 것은 좋지 않고, 눈썹은 짙고, 두 눈썹 사이가 넉넉하며 높고, 입은 작고, 치열은 뚜렷하며 희고, 귀는 길며 테두리가 엷고, 귀가 얼굴에서 떨어진 듯하며 귓불까지 들여다보이고, 이마는 자연스러운 하에기와이고, 목덜미는 똑바르고, 뒷머리는 유행에 뒤떨어지지 않고, 손가락은 가냘프며 길고, 손톱은 엷고, 발은 8문 3분으로 정하고, 엄지는 납작하지 않고, 몸통은 보통 사람보다 길고, 허리는 팽팽하고, 살집은 억세지 않고, 엉덩이는 풍만하고, 말씨나 옷맵시가 좋고, 옷차림에 품위가 있고, 타고난 마음씨가 얌전하고, 여자로서 배워야 할 기예가 뛰어나고, 모든 것이 밉살스럽지 않고, 몸에 점 하나 없기를 바란다 …….

무척 욕심 많은 이야기지만 상당히 구체적으로 표현되어 있는 점에서는 흔치 않은 예일 것이다. 그러나 각각을 좀더 구체적인 그림으로 그리려고 검토해보면, 분위기는 알겠는데 그림으로 표현하기에는 힘든 묘사다. 마치 기모노를 입은 모습을 본 정도의 표현으로 끝내고 있다. 오늘날의 감각이라면 이른바 가슴, 허리, 엉덩이의 사이즈는 물론이고 유방이나 유두의 색깔까지 언급하는 등 좀더 구체적이고 상세하게 적어도 좋을 것이다. 그러나 당연히 그러한 의식은 없었다. 아무래도 직접 관찰하지 않은, 또는 직접 관찰했다고 해도 나체를 관상의 대상으로 하여 그 특징을 명확하게 표현하는 말이나 방법이 있었다고는 생각되지 않는다. 그런 만큼 표현력이 떨어진다고 느끼는 것은 나만이 아닐 것이다.

이하라 사이카쿠 이외에도 미인의 모습을 묘사한 사람이 있을 것 같지만, 예컨대 시키테이 산바(式亭三馬, 1776~1822)의 『우키요부로』(浮世風呂)에서 미인에 대한 표현을 찾으려고 해도 발견되지 않는다. 시키테이 산바는 화장품을 판매하였으므로 있을 것 같기도 하지만, 연지와 분을 바르는 방법에 관한 유행밖에 없다.

메이지 시대 이후에 문학의 세계에서는 서서히 사실성을 가진 표현이 자리를 잡게 되는데, 여기서는 메이지·다이쇼·쇼와 시대에 활약한, 미인화로 유명한 일본화 화가 우에무라 쇼엔(上村松園, 1875~1949)을 예로 들고자 한다. 그녀는 『세이비쇼』(靑眉抄, 1943)에서 다음과 같이 미인관을 피력하고 있다.

시조야나기노반바(四條柳馬場)의 길모퉁이에 '가네사다'(金定)라는 견사(絹絲) 도매상이 있는데 그 가게에 '오라이상'이라는 새색시가 있었다.

눈썹을 밀었는데 언제 봐도 민 자국이 푸르스름했다.

흰 피부, 짙은 머리, 긴 에리하시, 뭐라 말할 수 없이 아름다운 여인이었다.

그렇게 아름답고 생생하고 푸른 눈썹을 가진 여인을 나는 어머니 이외에 알지 못한다.

이 경우 아름다운 사람의 형용으로서는 "흰 피부", "검은 머리", "긴 에리하시" 그리고 "뭐라 말할 수 없는" 아름다움이다. 무척 일본적이고 전통적인 표현이라고 할 수도 있을 것이다. 이러한 말에서 구체적인 미인상을 상상하기란 쉽지 않다. 그림에서는 여러 여성의 모습을 구체적으로 그리고 있지만 말로 하면 왜 "뭐라 말할 수 없는" 아름다움이 되어버리는 것일까? 뭐라 말할 수 없는, 말로는 표현할 수 없는 아름다움을 느끼지만 말로는 표현할 수 없다. 화가라서 말로 표현할 필요가 없다고 생각하는 사람도 있을지 모른다. 그러나 그것은 오히려 문화의 문제가 아닐까? 표현할 수 있는 말도 충분히 갖고 있지 못하고, 그렇게 표현하려는 의식이나 태도마저 없다.

이것이 일본의 전통적인 미의식이고 몸의 문화이며 얼굴의 문화다.

한국의 미의식과 비교

이러한 특징을 갖는 전통적인 미의식은 옷이나 옷을 맵시 있게 입는 것에서 화장법, 표정, 동작에까지 얼굴이나 몸에 관한 공통의 문화를 만들어왔다. 그것은 얼굴이나 몸을 보여주는 것으로 대상화하지 않는 미, 다른 말로 하자면 얼굴이나 몸의 존재감을 명확히 하지 않는 아름다움이다. 그러므로 몸의 존재는 무시되며, 입고 있는 옷감의 회화성이 중시되고 또 발달한다. 그리고 기모노를 입었을 때 몸의 선이 드러나면 옷매무새가 흐트러졌다고 꺼리거나 감정의 움직임을 표정으로 드러내는 것을 상스럽다고 생각한다. 또한 사람들에게 맨얼굴을 보여주지 않기 위해 화장을 하거나 반지, 귀고리 등으로 직접 몸을 장식하지 않았던 역사가 천 년 이상이나 존재한다. 웃거나 말할 때 입가에 손을 가져가 가린다거나, 반복된 이야기지만 옆얼굴의 미를 추구하지 않는 것 등 여러 가지 예를 들 수 있다.

이상과 같은 미의식은 에도 시대의 무가사회에서 완성되었고 메이지 시대 이후 정부에 의해 일반에 확대되었으며 현대의 전통적인 미의식으로 이어졌다. 따라서 일본 미인상의 변천을 생각할 때는 이 점을 파악하는 것이 무척 중요해진다.

이러한 논의를 하면, 그거야 아시아 공통의 미의식이 아니겠느냐고 반론하는 사람이 있을 것이다. 그러나 나는 그렇지 않다고 생각한다. 일본 특유의 미의식이라고 보는 것이다.

예컨대 이웃나라인 한국에는 치마저고리라 불리는 여성의 복장이 있다. 색의 조합이 화려하고 치마와 저고리라는 투피스로 나뉘어져 가슴의 존재를 명확히 한다. 나는 이점에 주목하고자 한다. 일본의 기모노, 특히 나들이옷은 옷감 자체에 염색이나 자수로 이루어진 회화성이 있어서 그 안에 담겨 있는 몸을 소거해버린다. 절구통 모양으로 옷을 입는 것도 몸이 갖는 굴곡을 소거하는 방법이다. 그런데 치마저고리는 일본의 기모노가 갖는 회화성이 없고 오히려 서양 옷처럼 색을 사용함으로써 잘록한 허리와 풍만한 가슴을 표현하는 복장이다. 그러므로 몸의 미의식에서 생각하면 일본과는 전혀 다른 문화라고 할 수 있다.

또한 얼굴에 대한 한국의 미의식을 조사해보니 한국의 문예평론가 홍사중이 정리한 『한국인의 미의식』(전예원, 1984)에서 그 편린을 엿볼 수 있었다. 이 책에서는 조선 시대 말에 쓰인 『어룡전』(魚龍傳, 작자 미상)의 여주인공 어월(魚月)의 아름다움에 대한 묘사가 인용되어 있다.

어여쁜 화용(花容)은 일륜명월(一輪明月)이 반공에 솟았는 듯, 팔자춘산(八字春山)은 봄비에 새로운 듯, 도화양협은 해당화 아침 이슬을 머금은 듯, 단순호치(丹脣皓齒)는 옥으로 쪼은 듯, 섬섬세요(纖纖細腰)는 춘풍을 못 이기어 흩날리는 듯, 아담한 수족은 붓으로 그린 듯, 낭랑한 성음은 옥반(玉盤)에 진주를 굴리는 듯, 아리따운 자태 진실로 보던 바 처음이다.

그리고 『이진사전』(李進士傳 : 조선 중기의 영웅이야기. 작자 미상)에서는 평양 기생 경패를 다음과 같이 생생하게 묘사하고 있다.

그 미인을 살펴보니 옥 같은 두 귀 밑에 운빈(雲鬢)이 삼삼하고 파리한 양협에 춘광(春光)이 초췌하며 때묻은 의상에 지분을 더하지 않았으나, 빙호추월(氷湖秋月)이 정을 머금었고 창해명주(蒼海明珠) 광채를 보임은 그 냉담한 기색과 총명한 재질이니 만일 침향 전상에 조으는 해당화가 아니면 분명한 장락궁중(長樂宮中)에 나는 제비라 …….

이처럼 전형적인 미에 대한 표현도 그 묘사가 일본과는 전혀 다르다는 것을 알 수 있다. 물론 그 표현에는 한자문화라서 중국의 영향이 있다는 것은 무시할 수 없을 것이다.

게다가 홍사중이 말하는 옛 미인의 조건은 얼핏 일본과 비슷하게 보이지만 거기에서 표현하고 있는 말은 무척 다르다. 여기서는 풍성한 머리를 첫째로 들고 있다. "미인은 머리가 길어야 한다고 적혀 있다. 그래서 '녹운빈'(綠雲鬢)이며 '흑운'(黑雲) 같은 머리라는 표현이 옛소설에는 자주 나온다. 새까만 머리가 구름같이 탐스러우며 숱이 많고 길다는 뜻"이라고 적고 있다. 일본에서도 검고 긴 머리를 중시했는데 "구름처럼 탐스럽게"라는 식으로 표현하는 예는 들어본 적이 없다.

다음은 눈썹이다. "눈썹은 가늘고 반달같이 부드러운 곡선을 그리고 있어야 하며 그 빛깔은 비취색깔로 그려야 했다."고 말하고 있는데, 앞에서 말한 『호색일대녀』의 "두꺼운 눈썹"이라는 한 마디와는 상당히 다르다는 것을 느끼지 않을 수 없다.

눈에 대한 묘사도 마찬가지다. "눈은 우선 눈동자가 검고 맑아야 했다. 그렇다고 눈이 너무 커서도 안 되었다."고 표현하는 문화와, 앞에서 말한 『호색일대녀』의 "눈이 가는 것은 좋지 않고"라면서 끝내는 문화의 차이는 결코 작지 않다.

입술에 대해서는 "입은 앵두같이 붉고 작아야 했으며 그 사이로 살짝 보이는 이는 흰 것을 쳤다"고 하여 그다지 다르지 않다.

그 외에 얼굴 전체나 손발, 몸 등 결과적으로 유사한 미의식으로 보이는 부분도 있지만, 표현 과정에서 보면 같은 문화라고 말하기 힘든 미의식의 차이가 느껴진다.

넓은 중국에서도 적극적으로 장신구로써 몸을 장식하는 민족과 그렇지 않은 민족이 있다는 것은 말할 것도 없다. 물론 일본에는, 이미 말한 것처럼 나라 시대 무렵부터 명대(明代)에 이르기까지 머리 장식을 제외하고 신체에 직접 액세서리를 붙이는 문화가 없었다. 그에 비해 중국의 역대 여성상을 보면, 당나라 시대에 인쇄되었다는 「잠화사녀도」(簪花仕女圖, 목판화)의 여성은 당시에 유행하는 화장을 하고 팔찌를 하고 있다. 또한 오대(五代, 905~960) 시대의 「태진상마도」(太眞上馬圖)에 그려진, 말을 타려고 하는 여인에게는 귀고리가 보인다. 이처럼 시대를 따라가 보면, 그림 속에 그려진 민족은 달라도 늘 뭔가 장신구를 발견할 수 있다.

그 극단적인 예는 서태후(西太后, 1835~1908)일 것이다. 1903년경 미국의 여성 화가가 그린 「서태후」상(유화)은 귀고리, 팔찌, 반지는 물론이고 양손의 약지와 새끼손가락에 '지과투'(指瓜套)라 불리는 손톱 덮개를 하고 있다. 그녀는 만족(滿族)이었지만 손톱을 길게 기름으로써 자신의 권력을 상징적으로 보여주었을 것이다. 그 손톱이 부러지지 않도록 지과투라는 손톱 덮개를 하고 있었다. 지과투는 길이가 10센티미터쯤 되고 가는 금실로 짠 것인데, 여기저기에 보석이 박혀 있는 것도 있었다.

일본에는 그 정도로 몸에 집착하는 문화가 없었다. 신체 자체를 직접 장식한 문신이라는 문화는 오늘날에도 있지만 기모노가 갖는 회화성을 기모노의 옷감 대신 직접 몸에 새겼을 뿐이고, 결과적으로 몸이 갖는 존재감은 소거되었다. 얼굴이나 몸의 존재감이 부족한 일본 문화는 주변국과 비교해보면 그런 성격이 뚜렷해진다.

이상으로 문학, 회화, 미추, 외국과의 비교 등을 통해 거듭 확인해온 일본의 미인관은, 외면적으로 추가 아니라 ― 그런 의미에서 외견에 신경을 쓰고 있다 ― 미로서의 외견을 구체적으로 대상화하여 언어로 묘사하는 것을 피하고 양식화된 표현으로 내면적인 요소, 즉 성격, 교양, 정신, 감각 등 전(全) 인격적인 것을 미로 묘사하려는 구조다. 그 결과 얼굴이나 몸의 존재감, 실재감 또는 현실감이 떨어지는, 어쩌면 현실감이 없는 미의식이 된다. 예컨대 가부키의 구로코(黑子)*처럼 누가 봐도 존재한다는 걸 알지만 존재하지 않는 것으로 약속되어 있는 것과 같이, 존재감이 없는 미의식은 보는 사람에게 미를 맡기는 일본 문화에도 공통된 의식인 것이다.

얼굴 화장에 대한 비판과 얼굴 감추기

「화장의 변천 — 화장에 대한 비판」[26]에서도 자세하게 말한 적이 있는데, 일본에서는 여성의 모범 서간문이나 교육서뿐만이 아니라 수필이나 문학작품에서까지 화장에 관한 수많은 기록을 찾아볼 수 있다. 그런데 화장을 강력하게 부정하는 글은 거의 보이지 않는다. 그런 점에서 도쿠가와 미쓰쿠니(德川光圀, 1628~1700)의 『세이잔코 수필』(西山公隨筆)은 예외적이다.

> 부인은 평생 붙어 있는 눈썹을 제거하고 다시 그려 넣는다. 그것은 야만의 풍습이며 좋지 않은 일이지만 나라의 관습으로 내려온, 몹시 저속한 것이다. …… 어찌 볼성사나운 일이 아니겠는가. 에도는 교토에서 멀기 때문에 최근 20~30년 전까지만 해도 에도의 늙은 여자는 눈썹을 제거하지 않았다. 지금은

구로코
가부키에서 배우 뒤에서 눈에 띄지 않게 검은 옷을 입고 시중을 드는 사람.

간혹 눈썹이 있는 사람을 보면 이상하다고 비웃으며 비난한다. ……
분별 있는 사람이라면 교토에서 지방으로 내려가는 풍속을 개선해야
하지 않겠는가.

이에 따르면 눈썹을 뽑고 그려 넣는 것을 비판하고 있다. 마찬
가지로 이를 검게 물들이는 일, 문신, 사카야키(月代)* 등도 군자의
예가 아니라며 비판하고 있다. 유감스럽게도 백분에 대해서는 언
급하고 있지 않지만, 눈썹을 그려 넣는 관습은 당시 구게(公家 : 조
정에 출사(出仕)하는 귀족-역주)나 무가 등에서 널리 행해지고 있던
관습이었다.

　이러한 예외를 제외한 대부분의 글에서는 기본적으로는 화장하
는 것과 화장의 존재를 전제한 채 당연한 것으로 논하고 있다.

　그 이유 가운데 하나로는 당시의 유교적인 여성관과의 관계를
들 수 있을 것이다. 집안을 위해, 남편을 위해 몸을 꾸미고 화장하
는 것은, 이를테면 여성의 의무였던 것이다. 앞에서 언급한『온나
초호키』에도 화장은 "여자가 지켜야 할 법도이며 …… 여자로 태
어나 81일이면 분을 바르지 않은 얼굴이 있어서는 안 된다."고 하
며, 시대는 좀 내려오지만『신찬증보 온나다이가쿠』에도 "분과 연
지를 바르는 것은 여자의 예이
고 소양이다. …… 여인이 외모
를 꾸미지 않고 주군이나 부친
에게 보여서는 안 된다."고 되어
있으며,『한서』를 들고 나와 화

사카야키
헤이안 시대에 남자가 관(冠)이 닿는 이마
언저리의 머리털을 반달 모양으로 밀었던
풍습이고, 에도 시대에는 남자가 이마에서
머리 한가운데에 걸쳐 머리를 밀었던 풍습
이다.

장을 장려하거나 오히려 강제하고 있기도 하다.

다른 관점에서 보면 맨얼굴을 보이지 않기 위해 화장을 한다는 사고가 생겨난다. 화장을 하여 맨얼굴을 감추는 문화가 화장관의 근저에서 보이게 되는 것이다.

일본에서는 화장하는 것을 직접적으로 비판하는 일은 거의 없었지만, 화장의 정도는 항상 문제가 되었다. 이에 대해서는 입술연지의 발달 부분에서 몇몇 인용문을 예시했는데, 결과적으로는 엷은 화장을 장려했다. 당시에는 구게(公家) 문화의 영향으로 교토와 오사카에서는 진하게 화장하고 반대로 에도에서는 엷게 화장한다고 비교되었지만, 무가계급에서는 진한 화장을 꺼리고 엷은 화장을 선호했다. 백분의 경우에도 두텁게 바르면 천하고 유곽 여자처럼 보인다며 비난당했다는 것은 이미 앞에서 말한 대로다. 연지와 백분의 낭비로 이어지기 때문이라고도, 신분의 분별로도 생각해볼 수 있다. 어쨌든 여성은 맨얼굴로 남편이나 부모 앞에 나가서는 안 되고 반드시 화장을 하도록(맨얼굴을 보여주지 않고 감춘다) 교육받았다. 맨얼굴을 감추기 위해 적당히 엷게 화장하는 것이 좋은 것으로 여겨졌던 것이다. 머리를 묶어 올리게 되어 얼굴이 노출되자 화장은 일종의 베일로 사용되었고, 얼굴을 감추는 문화는 무가계급의 여성들을 중심으로 한층 강화되었다. 물론 여기에서는 유교의 영향도 무시할 수 없다.

이러한 화장관은 서구와 비교해보면 더욱 선명해진다. 서구에서는 고대부터 화장 부정론 내지 비판론의 흐름이 내내 강했다. 그것은 두 가지 이유에서다. 첫 번째 이유는 그리스도교의 영향으로, "신이 만든 얼굴"을 화장으로 더럽힌다는 것이다. 두 번째 이유는, 그 당시의 백분은 납 백분으로 중금속을 포함하고 있어서 피부만이 아니라 체내에 들어가면 몸에도 좋지 않다는 것이었다. 그 유독성은 고대 그리스 때부터 지적되었을 정도다.

일본에서 백분의 유독성은 메이지 시대가 될 때까지 문제가 되지 않았다. 사회 문제가 된 것은 가슴까지 바른 백분이 갓난아기의 입으로 들어가 이른바 '뇌막염'을 일으킨 일과 백분을 자주 사용하는 가부키 배우가 천황이 관람하는 가부키 공연 때 움직일 수 없는 일이 벌어졌기 때문이다. 그 후 납을 사용하지 않는 무연백분이 경쟁적으로 개발되어, 메이지 시대에서 다이쇼 시대에 걸친 화장품의 역사를 크게 일신했다.

그러나 화장을 포함한 무가의 규범적인 미의식은 메이지 이후 정부가 국민 문화 형성의 중심에 위치시킴으로써 일본의 전통미로서 국민 일반의 것이 되었다.

외국인이 본 화장 풍속

일본인이 보면 이러한 전통미는 전혀 이상해보이지 않지만, 완전히 다른 미의식을 가진 문화에서 자란 사람에게는 과연 어떻게 비칠까? 막부 말기부터 메이지 시대에 걸쳐 수많은 외국인들이 일본에 와서 기행문, 일기, 일본문화론 등을 많이 남겼다. 그중에서 화장 풍속을 중심으로 일본인의 얼굴이 외국인의 눈에 어떻게 비쳤는가를 살펴보고자 한다.

프리먼 미트포드(Algernon Bertram Freeman-Mitford, 1837~1916)*
는 1915년 자서전으로 출판한 『리즈데일 경의 회상』(*Memories by
Lord Redesdale*)[27]에서 천황을 알현했을 때의 일을 상세히 기록하고
있다(이하 인용은 나가오카 쇼조의 번역을 기초로 필자가 적당히 고쳤다).

1868년 3월 18일 천황 종형제의 아들에 해당하는 야마시나노미야
(山階宮)가 파크스 공사를 방문했다. …… 야마시나노미야는 고전적인
궁정 복장인 자주색 예복에다 검게 칠한 주름이 드리워진 기묘한 형태
의 에보시(烏帽子 : 구게나 무사가 머리에 쓰던 건(巾)의 하나—역주)를
쓰고 이를 검게 물들이고 있었다. 이는 이삼 일마다 다시 물들여야 하
는데 마침 그때는 염색하기 직전인 듯 벗겨진 하얀 부분이 눈에 띄어
보기에 좋지 않았다. 며칠 후 그를 다시 만났을 때는 새롭게 물들여서
마치 검은 에나멜 구두처럼 빛나보였다.

1868년 3월 26일 천황을 알현했을 때의 모습은 이렇다.

프리먼 미트포드
메이지 유신을 전후한 1866년부터 1869년
까지 일본에 체재했다. 영국 공사관원으로
서 파크스(Sir Harry Smith Parkes,
1828~1885) 공사, 어니스트 메이슨 사토
우(Sir Ernest Mason Satow, 1843~1929)
와 함께 활약했다.

하카마
겉에 입는 하의. 허리에서 발목까지 덮으
며 넉넉하게 주름이 잡혀 있다.

의복은 하얀 상의와 진홍색의 긴
하카마(袴)*를 입었는데 옷자락은
서양 부인의 궁정복 치맛자락처럼
길게 끌고 있었다. …… 눈썹은 밀
어버렸고 이마 위쪽 높은 곳에 새
로 그려져 있었다. 볼에는 연지를
바르고 입술은 빨갛게 칠해져 황금

색으로 빛이 났다. 이는 검게 물들이고 있었다. 이처럼 타고난 모습에 화장을 하여 더욱 위엄을 가질 수 있게 하는 것은 예사 기술이 아니지만, 그래도 여전히 고귀한 핏줄임은 충분히 감지할 수 있었다.

이를 검게 물들이는 것이나 눈썹을 밀어버린 것에 대해서는 거의 모든 외국인이 깜짝 놀랐고, 그 이상함은 추함으로 이어진다고 적었다.

어니스트 사토우는 그 유명한 『한 외교관이 본 메이지유신』(A diplomat in Japan)[28]에서 이렇게 쓰고 있다.

가까스로 커다란 다리 옆에 있는 한 요정에 도착했다. …… 오사카에서 가장 빼어난 예기(藝妓)들을 보여준다는 약속이었다. …… 그중에는 확실히 아름다워 보이는 여자도 몇 명 있었고 또 아무리 봐도 추해 보이는 여자도 있었다. 어쨌든 그녀들의 용모는 검게 물들인 이와 납백분으로 엉망이 된 것 같았다. …… 후일 나는 이렇게 검게 물들인 이에 완전히 익숙해졌기 때문에 황후가 이 관습을 그만두고 새로운 풍속의 선구자가 되었을 때는 대개의 일본인과 마찬가지로 오히려 새로운 스타일에 익숙해지지가 않았다.

또한 프랑스인으로서 메이지유신이 일어날 무렵 활약한 것으로 유명한 몽블랑(Charles comte de Montblanc, 1832~1898)은 「막부 말기의 일본」(Le Japon)[29]에서 일본 여성의 화장을 이렇게 한탄하고 있다.

이해할 수 없는 것은 결혼한 여성이 자신의 눈썹을 밀어버리고 검은 수액 덩어리처럼 보이는 것을 사용해 자신의 이를 검게 물들인다는 사실이다. 이 풍습만큼 추악한 것은 없다. 결혼식 다음 날이면 이 사람이 그때의 그 아가씨였는지 알아보기 힘들 정도였다. 전날 밤만 해도 거뭇거뭇한 눈썹이 있어서 생생해 보였던 눈이 무디어져버리고 또 안구가 튀어나올 것처럼 보이기도 한다. 상냥하게 웃으면 두 줄로 늘어선 진주를 연상시켰던 그 귀여운 입은 이제 추한 구멍에 지나지 않고 그 깊이는 눈으로 측정할 수가 없다. 생각건대 이 풍습은 질투심이 많은 남편이 생각해낸 것이리라.

『러시아 함대 막말 내방기』(*Japans Hovedstad og Japaneserne*)[30]를 쓴 비셰슬라프초프(Aleksei Vladimirovich Vysheslavtsov)는 또 이렇게 썼다.

유곽의 여성은 연지와 분 모두 엄청난 양의 안료를 사용함으로써 자연스러운 피부색, 즉 어린 서민 아가씨들에게서 보이는 신선하고 하얀 피부를 망가뜨리고 있다. 아주 독특한 방법으로 얼굴에 색을 칠하는데, 우선 얼굴 전체를 새하얗게 칠하고 나서 눈에서 목에 걸쳐 볼 부분에 장밋빛 안료를 바른다. 하얗게 남는 것은 코와 턱뿐이다. 눈썹은 검게 그리고 입술은 엷은 자주색으로 칠하는데 시간이 지나면 푸른빛을 띠게 되고, 결코 도를 넘는 일이 없다는 일본미의 특성을 살리고 있다. 때로는 입술 한가운데에 짙은 자주색 점을 칠하기도 한다. 이렇게 해서 엉망이 된 몇 명의 얼굴을 보고 있으면 일본인은 사람을 기쁘게 하기 위해서라면 뭐든지 할지도 모른다는 것을 알게 된다.

그리고 프랑스 해군의 사관(士官)으로서 1866년부터 1867년에 요코하마, 효고(兵庫), 오사카를 방문한 덴마크인 수엔손(Edouard Suenson, 1842~1921)은 「일본 소묘」(Skitser fra Japan)[31]에서 다음과 같이 적고 있다.

여성은 결혼하자마자 아내로서의 일, 어머니로서의 일에 헌신하게 된다. 밀어버린 눈썹과 검게 물들인 이가 그때까지의 허영심과 향락 취향을 완전히 버렸다는, 눈에 보이는 증거가 된다. …… 일본 여성은 남자들의 추함과는 거리가 아주 멀다. 신선하고 하얀 피부, 불그스름한 살갗(자주 있는 일처럼 안료로 칠해버리지 않았을 때의 이야기지만), 풍성한 검은 머리, 우수를 머금은 검은 눈동자와 생생한 얼굴은 바로 미인 그 자체다. 적어도 중국인이나 안남인(安南人 : 베트남―역주) 등 근린제국의 여성과 비교하면 미인이다. (중략)

일본의 젊은 아가씨(미혼)는 앞에서 말한 대로 상당히 귀염성이 있지만 결혼하면 그렇지 않다. 아가씨들이 아무런 속박도 걱정도 없는 생활에 이별을 고하고 결혼 생활에 들어서는 그날로 아가씨다운 아름다움도 잃어버린다. 눈썹을 밀어버리고 반짝이기만 하던 하얀 이도 검게 물들여야 하기 때문이다. 그때까지는 장난기가 있거나 우수를 머금고 있던 눈도 표정을 잃어버리고, 입술 사이로 기분 나쁜 입안이 보일 때마다 무심코 뒷걸음질을 치게 되는 정도다. 여성 자신도 그 추함을 알고 있어 얼굴 표정에 드러난다. 자주 보았던 일인데, 사람들에게 잘 보이고 싶은 욕구를 아직 버리지 못한 젊은 기혼 여성은 웃을 때는 늘

검은 이를 될수록 감추려고, 불쌍해질 만큼 기묘하게 입술을 일그러뜨리고 있었다.(중략)

사회의 최하층 여성조차 연지나 분 같은 것을 바르는데 덕지덕지 칠하기만 하면 더 예뻐진다고 생각하는 것 같다. 그런데 이렇게 화장하여 멋을 내는 것도(특별한 기회에만 한다) 외국인의 눈으로 보면 소름이 돋는 것 같은 인상밖에 주지 않는다.

이렇게 맨얼굴 그대로인 젊은 아가씨의 아름다움을 칭찬하면서 한편으로는 화장, 특히 이를 검게 물들이는 것과 눈썹을 밀어버리는 것을 강력하게 비난하고 있다.

『메이지 체재 일기』(*Les journées et les nuits japonaises*)[32]에서 벨르소르(André Bellessort, 1866~1942)는 여행지에서 어떤 사건을 보고 들은 이야기를 소개하면서 이를 검게 물들이는 것의 효용에 대해 언급하고 있다.

섬세한 얼굴에 아직 무척 어린 아가씨에게 내 눈이 멈췄다. 그 아가씨는 이를 검게 물들이고 있었다. 결혼한 부인이라는 표시다. 검게 물들인 그 무시무시한 이다. 그러나 주변 사람들이 말하길 그녀는 아직 결혼을 하지 않은 아가씨인데 다만 뒤숭숭한 여로의 위험을 피하기 위해 이를 까맣게 물들였다는 것이다.

일본을 방문한 외국인이 모두 일본의 화장 풍속을 비난한 것은 아니다. 메이지 시대 초기에 서구문화를 도입하는 방식에 분개하여 오히려 에도 시대 일본의 장점을 무척 좋게 생각한 사람도 있었다.

본탱은 일본의 서구화에 대해 강력하게 반대했다. 「메이지 자폰 1886 — 일본문화의 위기」(明治ジャポン1886 — 日本文化の危機)[33]의 '머리말을 대신하여'에서 일본에 와서 "일본의 죽음"을 느꼈다고 낙담 섞인 마음을 적고 있다.

"최근 일본 황후의 명령으로 전통적인 일본 궁정 화장과 머리 모양이 금지되었다. 여성은 이제 서양의 의복을 걸치고 미국식의 머리 모양만 받아들이게 될 것이다."는 1886년(메이지 19) 9월의 《교쿠토신문》(極東新聞)을 인용하면서 "거의 15년 전부터 '일본'은 이미 존재하지 않았던 것이다."고 단언한 뒤 그 원인을 "황후는 단숨에 그 문화의 사형 판결에 서명해버렸다."고 했다. 그리고 과거에 일본에 온 친일적인 사람들을 향해 이 한탄스러운 상황을 호소하면서 "황후의 명령서라는 파괴적인 행위가 …… 일반 대중에게도 충격을 주게 될 것이다. …… 새로운 개혁에 따르는 우스꽝스러운 측면은 아마 눈에 띄지 않을 것이다. 그것을 충분히 납득하기 위해서는 사실 깃털을 꽃은 모자를 쓰고 코르셋을 단단히 죄고 스커트를 입고 주름이 있는 원피스를 입은 일본 여성을 만나는 것도 필요한 것이다."면서 서양 복장을 한 여성의 추함을 호소하고 자신의 첫 경험, 즉 기모노를 입고 샤미센을 연주하던 때의 아름다움에 종교적인 엄숙함을 느끼게 했던 여성이 그 이튿날 만났을 때는 서양 옷을 입은 것처럼 "깜짝 놀라고 뒷걸음질을 쳤던 것이다. 아마존의 여자 같은 옷차림으로 ……. 서커스에서 무언극을

시키기 위해 망아지의 등에 앉혀진 한 마리의 수컷 원숭이라고 말할 수 있었을 것이다."고 말한다.

보탱은 "무경험은 나무라야 할 것이다. 처음에는 어색한 것이다."고 말하면서도 "그 이후도 …… 우리 유행의 신비와는 잘 맞지 않고 여전히 불쾌감을 주고 있다."면서 개탄만 하고 있다.

여기서 우리는 전통적인 일본의 미의식에 대해, 또는 문명개화에 의한 서구화에 대해 외국인의 다양한 반응을 읽어낼 수 있다. 전후의 새로운 풍속이 유행하기 시작했을 때 들은 찬부 양론과 겹치는 이야기이기도 하다.

3 장

근대의 얼굴로

얼굴의 메이지유신

헤이안 시대부터 에도 시대에 걸친 천 년에 가까운 세월 동안 일본인은 기모노와 일본의 전통 머리를 만들어내고 그것에 어울리는 얼굴을 만들어왔다. 일본인의 몸집이나 얼굴 생김새, 그리고 굵고 검은 머리가 기모노나 머리 모양을 만들고 화장법을 개발해 왔다고 할 수 있다. 그동안의 담당자는 대체로 귀족계급에서 무가계급으로 이동했다. 에도 시대에는 기모노의 무늬나 머리 모양, 화장법 등이 유행하는 일이 있었지만 유행의 시작은 주로 가부키나 유곽 등의 세계가 중심이었다. 다양한 미의식이 신분계급에 의해 발달했던 것이다. 그 가운데 가장 명료한 것이 무가사회의 미의식이었다는 것은 말할 필요도 없다. 게다가 메이지 이후의 미를 생각하면 무가사회의 미의식을 일단 첫 번째로 생각하지 않으면 안 될 것이다.

그 미의식은 물론 서구 문화와는 전혀 다른 것이다. 개국 이후 메이지 정부는 서구의 문화를 '양풍'(洋風)이라는 이름으로 도입하지만, 일본인의 국민 교육에 깔린 근본정신이나 일상 규범에『온나다이가쿠』에도 쓰인 것과 같은 무가사회의 미의식 또는 무사도(武士道)를 가져와 일반화했던 것이다. 이것은 무가화(武家化)라고도 불리는데, 현대의 우리가 전통이라고 생각하는 미의식은 메이지 이후에 발전해온 것이라고 생각해도 좋을 것이다.

1897년(메이지 30)에 발행된 쓰보야 젠시로(坪谷善四郎)의『니혼조레이시키타이젠』(日本女禮式大全) 제1편 제2장「우리나라의 예의」에서는 당시의 정신이 다음과 같이 명확하게 나타나 있다.

우리나라는 고래로 군자의 나라로 칭해져 왔으며 가장 예의 바른 나라로 유명하다. 그러므로 그 국민 일반의 풍속은 매우 순수하고 아름다워, 임금에게는 충으로, 부모에게는 효로 …… 그 예의 바른 미풍, 경애하는 양속은 실로 세계에서 가장 뛰어나 그 모범을 온 천하에 드리우고 있다. 그런데도 근래에 들어 서양의 여러 나라와 교류함으로써 차츰 우리나라 고유의 아름다운 풍속을 버리고 저들 나라의 풍속을 모방하려고 한다. 특히 우리의 좋은 점을 버리고 저들의 좋지 않은 점을 취하려는 경향이 있다. …… 심히 두려워하고 경계해야 할 일이 아닐 수 없다.

메이지 이후 현대까지의 백 몇 십 년간의 변화를 보면 메이지, 다이쇼 시대는 제2차 세계대전 후의 변용에 대한 도움닫기 기간, 즉 과도기였다. 내면에 일본적인 것을 요구하면서 외견은 조금씩

「피어스를 한 당나라 사람 오키치」
(우타가와 요시모리의 그림, 가나가
와 현립 역사박물관 소장)

서구화해갔다. 서구화가 강력하게 주창되자 이번에는 원래 상태
를 되찾으려는 움직임이 일어나 전통이 대두하는 등 전 시대적으
로 또는 전 사회적으로 움직였다. 헤어스타일, 복장 등 형태가 명
확하고 알기 쉬운 것부터 도입되어 변화해갔다.

외국과의 관계에서 나라의 체면이 필요하게 되었을 때, 그때까
지는 당연했던 것이 갑자기 야만이 되었다. 그 대표적인 것이 화
장이다. 우선 메이지 원년인 1868년 및 1870년(메이지 3)에 「다이
조칸(太政官) 포고」에서 공경(公卿)과 화족(華族)에 대해 "이를 물들이
고 눈썹을 그리는 것"을 금하는 금지령이 내려졌고, 1873년(메이
지 6)에는 쇼켄(昭憲) 황태후가 솔선수범하여 그것을 그만두었다.
이 일을 계기로 이를 검게 물들이거나 눈썹을 밀어버리는 풍습은

도시를 중심으로 서서히 사라졌다.

헤어스타일에도 커다란 변화가 일어났다. 1871년(메이지 4)에 나온 산발령(散髮令)으로 남성의 헤어스타일은 크게 변화하기 시작했다. '잔기리아타마', 즉 서양식으로 짧게 자른 머리가 등장한 것이다.

여성 헤어스타일의 경우에 일본식 머리에 대한 의식 변혁이 제안된 일도 있었지만, 결과적으로는 지금까지의 전통적인 일본식 머리의 기술을 사용해 머리의 형태를 양풍화하는 단계에서 시작하여 점차 형태를 만드는 기술 자체에 양풍 기술이 도입되었다.

화장에 대해서는 앞에서 말한 전통적인 풍속, 즉 이를 검게 물들이거나 눈썹을 밀어버리는 풍속이 사라지기 시작하고 화장품 또는 화장법에 서구의 것이 직접 수입된다거나 서구풍의 것이 국내에서 생산되었다. 그러나 나중에 말하게 될, 당시의 미용서에서 보는 한 얼굴에 대한 의식은 곧장 변하지는 않았다.

그런 의미에서 에도 시대와 현대 사이에 끼인 메이지, 다이쇼 그리고 쇼와 전반기는 얼굴 문화에 새로운 미의식이 소개된 시기였다.

메이지 이후 미의식의 변천

점차적이기는 했지만 메이지 시대에 접어들어 서구의 새로운 미의식이 도입되었을 때 가장 큰 변화는 눈에 대한 의식이었다.

당시까지 눈에 대한 일본의 전통적인 미의식은 눈의 크기와 눈초리가 올라가거나 내려간 것, 눈썹과 눈 사이에 관한 것 정도였다. 메이지 시대에 접어들 때까지는 "눈이 부석부석하게 보인다."라는 표현은 기껏해야 아팠을 때의 표현이었지 일상적인 말은 아니었다. 예컨대 『우키요부로』에는 억지로 마신 술 때문에 "아직도 눈이 부석부석해"라는 식으로, 병 때문에 평소보다 훨씬 부은 느낌을 표현하는 방법이 중심이었다.

그러나 메이지 시대에 접어들어 서구의 영향을 받기 시작하자 점차 일본인 자신들의 눈에 대해 "안구가 튀어나올 것 같은 눈, 또는 눈꺼풀이 부어오른 것 같은 눈"[34]으로 의식하게 되었고, 그때까지 전혀 의식하지 않았던 일본인의 눈은, 결점이 있다거나 서구인에 배해 뒤떨어진다는 지적을 당하게 되었다. 그 결과 처음으로 눈의 굴곡감, 입체감, 깊이감을 의식하게 되었던 것이다.

그 20년쯤 뒤인 쇼와 초기에는 "누구나 맑고 큰 눈을 바랄 것입니다. 그렇게 하려면 옛날의 눈 연지 …… 라고 합니까? 입술연지 남은 것을 눈구석에, 있는 듯 없는 듯 바르는 것입니다. 눈꺼풀이 부어오른 눈이라면 눈 위에는 백분을 빼고 볼연지만을 바르고, 속눈썹에 먹물을 바릅니다."[35]라는 기사가 등장하여 눈에 대한 당시의 미의식이나 화장법의 존재를 알게 해준다. 당시에 얼마나 유행했는가는 확실하지 않지만, 화장품이나 화장법으로서 그 전통적인 방법을 남기면서도 미에 대해서는 서구인을 의식한 표현이 도입되어 있었다는 것을 알 수 있다.

서구의 메이크업은 다이쇼 말기에 일부 계층의 여성들 사이에서 이미 행해지고 있었다. 1922년(다이쇼 11)의 『슈후노토모』(主婦之

友)에는, 아이섀도가 유행하여 여성의 화장법이 변했다는 이야기가 나온다. 그 후 이른바 모보·모거(모던보이·모던걸—역주) 시대에는 상당히 주목을 끈 것 같다. 1924년(다이쇼 13) 당시의 잡지에 "긴자에 눈가를 파랗게 바림을 한 여자가 등장한다. 전대미문이다."[36]라고 인용되었던 만큼 무척 드문 일이었다.

1930년(쇼와 5)에 인공 속눈썹을 붙이기 시작했다는 가수 아와야 노리코(淡谷のり子, 1907~1999)는 "미국에 주문해서 들여온 것이었다. 그 무렵의 풀은 물기가 많아서 그것을 눈꺼풀 둘레에 발라 속눈썹을 붙이면 얼마 동안은 눈을 뜰 수 없을 만큼 아팠다. 그래도 참고 붙였다."[37]고 했다.

1937년(쇼와 12)에 발행된 『부인가정백과사전』에는 "아이섀도. 화장 재료의 하나인데 눈에 깊이를 주고 코를 높게 보이게 하는 등 얼굴을 입체적으로 보이게 하기 위해 눈 주위나 코끝에 엷게 색을 바림하여 얼굴에 음영을 주는 근대적 서양식 화장법에 이용된다. …… 갈색·녹색·자주색·청색·검은색 등 모두 어두운 색이다. 무대화장, 사진화장, 야회화장 등 서양식이나 일본식 모두에 이용되며 색이나 농담의 정도는 얼굴 모양이나 색, 장소나 복장과 어울리게 할 필요가 있다. 함부로 해서는 도리어 품격을 떨어뜨리고, 너무 지나치면 오히려 추악해진다. 아이섀도를 바른 부분은 그림자가 되기 때문에 결과적으로는 낮게 보인다. 예컨대 코를 높게 보이고자 한다면 콧날 양옆에 바른다."고 되어 있다.

당시 아이섀도를 쓰는 사람은 극히 일부였을 것으로 보이지만 "눈에 깊이를 주고 코를 높게 보이게 하는" 점은 바로 서구인 지향이라고 볼 수밖에 없다.

하지만 실제로 메이크업으로서 일반 여성들에게 도입된 것은, 일본이 고도 성장기를 맞이하는 1960년대가 되어서다.

한편 입술 화장은 볼연지의 부활과 함께 발전한다. 화장품은 화학공업의 발전과 함께 색깔의 수도 증가하고 막대 모양도 등장하지만 근본적으로 큰 변화는 없었다. 볼연지는 메이지 시대가 되어도 근본적인 변화가 없었다. 1908년(메이지 41)에 발행된 『구미 최신 미용법』(歐美最新美容法)에 따르면 얼굴색이 창백한 사람은 "얼굴에 복숭아 색 백분을 바르고 볼이 야윈 사람은 볼에 연지를 발라 살빛으로 화장한다. …… 볼은 안면의 윤곽미이기 때문에 볼 화장은 얼굴의 미를 한층 돋보이게 하는 눈 가장자리에서 윗볼에 걸쳐 복숭아 색으로 희미하게 점점 엷게 발라 생생하게 한다."고 나와 있는 것처럼 안색의 보정과 요즘 말하는 페이스섀도의 역할도 하고 있었다.

그리고 이 시대의 커다란 변화는 백분이 하얀 분에서 살빛이 된 일이다. 시미즈 야스시(清水悌)의 「메이크업과 화장품 70년」[38]에 따르면 "메이지 30년에 직수입한 스미레표(スミレ印) 서양 살빛 백분이 계기가 되어 살빛 백분, 살빛의 황색 백분 등이 나돌게 되었다."고 한다.

당시에는 살빛을 육색(肉色)이라고 불렀다. 이 색 이름에 대한 상세한 설명은 다음 장에서 하겠지만, 이후에는 백분이 하얗지 않게 되었던 것이다.

책에서 보는 미의식

실제로 극히 일부의 사람들 사이에서 행해진 것에 지나지 않았지만 메이지, 다이쇼, 쇼와 전기까지의 새로운 미의식의 특징을 더욱 명확히 하기 위해 새로운 미의식을 견인하는 역할을 한 화장에 관한 책 또는 미용에 관한 책을 중심으로 그 미의식의 변천을 살펴보고자 한다.

메이지 시대, 나름대로 한 권의 책으로 정리된 미용에 관한 책에는 『남녀 미안법 — 일명 미모의 비결』[39]이나 『구미 최신 미용법』, 『신식 화장법』[40] 등이 있다. 모두 메이지 시대 후반에 이르러서야 나온 책들이다. 다이쇼 시대에 접어들면 화장에 관한 책의 출판은 서서히 늘어난다. 몇 권의 책을 중심으로 거기에 흐르는 미의식을 검토해보기로 한다.

1910년(메이지 43)에 『신식 화장법』을 쓴 후지나미 후요는 『미장』[41]에서 "여성에게는 아름답게 화장하는 것(美粧)이 왜 필요한가"를 서술하면서 다음과 같이 말한다.

아무리 추한 여자라도 몸의 치장이 좋고 나쁨에 따라 아름답게도 추하게도 보일 수 있다는 의미겠지요. …… 생각해보면 세상에 아름다운 것만큼 사람들에게 쾌감을 주는 것은 없습니다. 사람으로서 다른 사람들에게 쾌감을 주고 또 스스로도 쾌감을 느끼는 것이 자신에 대한 의무이자 동시에 다른 사람에 대한 의무가 되어야 한다면, 그저 사람의 도리나 사교적인 측면에서만 봐도 화장하는 것이야말로 빼놓을 수 없는 최대 요건일 것입니다. 그러므로 화장은 온후한 여성의 마음가짐이자 예의라고 훈계됩니다. 그래서 몸가짐이 단정한 아내는 잠자리의 흐트러진 머리를 남편에게 보이지 않고, 며느리가 시부모에게 맨얼굴을 보여주는 것은 예를 모르는 거동이라고 옛 성현도 말했던 것입니다. …… 그러나 이러한 이유로만 여성이 꼭 화장을 해야 한다고 한다면, 그 이유는 너무나 빈약하고 시적(詩的)이고, 유학자적이고, 현대의 실제 사회와 무관하고, 너무 얄팍한 것이라고 하지 않을 수 없습니다. 제가 이 연구에 전력을 다하게 된 것은 위에서 말한 이유를 넘어선 것입니다. …… 심신이 모두 어우러져야 진정한 미가 갖추어집니다. 게다가 여전히 여성은 무슨 일이 있어도 반드시 화장을 해야 한다는 유효한 질문 하나가 남아 있습니다. 그런데 이는 세상의 지식에서조차 등한시되고 무시되고 있는 문제입니다.

…… 여성이 훌륭하게 생존하여 이 세상에 적합한 사람이 될 수 있으려면 무엇을 힘으로 삼아야 할까요? 무엇이 여성을 뛰어난 자라는 지위에서 생존할 수 있도록 하는 힘일까요? 말할 것도 없이 미의 힘, 바로 이것입니다. 미는 여성에게만 허용된 유일한 힘일 겁니다.

에도 시대 이래 무가의 미의식을 기초로 하여 새롭게 '미의 힘'을 더하고 있음을 알 수 있다. '미의 힘'이라는 사고가 어디에서 왔는지는 분명하지 않지만 서구의 영향을 받은 것임에는 틀림없을 것이다.

후지나미 후요는 미의 힘을 논한 다음 장 「어떻게 꾸미면 얼굴을 아름답게 할 수 있을까」의 첫머리에서 '십인십색'(十人十色)이라고 한 것처럼, "백이면 백 얼굴이 똑같은 사람은 없습니다. 그러므로 각자의 얼굴 모양에 따라 화장하는 법도 달라야 합니다."라고 하여 "화장술은 개성적"이라고 단정한다. 그러나 그 다음 항목 이후의 소제목을 보면, 그 내용은 아무래도 100년쯤 전에 쓰인 화장에 관한 책 『미야코후조쿠케와이덴』과 거의 다르지 않다. 물론 다음 장 이후 화장품을 다룬 항목이나 피부과학적인 부분은 서구적인 사고가 충분히 도입되어 있기는 하지만, 얼굴에 관한 미의식에 해당하는 부분은 메이지유신 후 50년이 지나도 근본적인 변화가 없었다. 『미야코후조쿠케와이덴』을 참고서로 삼았을 거라고 말하고 싶을 정도다.

대충 차례를 따라가 보면, 먼저 "사람의 두 가지 얼굴 모양 - 둥근 얼굴과 갸름한 얼굴 - 둥근 얼굴을 길게 보이게 하는 화장법 - 긴 얼굴을 짧게 보이게 하는 화장법"으로 되어 있다. 얼굴 모양을 여전히 두 종류로만 나누고 있으며, 무엇을 아름답다고 하는지도 모호하다.

다음으로는 '코'에 대해서다. 여기서는 "낮은 코를 높게 보이게 하는 법, 큰 코나 옆으로 넙적한 코 …… 들창코는 어떻게 화장해야 하는가, 콧날이 오똑한 코를 만드는 기술은 과연 안전무해한가, 어떻게 하면 코를 높일 수 있을까" 등으로 이어진다.

'코' 다음은 '눈'에 대해서다. 여기에는 "어떻게 하면 눈을 아름답게 꾸밀 수 있을까, 화장 미술(化粧美術)에서의 미안술(美眼術), 눈초리가 내려간 것을 그렇지 않게 보이도록 하는 방법, 눈초리가 내려간 사람과 올라간 사람의 눈썹을 화장하는 방법의 같음과 다름 …… 작은 눈은 어떻게 화장을 해야 크게 보이는가, 너무 큰 눈을 작게 보이게 하는 법, 튀어나온 눈을 감추는 방법, 움푹 팬 눈과 퉁방울눈은 어떻게 하면 감출 수 있을까"라는 항목이 있다.

그러고 나서 "속눈썹을 길고 진하게 빽빽이 나게 하기 위한 방법, 눈과 눈썹 사이가 좁은 것을 넓게 보이게 하는 방법"과 같이 눈과 눈썹의 관계에 대해 다루고 있으며, "긴 얼굴과 큰 얼굴을 가진 사람은 눈썹을 어떻게 화장해야 하는가, 볼이 탱탱한 사람과 아래가 불룩한 사람, 갸름한 얼굴을 가진 사람에게 어울리는 눈썹은 어떻게 화장해야 하는가, 눈썹을 밀어버린 후 눈에 띄지 않게 하는 법, 눈썹의 색조를 좋게 하는 법, 얇은 눈썹을 두껍게 하는 법"을 말하고 있다.

마지막으로 '입'에 대해서인데, "입술을 다듬는 방법에 대하여, 큰 입을 작게 보이게 하는 방법, 너무 작은 입을 보통의 입처럼 보이게 하는 방법, 두꺼운 입술을 얇게 보이게 하는 방법, 뾰족한 입을 교정하는 방법, 위턱이 나오고 아래턱이 들어간 것을 교정하는 방법"이 다루어지고 있다.

즉 얼굴 모양, 코의 높이, 눈, 눈과 눈썹 사이, 눈썹, 입 순이다. 중요한 순서로 씌어진 것이라고 한다면, 미의 중요도가 높은 순서라고도 할 수 있을 것이다. 우선 얼굴 형태가 제일 중요한데 너무 동그랗지 않고, 그렇다고 외씨같이 갸름한 얼굴처럼 너무 길지 않은 것이 좋다. 다음으로는 코의 높이가 요구되었다. 높다고 해도 이른바 해부학에서 쓰이는 높이가 아니라 안면에서 얼마나 돌출되었는가를 말한다 …… 운운.

자세하게 보면 여기서 새로운 미의식을 찾아볼 수 있다. 코에서는 큰 코, 넙적한 코, 코끝이 위를 향하는 코, 그리고 눈에서는 튀어나온 눈, 움푹 팬 눈, 퉁방울눈 같은 말을 사용해 새로운 분류를 덧붙였다는 점이다. 얼굴 형태는 별도로 하고 각 부위에서는 더욱 자세하게 구분하는 방향으로 나아갔다.

이어서 1924년(다이쇼 13)에 발행된 미스 유타카(三須裕)의 『화장미학』(化粧美學)을 보기로 하자. 저자는 미쓰코시(三越) 백화점 선전부를 거쳐 다이쇼 7년에 시세이도(資生堂) 의장부(意匠部)로 옮겨 이 책을 집필한 후 당시 최대 회사였던 클럽화장품(Club Cosmetics) 본점 나카야마타이요도(中山太陽堂)의 나카야마문화연구소로 옮기는 과정에서 잡지, 단행본 등의 집필활동을 폭넓게 하고 있었다.

미스 유타카는 화장의 의의를 이렇게 말한다.

문명이 진보함에 따라 사람들이 화장을 하고 또 화장품을 사랑하는 것은, 문명인일수록 사람이 태어나면서 갖고 있는 "아름다운 것을 사랑하는" 심정이 강하기 때문입니다. …… 그러므로 누가 뭐래도 산간벽지 사람보다는 도회인이 아름답고 또 그만큼 아름다워지기 위한 화장에도 능숙하다는 실제와 합치하는 것입니다. 여성은 왜 아름다워야만 할까, 그런 것은 문제로 삼는다는 게 더 촌스러울 뿐이고, 누구나 아름다운 사람을 좋아하기 때문에 어쩔 수 없는 일입니다. …… 그러나 나는 화장이라는 것을 그렇게 귀찮게 생각하고 싶지는 않습니다. 저는 화장이란 여자가 아름다워지기 위한 것 …… 이라고, 이렇게 간단히 생각하기 때문에 …… 따라서 저의 화장법은 아름다워진다는 것이 목표(모토)이고 그것에 의해 여자가 아름다워지는 것이 자연스럽게 여자의 교양이 되고 예의가 되고 품격을 높이고 또 위생적이며, 게다가 기분도 좋아지게 하는 것이라고 말하고 싶습니다.

이렇게 아름다움을 사랑하고, 아름다움을 추구하는 것은 너무도 당연하여 논의의 여지가 없는 거라고 말한다.

아름다워지기 위한 화장에는 두 가지 준비가 필요합니다. 하나는 내면적인 준비이고 또 하나는 외면적인 준비입니다.

이렇게 말하면서 또 "화장의 내면적인 준비"로서 "체형의 미화와 화장", "휴식과 수면", "영양과 신진대사", "기분에 의한 미화"에 대해 말하고 있다.

미의식을 말하고 있는 「얼굴에 따른 화장과 손질」 장에서는 "낮은 코-큰 코-들창코-뾰족한 코-작은 코-콧날이 짧은 코-너무 높은 코-빨간 코의 손질 - 큰 입 - 작은 입 - 두꺼운 입술-뾰족한 입술-입술연지-거칠어진 입술 - 냄새나는 입 - 입의 표정"이라는 항목으로 나뉘어 설명하고 있다. 그러나 눈은 포함되어 있지 않으며, 다른 장에서 '눈의 미화'로서 "작은 눈-움푹 팬 눈-내려간 눈-올라간 눈-무서운 눈-튀어나온 눈-눈의 틈새를 고치는 방법-눈썹과 눈 사이가 좁은 것-눈썹과 눈 사이가 너무 넓은 것-눈 주위가 검은 것"으로 정리하고 있다. 눈 항목이 장(章)으로 독립되어 있어 중요도가 더욱 높아졌다는 것을 보여준다.

또한 코와 눈을 포착하는 방법이 더욱 세밀하게 인식되었다. 예컨대 앞에서 말한 『미장』에는 없었던 "뾰족한 코", "콧날이 짧은 코", "너무 높은 코"가 등장하고 "움푹 팬 눈", "눈 주위가 검은 것"이 더해졌다. 얼굴의 각 부위에 대한 분류가 더욱 세밀해졌다는 것을 알 수 있다.

마찬가지로 이마에 대해서도 '넓다', '좁다'만이 아니라 "튀어나온 이마"가 더해지고 "튀어나온 광대뼈"라는, 몽골인종에게 특징적인 부분까지 신경을 쓰게 된다. 그러나 얼굴 모양은 여전히 '둥근 얼굴', '긴 얼굴'이라는 두 종류밖에 없다. 또한 "속눈썹의 먹물"이라는 항목에서 "눈을 뚜렷하게 하기 위해 앞에서 말한 눈 손질 외에 눈썹을 그려넣고 또 속눈썹에 먹물을 칠하면 좋습니다. 그러므로 눈 주위에 연지를 바른 후 먹으로 적당히 눈썹을 그려넣고 나서 그 나머지 먹으로 속눈썹을 새로 그리면 대개의 경우 눈은 크고 맑아 보입니다. 이것은 낮의 화장으로는 조금 딱딱하게 보일지 모르겠습니다만 밤의 화장으로는 상당히 좋습니다."고 하여 요즘 말하는 아이라인 화장법을 소개하고 있다.

새로운 항목으로는 표정에 관한 장과 이(齒)에 관한 장이 있다. 표정에 대해서는 제6장에서 다루기 때문에 여기서는 생략하기로 하고 「이의 미화」 장을 살펴보기로 하자.

아무리 입가가 아름다워도 이가 더럽다거나 가지런하지 못하면 어쩔 수가 없습니다. …… 이른바 뻐드렁니가 있어서는 안 됩니다. 뻐드렁니를 교정하는 것은 빠르면 빠를수록 좋은데, 대개 열두세 살에서 열대여섯 살까지 하는 것이 제일 편하게 할 수 있는 방법입니다. 그건 그렇고 일본인은 서양인에 비해 뻐드렁니가 좀더 많습니다만, 심한 뻐드렁니는 미인을 엉망으로 만들어버리기 때문에 꼭 교정해야 합니다.

이렇게 이에 대해서는 상당히 진보적으로 말하고 있기는 하다. 그러나 자세히 읽어보면 뻐드렁니라는 말이 나오기는 하지만 치열 전체의 인상을 말했을 뿐 구체성은 부족하다. 물론 '치열'이라는 말조차 사용하지 않고 덧니라는 말도 나오지 않는다. 「이의 미화」라는 장은 3페이지 분량인데, 앞에서 인용한 부분은 채 1페이지도 안 된다. 나머지는 충치를 예방하기 위해 이를 닦고 청결히 하는 것과 이의 색이 누렇게 되어서는 안 되기 때문에 잘 닦으라는 내용이다. 하지만 하얗게 만들어라, 하얀 이가 좋다는 식으로 '하얀'이라는 말을 사용한 표현은 전혀 보이지 않는다. 아직도 이에 대한 의식은 낮다고 판단하지 않을 수 없는 상황이었던 듯하다.

『화장 미학』이 나오고 몇 년 후에 미용사인 엔도 하쓰코(遠藤波津子)가 『올바른 화장과 옷매무시』[42]를 집필하는데, 내용적으로는 『화장 미학』과 그다지 다르지 않고 특별히 새로운 것도 없다.

쇼와 시대에 접어들면 긴자(銀座) 미용원의 원장인 하야세 기미코(早見君子)가 『몰라볼 정도로 아름다워지는 미용법과 결발』[43]이라는 책을 쓴다. 눈에 띄는 점은 "둥근 얼굴"이라는 말을 "짧은 얼굴"로, "긴 얼굴"이라는 말을 "가는 얼굴"로 바꿨다거나, "턱이 나온 사람", "턱이 작은 사람", "콧방울이 큰 사람", "뼈만 앙상한 코", "눈과 눈 사이가 먼 사람", "눈 사이가 너무 가까운 사람" 등의 말이 보이는 것처럼 새로운 관점이 더해져 있다는 것, 그리고 입술 부분에서는 일본인과 서양인의 입술을 비교했을 때 옆얼굴의 선(프로필)을 의식하고 있다는 점 등이다.

서양인의 입술은 주로 코 선과 연결되어 있어 윗입술 끝까지 한 줄로 이어지고 조용히 윗입술과 평행 또는 대부분의 경우 아래로 들어간 아랫입술과 함께 가만히 입으로 나옵니다. 그리고 아랫입술의 중앙 끝에서 턱, 목에 걸쳐 한 줄로 이어져 완만히 흐르듯이 가슴 선으로 빨려 들어가는 것같이 보입니다.

요즘에는 서양인의 그것에 상당히 가까운 일본인도 눈에 띕니다. 하지만 대체로 서양인만큼 선이 선명하지는 않습니다. 비교적 현대적인 새로운 얼굴은 위와 같이 선이 선명하고, 예전 같은 평범한 얼굴은 코에서 입, 입에서 턱에 걸친 선이 선명하지 않다고 할 수 있습니다.

이처럼 입술 자체의 형태를 논의하는 것이 아니며 프로필이나 옆얼굴이라는 말도 사용하지 않는데, 내용적으로는 현재의 치과 교정에서 때때로 사용하는 E라인(에스테틱 라인)과도 통하는 이야기다.

또한 이에 대해서도 「이의 손질과 금니」 장에서 이렇게 말하고 있다.

일본 여성은 입가가 선명하지 않다고 외국인은 말한답니다. 그리고 외국에 오래 가 있던 사람이 귀국하면 여자의 이가 지저분한 것, 건강하지 못한 이가 많은 것, 금니가 많은 것을 금방 알 수 있다고 합니다.

우리가 봐도 아름답게 이를 닦는 사람이나 손질하는 사람은 적은 것 같습니다. 옛 여성은 입을 크게 벌리고 웃는 일은 여자답지 않다고 하여 소맷자락을 대고 웃거나 손으로 가리고 웃거나 하여 기쁜 표정조차 마음대로 내지 못했습니다만 지금은 밝고 환하게 웃는 것이 오히려 현대의 여성다운 모습입니다. 따라서 이도 많이 드러내게 되니까 이 손질은 충분히 해두지 않으면 안 됩니다.

오늘날에는 의술이 굉장히 발달했기 때문에 형태가 나쁜 뻐드렁니나 덧니도 어렸을 때, 즉 열두 살에서 열일곱 살 정도까지라면 완전히 교정할 수 있습니다. 그러니 조금 이상한 이를 가졌다면 빨리 치과의사를 찾아가 상담을 하는 게 좋습니다.

여기서는 『화장 미학』보다 한 발짝 더 나아간 의견을 말하고 있다. 다만 유감스러운 것은 이 책이 나온 지 60년 이상이나 지났는데도 이에 대한 일본인의 미의식이나 나쁜 치열은 전혀 변하지 않았다는 사실이다.

얼굴의 근대화

메이지 중엽이 되면 미인 그림엽서 같은 것이 등장하고 요시와라(吉原 : 에도에 있던 유곽 지역-역주)의 오이란(花魁 : 에도 시대 요시와라에서 최상위의 유녀-역주) 같은 미인을 표현하는 시각 매스미디어가 니시키에(錦繪 : 풍속화인 다색도의 판화-역주) 등의 인쇄물에서 사진으로 이행한다. 물론 사진은 얼굴을 사실적으로 표현해준다.

그때까지 우키요에 같은 양식화된 미인상이 무너지고 미인상은 개별적이고 구체적인 의식으로 옮겨간다. 개개인의 얼굴이 사실적으로 표현되기에 이른 것이다. 물론 너무 수정하지 않는 것이 조건이긴 했다.

당시의 미녀 사진을 보면 표정이 부족하며 대부분 입을 다물고 있는 것을 알 수 있다. 게다가 백분을 듬뿍 바르고 입술연지를 바른 모습은 우키요에의 분위기를 풍긴다. 특히 입술연지를 아랫입술에만 조그맣게 바른 사진을 보면 마치 우키요에를, 사진으로 찍은 것처럼 느껴진다.

메이지 중엽의 미인 사진이라는 '료운카쿠 백미인'(凌雲閣百美人 : 도쿄의 예기가 모델)이나 메이지 말기에 행해진 "미모를 직업의 재료로" 삼지 않은 여성을 대상으로 했다. 미인 사진을 모아놓은 『일본 미인첩』(日本美人帖, 1907)을 봐도 마찬가지다. 카메라맨이 미인을 찍는 각도는 여러 가지로 풍부한데도, 사진에 담긴 미인의 표정은 어떤 사람이나 거의 같다는 것을 알 수 있다. 메이지의 얼굴은 그 이전의 우키요에 판화라는, 사실성(事實性)이 부족한 표현에서 바로 사진이라는 표현 자체를 도입하게 되었지만, 거기에 찍힌 것은 헤어스타일을 제외하면 얼굴의 표정이 부족하여 우키요에에 등장하는 얼굴과 그다지 다르지 않았다. 이것은 희로애락 등 감정의 변화를 얼굴에 드러내는 것이 상스럽다고 생각되었던 것과도 일맥상통하는 미의식이다.

다이쇼 시대부터 쇼와 시대에 걸쳐 외국 영화의 영향이나 서양 옷이 일부 보급되자 점차 얼굴의 표현력이 늘고 표정을 요구받게

된다. 그 결과 영화에 나오는 여배우의 사진에는, 쉽게 친숙해질 수 있도록 웃고 있는 표정이 늘어나게 된다. 또한 여배우를 '일본적 미인', '이국적인 미인' 등으로 분류하고 쌍꺼풀이 미의 한 요소로 등장한다. 헤어스타일의 첨단적인 유행은 속발(束髮)에서 미미가쿠시(耳隱し)*, 단발로 변해가면서 모보 · 모거의 시대로 돌입한다. 당시의 사진을 분석해보면 머리의 웨이브화, 쇼트화 그리고 얼굴의 아름다움에서 눈이라는 포인트가 더해졌다는 것을 알 수 있다. 그리고 적극적으로 눈을, 그것도 맑고 큰 눈을 좋아하는 의식이 생겨났다. 미의 기준이 짝 찢어진 눈에서 쌍꺼풀이 있는 큰 눈으로 변하기 시작한 것도 이 시기다.

하지만 현실적으로 전통적인 미의식이 사라지고 새로운 미의식이 형성되는 것은 제2차 세계대전 후다. 여기서도 전쟁이 미의식의 발달을 막았다.

전쟁과 화장

다이쇼 시대에서 쇼와 초기에 걸쳐 모보 · 보거가 등장하고 패션이나 화장, 헤어스타일에 커다란 변화가 일어 대중화하는 것으로 보였지만, 그 후 군국주의가 대두함으로써 다시 예전으로 돌아가고 말았다. 전후의 혼란기를 포함하면 20년 가까이, 패션의 움직임은 멈추고 말았다. 공백기였던 셈이다. 그러나 그 사이

> **미미가쿠시**
> 귀가 가려지도록 다듬은 여성의 머리 모양으로, 1921년(다이쇼 10) 무렵에 유행했다.

의 규제 방법에서 규제한 측의 화장관을 감지할 수 있다. 특히 제2차 세계대전 중에 있던 일본과 미국이 화장과 화장품을 어떻게 취급했는지를 비교하면 그 차이는 명확해진다.

일본은 1937년(쇼와 12) 7월 7일에 루거우차오사건(蘆溝橋事件)을 구실로 중국을 침략했다. 이듬해인 1938년 4월 1일에 국가총동원법이 공포되어 풍속 일반에 대한 압력은 서서히 강해졌다. 그 무렵의 사진 잡지를 보면, 벌써「창공을 나는 군국 소녀 — 항공부인회의 글라이더 훈련」[44],「바늘 끝에 어린 후방의 성원」[45] 등 어딘가 수상쩍음이 감돌고 있다.

파마머리가 일반에 보급되기 시작한 것은 1935년경이었다고 하는데, 거의 같은 무렵부터 파마머리에 대한 반발이 나오기 시작했다. "머리 위가 까치집", "외국풍에 물들어 일본 본래의 아름다운 머리를 잊고 있다."고 하는 정도에서 점차 "파마머리를 하지 맙시다!", "까치집이여, 안녕, 파마머리 자숙형(自肅型)"의 헤어스타일이 신문에 소개되었을 뿐만 아니라 1938년 1월에는 경시청에서 도쿄의 업자에 대해 파마머리를 자숙하도록 하는 통고를 했고, 이 듬해인 1939년 6월에는 국민정신총동원연맹위원회에서 제3조의 8규약에 "파마머리, 기타 실속 없이 겉만 화려한 복장과 화장의 폐지"라는 항목이 들어갔고 파마머리에 대한 비난은 점점 더 강해졌다.

1940년(쇼와 15) 7월에는 '7·7금지령'이 나와 반지, 목걸이, 넥타이, 은제품, 비단, 레이스, 상아제품 등 사치품의 제조와 판매가 금지되었고, 동시에 전국적으로 파마를 자숙하라는 발령이 내려

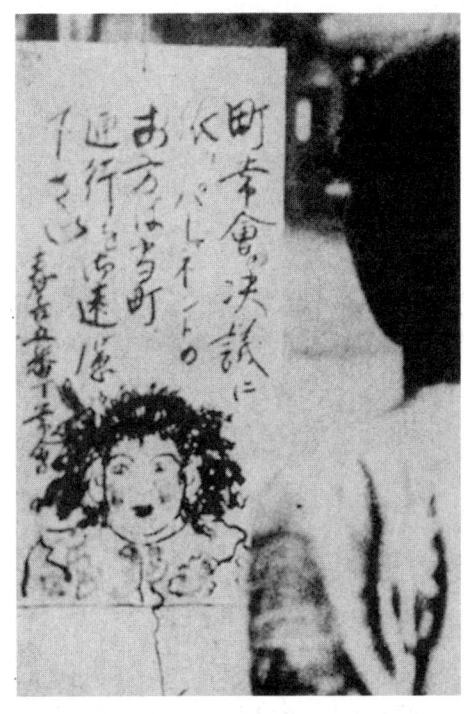

파마를 거리에서 추방하는 간판
(1939년 6월 6일)

졌다. 더욱이 1941년 12월에는 기업 허가령이 공포되어 전쟁 수
행에 관계없는 산업은 모두 정리되었다. 파마는 전력을 많이 사용
하기 때문에 1943년(쇼와 18) 8월이 되자 그때까지 인정되고 있던
전기탕비기(電氣湯沸器), 타월찜기, 드라이어, 전기다리미 등을 미용
실에서 사용할 수 없게 했다.

또한 화장품도 사치품으로 간주되어 '7·7금지령'으로 정가가
5엔 이상인 향수의 제조와 판매가 금지되었고 "금·주석·놋쇠
등을 라벨·포장·마개·덮개·튜브 등에 사용하는 것"도 모두
금지되었다. 원료 조달도 뜻대로 되지 않았고 공장의 제조 요원의

확보도 어려워졌다. 원료의 공급은 매약부외품(賣藥部外品 : 지금의 의학부외품—역주)으로서 허가를 받은 사람 외에는 받을 수 없게 되었다. 화장품의 제조 중지 품목이 많아지는 한편, 화장품 대신 매약부외품 같은 연고 등을 제조하는 회사가 늘어났다. 그 결과 점차 품질이 조잡한 화장품이 많아졌고 제조량도 격감했다.

예컨대 『POLA 이야기』(POLA物語, 1980)에 따르면, 폴라화장품도 1944년(쇼와 19) 8월에 친화성 연고 제품의 제조에 성공한 것을 계기로 회사명을 '폴라화성공업주식회사'(ポーラ化成工業株式會社)로 변경했고 방충크림, 동상(凍傷) 연고, 창상(創傷) 연고 등을 제조하여 해군에 납품하게 되었다고 한다. 시세이도 등의 회사 역사를 보면 각 제조사가 얼마나 고생했는지를 엿볼 수도 있다.

한편 "익찬(翼贊)* 미인은 골반이 넓은 여성"이라는 것처럼 나라를 위해서는 "낳으라, 늘려라"는 것이 가장 우선시되는 한편, 화장, 헤어스타일, 복장에 대한 규제, 또는 그것들에 대한 조나이카이(町內會)**나 여러 단체로부터의 비난 그리고 국민복, 익찬머리(翼贊髮) 등 의복이나 헤어스타일의 획일화로 자유가 박탈되어 갔다. 바로 '사치는 적'이 되었던 것이다.

따라서 전쟁이 끝난 다음 해인 1946년(쇼와 21)에는 다음과 같은 광고가 등장하기에 이른다.

전쟁 중에는 화장품의 제조를 중지함으로써 애용하시던 여러분께 본의 아니게 불편을 끼쳐드렸

익찬
힘을 합쳐 도와주는 것. 특히 천황의 정치를 보좌하는 것을 말함.

조나이카이
마을 내에 조직되었던 주민 자치조직. 제2차 세계대전 중에 제도화되어 도나리구미(隣組)를 하위조직으로 하여 주민통제의 일단을 담당했다.

습니다.

아름답게 꾸미는 것을 봉쇄한 세상은 대체 어떤 것이었을까요. 여성의 소양은 "자신을 사랑해주는 사람을 위해 머리를 빗는" 것일 뿐만 아니라, 세상을 밝고 따뜻하게 하는 사회적 필요라는 것을 분명히 확인했습니다.

저희 회사에서는 지금 어떤 어려움을 겪더라도 예전보다 나은 화장품을 내놓으려고 정신없이 일하고 있습니다.

곧 시장에서 대량으로 보시게 될 날까지 잠시 기다려주시기 바랍니다.

— 이오스 화장품, 폴리곤 화장품, 도신 화장품, 레시볼 화장품, 그리슨 화장품, 코로나 화장품, 유니 화장품, 몽코코 화장품, 스잔나 화장품

화장품 제조사로서 다소의 과장은 있다고 해도 전쟁 중인 일본의 화장품 현황을 엿볼 수 있는 대목이다.

미국에서도 일본과 마찬가지로 일시적으로 화장품 업계에 대한 규제가 있었다. 그러나 그 양상은 전혀 달랐다. 1942년 6월, 전시 생산국이 필요도에 따른 화장품의 독단적인 분류를 공포하고 엄격하게 생산을 제한했다. 그러나 10월에 그 명령은 철회되었고, 당국은 여성에게 스킨크림과 마스카라가 비교적 중요하다는 결정을 내려 그것을 보완했다. 철회된 이유는 여성의 생산 의욕을 높이기 위해 어느 정도 피부의 손질이나 메이크업은 빼놓을 수 없다고 보았기 때문이다.

이 규제 이전의 《뉴욕타임스》에 따르면, 전시의 화장에 대해 몇 사람에게 인터뷰를 했는데 그중에서 이아고 갈드스톤(Iago Galdston) 박사는, 화장은 남성 흡연자의 파이프처럼 여성의 사기에 불가결한 것이고, 이것을 금지하면 이 나라에서 수백만 달러의 가치가 있는 유효한 것이 감소해버린다고 생각했다. 일본에서는 화장을 사치라고 하여 참도록 하거나 부정한 것에 비해 미국에서는 현실적인 효용을 인정하고 이기기 위해 화장을 이용한 것이다.

영국도 이와 마찬가지였는데, 《더 퀸》의 미용 담당 기자는 "군대에서 일하는 여성이나 공무원이 재빠르고 간단히 사용할 수 있으며 장시간 화장이 망가지지 않는 맥스팩터의 팬케이크 화장에 특별한 관심을 기울이게 된다."고까지 적고 있다. 공급 제한이 발생해도 여성들은 높은 기능을 갖는 화장품에는 특별한 주의를 기울였던 것 같다.

내친 김에 전쟁 중의 물품 부족 이야기도 덧붙여본다. 먼저 다음의 영화 장면을 떠올려보자. 제2차 세계대전 중 나치가 점령하고 있던 파리의 극장에서 일어난 이야기를 다룬 영화 『마지막 지하철』[46]에는 다음과 같은 장면이 있다.

A : 이번에 스타킹을 구하면 가져올게요.

B : 당신은 필요하지 않으세요, 나딘느?

N : 그야 갖고 싶지만 전 돈이 없으니까요.

B : (다리를 보면서) 농담이죠?

N : 하하하, 아니에요, 다리에 색칠을 한 거예요.(다리를 내민다. 허

벅지 부근에 칠한 데에 갈라진 곳이 보인다.)

A : 나도 그래요.

N : 정말 공들였네요, 꿰맨 줄까지 넣어서.

B : 진짜 같아요.

A : 연필로 그렸어요.

이것이 바로 전시의 스타킹 부족 문제를 해결하는 비교적 값싼 방법이었다.

1943년에 발행된 『굿하우스키핑』(*Good Housekeeping*)에도 "다리 화장을 잘 하는 방법과 지우는 방법"이 소개되어 있다. 상당히 고생했던 것 같다. 시작하기 전의 주의사항에서부터 씻어내 지우는 방법까지 아홉 항목에 걸쳐 소개되어 있다. 칠에 얼룩이 지지 않도록, 설령 얼룩이 지더라도 고치지 않도록, 고치면 오히려 얼룩이 더 심해지니까, 또는 비가 올 때 빗물이 튀어 화장이 떨어져 반점이 되지 않도록, 그렇게 되었을 경우 …… 등 여러 가지 사항에 신경을 써야 했다. 이 작업이 힘들었기 때문인지 결국 다리 위로 터는 백분이 들어간 장갑까지 팔았다.

어쨌든 이 일은 성가시고 무척 힘들었으므로 나중에 나온 나일론 스타킹은 환영을 받을 수밖에 없었다.

4 장

제2차 세계대전 후의 얼굴과 화장

제2차 세계대전이 끝나고 벌써 60년이 지났다. 그동안 수많은 지역적인 민족 분쟁을 곁눈질하면서 일본은 물질적으로는 세계의 정상에 올라섰다. 젊은이를 중심으로 한 대중 문화가 발달했고 그 파도는 중장년, 나아가서는 고령자에게까지 영향을 미치기 시작했다.

표면적으로는 메이지 시대로부터 전통적인 미의식에서 해방되기 시작했고, 최종적으로는 외모만 봐서는 일본인다움을 찾기 어려운 사람들이 등장하기에 이르렀다. 머리 염색이나 파마는 물론이고 컬러 콘택트렌즈까지 발달하여 눈동자의 색깔까지 자유롭게 선택할 수 있는 시대가 되었다. 성형외과의 세계에서는 뼈까지 가공하여 타고난 특징을 소거하려는 사람도 꽤 있는 것 같다.

한편 어떤 모습을 하건 외국인의 눈으로 보면 일본인이라는 틀에서 전혀 벗어날 수 없다는 지적을 받는 일도 흔히 있다.

먼저 자유도(degree of freedom : 주어진 조건 하에서 자유롭게 변화할 수 있는 점수-역주)를 얻는 과정을 돌아보기로 하자.

서구 지향

아메리칸 스타일의 등장

1945년 제2차 세계대전이 끝나고 주둔군 문화가 들어오자 전후의 메이크업 역사는 미국의 화장법을 모방하는 데서 시작되었다.

전전(戰前)의 메이크업은 일반적으로 먼저 배니싱크림(vanishing cream)을 바르고 그 위에 가루분이나 액체로 된 분을 바르고, 입술연지를 바르고, 눈썹을 그리는 정도였다. 1940년에 발행된 미용서 『정용』(整容)[47]에서도 "이것은 화장수와 무지방성 크림(배니싱 크림)을 기초로 하고 그 위에 가루분을 발라 끝내는 화장법이 가장 일반적으로 행해지고 있습니다."고 하여 '가장 일반적인 분화장'을 맨 먼저 쓰고 있다. 따라서 지금의 기준에서 보면 마무리는 광택이 적은 일본 특유의 것이었다.

미국의 화장법을 모방한 것의 전형은 온리*나 팡팡**이라 불린 여성들의 메이크업이었다. 그것은 기초화장으로서 바탕에 유성 콜드크림을 바르고 그 위에 노란 가루분을 발라 광택을 드러내며, 포인트메이크업으로는 새빨간 입술연지, 검정과 갈색 등

온리
온리(only)는 제2차 세계대전 후 일본에서 특정한 외국인 한 사람을 상대로 했던 매춘부를 가리킨다.

팡팡
제2차 세계대전 후 일본에서 주둔군 병사를 상대로 한 창녀. 팡팡걸이라고도 했다.

의 아이섀도를 쓰는 방법이었다.

1950년에 발행된 미용서 『미용과 작법』(美容と作法)에는 이러한 풍속을 다음과 같이 비판하고 있다.

최근의 풍조로서 눈에 띄는 것은 입술연지가 진해졌다는 사실입니다. …… 어느 한여름의 오후, 세 명의 아가씨가 전차를 기다리고 있었습니다. …… 복장이나 장신구는 그저 그랬습니다만, 얼굴은 어떤가 하고 봤더니 이건 뭐 미리 짜기라도 한 듯이 입술에 온통 새빨간 입술연지를 덕지덕지 칠해놓았습니다. 이것이 얼마나 사람들의 눈을 끌었는지 전차에 타자 안에 있던 사람들이 모두 그 아가씨들의 입 언저리만 쳐다보는 것이었습니다. "뭐야, 요즘 아가씨들은 식인종 같잖아, 저런 걸 예쁘다고 생각하고 득의양양하게 걸어 다니니 원, 참을 수가 없다니까" 하고 옆에 있는 젊은 젠틀맨이 중얼거리지도 않고 그냥 크게 말했습니다.

이런 비난이나 비판은 여러 군데서 보였다. 그러나 콜드크림이나 올리브유를 바르는 이 새로운 방법은 '반짝이는 화장법'이라 불렸는데, "주둔군 여성들에게서도 자주 보이는 화장법으로 생생하고 자연스러운 느낌이 들어 좋아들 한다."[48]고 씌어 있다.

또한 『슈후노토모』(主婦之友, 1950년 11월호)의 「미용 체험과 화장 비결집」이라는 특집에서도 '반짝이는 화장' 항목이 만들어져 다음과 같이 설명되어 있다.

마무리를 한 후 "한 시간 안에 분이 바탕의 기름에 딱 알맞게

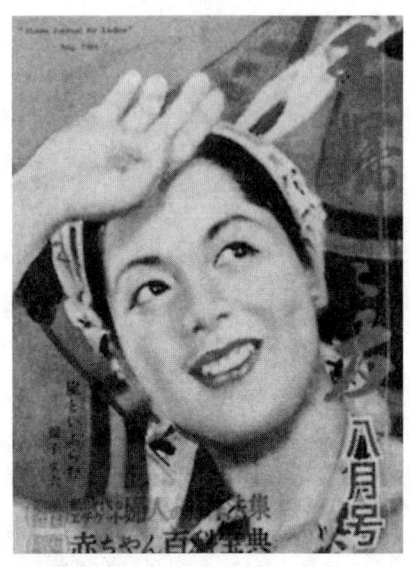

빨간 입술연지를 바른 여성이 표지를
장식하고 있다(『主婦之友』,
1949년 8월호)

스며들어 피부가 아름답게 빛납니다. 이 경우 입술연지는 좀 진하
다고 생각될 정도로 선명하게 발라주세요."

그리고 이 화장법의 자세한 방법에 대해서는 『류코쓰신』(流行通
信, 1983년 9월호)에 실린 작가 미쓰세 류(光瀬龍)의 글에서 인용한다(당
시 그는 연합군 전용의 백화점 안에 있는 미용실에서 아르바이트를 했다고
한다).

거기서 하고 있던 화장법은 미국에서 가장 새로운 것으로 헐리웃에
서도 널리 쓰인다는 것이었다. "얼굴 피부의 반사율을 높여 얼굴이 반
짝반짝하게 하는 거예요. 알겠어요? 지금까지처럼 그냥 백분이나 크
림을 바르기만 한다고 되는 게 아니에요. 하지만 빛을 반사하기만 해

서는 안 돼요. 아름답게 보이기 위해서 필요한 빛은 반사하고 그렇지 않은 광선은 반대로 흡수하는 거예요. 그래서 피부 안쪽에서 빛이 새어나오는 것처럼 안색이 생생하게 보이는 거예요.

"최근에는 콜드크림을 기초화장에 사용하는 것이 유행"[49]이라고 한 것처럼, 이 방법은 일반에 보급되었고 1950년대 중반에 나온 미용서에도 기재되는 등 오랫동안 지지를 받았던 것 같다.

미국의 영향은 반짝이는 화장법만이 아니었다. 앞에서 언급한 특집기사에 따르면 파운데이션크림 화장법, 크림스틱 화장법, 그리스페인트(grease paint) 화장법, 케이크 화장법 등을 낳았고, 이전에는 그다지 보이지 않았던 유성 기초화장 재료가 사용되었다.

한편 당시 포인트메이크업으로는 입술연지가 중심이었다. "입술연지는 밝은 계통을 쓰고 화장의 중심을 입술에 둡니다."[50] "오늘날의 화장은 입술에 포인트를 주고 있다고 해도 좋을 만큼 입술연지를 바르는 방법을 고려합니다."[51] 바르는 방법도 "립펜슬로 입술의 윤곽을 확실하게 그립니다."[52] 하는 식의 방법이 일반적이었고 얼굴 모양이나 입술의 두께, 형태에 따라 차이가 있었다. 흥미로운 것은 "또한 입술연지는 식사한 뒤에는 반드시 거울을 보고 고치거나 전부 닦아내고 다시 바르는 것이 좋습니다."[53] 하는 식으로 에티켓까지 실려 있었다는 점이다.

또 흥미로운 자료가 있어 소개한다. 『여성의 풍속』[54]에 따르면, 놀랍게도 제2차 세계대전 직후인 1947년 7월 5일 오후 3시 반부터 30분간 긴자의 코롬방(colombin : 1924년에 문을 연 양과자점, 지금은 주식회사 코롬방—역주) 앞을 지나간 155명 중 맨얼굴인 사람은 단 35명이었고 103명이 엷은 화장, 17명이 짙은 화장을 한 상태였다고 한다. 화장을 한 사람들 중 입술연지만이 두드러진 사람은 26명, 눈썹과 입술연지가 두드러진 사람은 25명, 눈썹만 두드러진 사람은 9명, 볼연지만 두드러진 사람은 5명이었다. 1947년, 즉 쇼와 22년은 화장품이 풍부하지 않았을 텐데도 셋 중 한 사람 꼴로 입술연지를 발랐던 것이다.

또한 볼연지에 대해서는 이렇게 씌어 있다.

"볼연지는 타고난 혈색과 똑같이 보일 만큼 자연스럽게 발라야 합니다."(『主婦之友』, 1949년 12월호)

"볼연지는 건강함을 드러내기 위해 바릅니다."(『美容』)

"입술연지는 얼굴에 입체감을 주고 얼굴 모양의 결점을 보완하여 표준형인 타원형에 가깝게 보이기 위해, 그리고 안색이 맑지 않은 분들의 피부를 생생하게 보이도록 하기 위해 사용합니다."(『主婦之友』, 1950년 11월호)

이처럼 일단 건강하게 보이도록 하기 위해서, 그리고 수정화장의 범위에서 사용되었던 것이다.

매스미디어의 영향

영화의 힘

1950년대에 접어들어 영화나 음악이 유행하자 미국 스타일이 한층 심해졌고 피부색의 선택폭도 확대되기 시작했다. 머리에서도 쇼트보브컷이 등장했고 보이쉬한 스타일이 지지를 받는 등 파운데이션을 포함해 여성 쪽에서부터 남녀의 벽을 무너뜨리기 시작했다.

1940년대 후반에 시작된 화장품의 미국 지향은 1950년대에 들어서고 나서도 계속되었다. 그러한 양상은 잡지에 게재된 광고 문구에서도 찾아볼 수 있다.

"미국은 지금 유성 화장의 전성기"(『主婦之友』, 1951년 7월호)

"지금 미국에서 크게 유행하는 맨얼굴 화장 재료"(『主婦之友』, 1951년 9월호)

"미국의 모든 스타들이 사용하고 있습니다"(『主婦之友』, 1952년 5월호)

"미국의 강력한 새로운 맨살·배합"(『主婦之友』, 1952년 11월호)

한편 당시 전성기를 맞이한 영화가 패션이나 풍속에 끼친 영향도 무시할 수 없다. 특히 영화배우에 대한 동경은 대단했다. 배우와 같은 모습을 하고 싶다는 마음이 헵번커트나 마치코마키(眞知子卷き)*를 유행시킨 일은 잘 알려진 사실이다.

> **마치코마키**
> 숄을 머리에 쓰고 끝을 머리에 감는 스타일. 1953년(쇼와 28)에 상영된 영화 『너의 이름은』(君の名は)의 주인공 마치코의 이 스타일이 유행했다.

가늘고 긴 눈썹에 새빨간 입술연지
(일본 최초 총천연색 영화
『카르멘, 고향에 돌아오다』의 포스터)

　물론 헵번커트는 영화 『로마의 휴일』(*Roman Holiday*, 1953)과 『사
브리나』(*Sabrina*, 1954)에서 주연한 오드리 헵번(Audrey Hepburn,
1929~1993)의 헤어스타일이다. 전후가 되자 그때까지 금지되었던
파마가 일반화되었고, 새로운 웨이브의 매력을 만끽한 세대의 다
음 세대 여성들은 윗세대의 상징인 파마와는 다른 헤어스타일을
요구하기 시작했던 것이다. 여성의 단발은 메이지 초기와 다이쇼
에서 쇼와에 걸친 모보·모거의 시대에 일부 여성들 사이에서 행
해졌는데, 그렇다고 누구나 자유롭게 선택할 수 있는 것은 아니었
다. 이 헵번커트는 일본 여성의 헤어스타일의 쇼트화를 본격적으
로 촉진했고, 그 후 헤어스타일의 유행에 큰 영향을 끼쳤다.

　그런데 헐리웃 영화만이 아니라 1951년부터 상영된 일본의 천
연색(컬러) 영화의 등장도 화장에 커다란 영향을 주었다. 그 관련
성은 잡지에 실린 미용 기사나 광고 문구에서 찾아볼 수 있다.

"헐리웃에서 가장 인기 있는 여배우 아홉 명의 미용 비결!"(『主婦之友』, 1951년 6월호)

"선명한 총천연색 영화의 화장이 당신의 얼굴에 나타난다!"(「파운데이션」『主婦之友』, 1951년 9월호)

"천연색 화장의 꿈이 당신의 손끝에서 탄생한다!"(『主婦之友』, 1952년 5월호)

"미인 스타 열 명의 아름다운 피부와 평소 화장의 비밀 공개!"(『主婦之友』, 1953년 4월)

그러나 당시의 영화 필름 기술은 지금과 비교하면 아직 미숙하여 피부색이 분홍빛으로 비쳤는데, 부자연스러움을 느끼면서도 분홍색은 점차 동경의 대상이 되었다.

이리하여 메이크업의 유행은 영화의 영향을 크게 받으면서 구체적으로는 핑크화장이라 불리는 방향으로 나아갔다. 핑크화장이란 한 마디로 말해 기초화장에 핑크 계통을 쓰는 것을 의미했다.

1950년에 출판된 미용서에서 "요즘 유행하는 색은 밝은 핑크 계통인데 일본인의 피부는 노란 빛을 띠기 때문에 백인처럼 핑크 계통은 어울리지 않습니다."[55]라는 핑크 부정의 시대에서 "금방할 수 있는 핑크화장 …… 요즘 거리에서 보이는 아가씨들의 밝은 핑크색 화장을 아십니까?"[56]라는 표현을 거쳐 "핑크색을 주체로 하여 전체를 부드러운 분위기로 마무리하는 낭만적인 화장은 요즘의 유행 ……"[57]이라는 시대로 옮겨가 일반적으로 받아들여지게 되었다.

이 유행의 원인으로는, 앞에서 말한 영화 외에도 조명, 즉 형광등이 흔히 지적되고 있다. 이것은 "형광등 아래서도 아름다운 광택 색조 …… 형광등 아래서도 투명한 아름다움입니다."라는 1957년의 광고 문구에서 찾아볼 수 있다. 이미 직장이나 공공장소에 보급되기 시작했던, 연색성(演色性)*이 나쁜 형광등 때문에 당시 사람들이 무척 고생했다는 것을 짐작할 수 있다.

연색성이 나쁘다는 것은 낮의 자연광 아래서는 예쁜 피부로 보여도 형광등 아래서는 붉은 빛이 사라져 마치 죽은 사람처럼 흙빛으로 보이는 것을 말한다. 1960년대에 들어서도 마찬가지로 연색성을 다룬 광고 문구(1962년 시세이도 딜럭스 가루분)가 눈에 띄었다.

이러한 핑크 화장의 보급에 따라 "최근에는 볼을 붉게 하는 것은 유행하지 않고 또 젊은 사람은 혈색이 좋아 장밋빛 볼을 가진 사람이 많기 때문에 볼연지를 쓸 필요성은 거의 없습니다."[58]라고 한 것처럼 볼연지를 사용하지 않게 되었다. 이 경우는 핑크 계통의 기초화장 자체에 볼연지가 주는 효과가 있어 그 필요성이 희박해졌기 때문이다. 이러한 현상은 1970년대에 들어서까지 계속되었다.

연색성
광원에 따라 물체의 색감에 영향을 주는 현상. 예컨대 형광등의 경우 푸른 부분이 많으므로 흰빛이나 차가운 빛 계통의 물건을 뚜렷하게 보이게 한다.

눈 화장의 등장

20세기에 들어 서구에서 눈 화장이 유행한 것을 개괄하면 다음과 같다.

눈 화장이 발달하기 시작한 것은 1910년대에 들어서고 나서였다. 물론 그 이전, 그러니까 19세기 후반에는 아이섀도나 마스카라 등 눈 화장용 화장품이 등장했다. 그러나 그것이 발달하게 된 계기는 런던에서 러시아 발레단이 크게 성공을 거둔 일 때문이었다. 특히 디아길레프(Sergey Pavlovich Diaghilev, 1872~1929)의 『세헤라자데』(Scheherazade) 공연은 영향력이 컸는데, 일반인들이 인공 속눈썹 같은 무대화장을 받아들인 예로도 널리 인용되고 있다.

1920년대 후반의 잡지에는 아이섀도나 마스카라의 사용법이 실려 있는데, 보수적인 여성들은 보통 밤에만 마스카라나 눈썹 펜슬을 사용했다. 아이섀도는 "눈꺼풀이나 눈의 팬 곳에 발라 칙칙한 빛을 내기 위한 진한색 혼합물로", 그것을 사용하는 여성은 "점차 조롱을 당하게 되었다."고 분명히 말하고 있는 것처럼 아직 일반인들에게는 받아들여지지 않은 상태였다.

실제로 아이섀도나 마스카라가 주목을 받고 유행하기 시작한 것은 1930년대에 들어서고 나서다. 그 무렵에는 아이섀도나 마스카라를 복장의 색에 맞추었다. 그때까지는 눈동자의 색과 동일한 색의 눈 화장을 선택했다. 그리고 일반에 보급되어 대중화된 것은 1950년대에 접어들고 나서였다.

전후 일본에서 눈 화장이 유행한 것을 보면, 아이섀도에 대해서는 이렇게 설명하고 있다.

아이섀도는 대체로 '밤'에 사용하는 것으로 낮에는 결점을 감추는 정도에 그치고, 될수록 사용하지 않는 게 무난합니다.[59]

눈에 음영을 주어 얼굴을 입체적으로 보이게 하고 싶을 때 아이섀
도로 화장을 합니다. …… 일본인에게는 눈과 같은 계통의 진한 갈색
아이섀도가 무난하지만 블루그린 등도 야회(夜會)용으로 사용하면 무
척 아름답게 보입니다. …… 보통 실외나 실내에서는 될수록 눈에 띄
지 않는 정도로 바르는 것이 좋습니다.[60]

이처럼 일단 입체 화장을 권장하고 있기는 하지만, 실제로 사용
한다고 해도 수정 화장의 범위에서였던 것 같다.

1950년대 후반이 되자 「유행하는 화장 교실 — 눈과 눈썹 편」이
라는 『슈후노토모』 특집[61]이나 「아름다운 눈을 만드는 연구」에서
"백분을 바른 경우, 눈 화장을 하지 않으면 얼굴의 인상이 희미해
져버립니다."[62]라고 한 것처럼 눈에 주목한 기사가 두드러지기 시
작했다.

그 내용은 『젊은 여성』 1935년 3월호에 따르면 "졸업하여 처음
으로 화장을 하는, 즉 화장의 ABC"로서 "첫째로 크게 보여주기
위해 아이라인을 그려 넣습니다. 이것은 검은 눈썹펜슬 끝을 날카
롭게 깎아 …… 선을 그려 넣고 ……. 다음으로 속눈썹이 엷은 사
람은 마스카라를 칠하고 아이라쉬 컬러(속눈썹을 위로 올리는 도구)
로 위로 올립니다. 그리고 위 눈꺼풀이 부풀어 오른 사람은 갈색
아이섀도를 얇게 발라주세요."라는 것이 일반적이었다.

인공 속눈썹의 사용법도 소개되어 있었으나 아직 아이섀도는
눈의 결점을 보완하거나 밤에만 화장하는 것이 중심이었던 것 같
다.

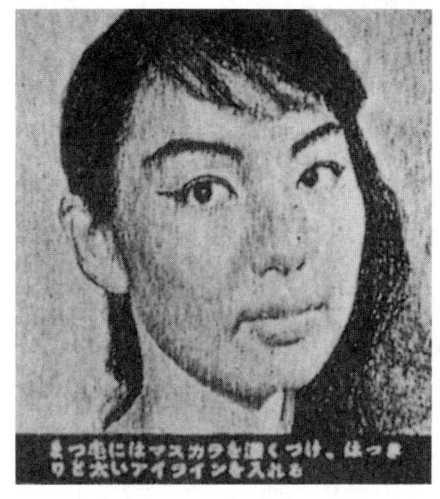

속눈썹에는 마스카라를 진하게
바르며 뚜렷하고 굵은 아이라인을
그려 넣는다.
칼립소메이크업의 유행(1957년)

칼립소메이크업의 유행

우아한 핑크화장이 유행한 것과는 반대로 1950년대 후반이 되
자 태양족*, 로커빌리** 등 젊은이 문화가 대두하기 시작하고 음
악이 유행을 이끌어가게 되었
다. 일세를 풍미한 화장에 칼립
소메이크업이라 불린 것이 있었
다. 이것은 가수 하마무라 미치
코(浜村美智子)가 『바나나 보트』로
데뷔했을 때의 화장에서 붙은
이름이다. 당시의 잡지는 "특별
히 정해진 메이크업이 있는 건
아닙니다. …… 한 마디로 말하

태양족
1955년(쇼와 30) 이시하라 신타로(石原慎
太郎)의 소설 『태양의 계절』(太陽の季節)
로부터 생겨난 유행어. 기존 질서를 무시
하고 궤도에서 벗어난 행동을 하는 젊은이
들을 일컬었다.

로커빌리
로커빌리(rock-a-billy)란 로큰롤과 힐빌리
(hillbilly : 컨트리송의 다른 명칭)가 결합
된 명칭으로 1950년대 후반에 크게 유행
했다.

면 얼굴 전체를 열대지방 여성 풍으로 갈색 분을 엷게 바르고 볼 연지는 전혀 바르지 않으며, 눈썹과 눈에 강렬한 악센트를 주고 입술의 윤곽을 선명하게 그리는 화장법"[63]이라 적고 있다. 진한 마스카라, 진한 초록 아이섀도, 아래 눈꺼풀에까지 그려 넣는 아이라인, 커피브라운의 입술연지에 더해 빨갛게 탈색한 긴 머리를 어깨로 축 늘어뜨리며 강한 개성을 표현하고 있었다. 당시 입술연지의 색은 하양, 베이지, 그리고 검은 입술연지까지 등장해 "입술연지는 모두 빨간 계통"이라는 개념이 무너지기 시작했다.

이것은 화장의 대중화가 시작되는 1960년대로 잇는 매개 역할을 했다.

대중화의 시작

1960년대에 접어들자 1950년 말에 발표된 소득배가 계획에 의한 고도의 경제성장, 컬러텔레비전 방송의 본격화, 1950년대 후반부터 시작된 주간지 붐을 거쳐 그때까지의 여성 패션을 근저에서부터 바꿔놓은 미니스커트가 등장했다.

메이크업의 세계에서는 눈 화장의 발달과 함께 메이크업의 대중화 시대가 찾아왔다. 그 원인은 우선 컬러텔레비전의 보급으로 가수나 탤런트들의 메이크업을 상당히 가까이에서 볼 수 있게 되었다는 점을 들 수 있다. 또한 잡지의 화보사진이 증가한 점, 그리고 직접적으로는 대형 화장품 회사의 메이크업 캠페인 등도 있을 것이다. 그 결과 눈에 대한 의식도 변화했을 것이다.

이 시대는 종래의 메이크업에 대한 사고가 크게 무너진 시대이기도 하다. 그때까지라면 메이크업이 좀 진하거나 눈에 다소라도 화장을 하면 '술집여자' 같다는 등의 비난을 듣기도 했다. 이러한 비난은 1960년대 말부터 서서히 줄어들게 된다.

새로운 화장품의 보급률은 화장품공업회가 조사한 화장품 출고 통계 자료를 보면 양적인 면이나 금액적인 면에서 그 상황을 엿볼 수 있다. 예컨대 '기타' 항목이었던 파운데이션, 고형 백분(프레스트 파우더, 케이크 종류)이 1954년, 1956년에 각각 새롭게 독립된 항목으로 분류되어 있다. 매상고에서 볼 때 '파운데이션'과 '고형 백분'이 무시할 수 없는 존재가 되었다는 것을 의미한다. 또한 눈 화장용 화장품은 위의 데이터에서는 1962년부터 독립적으로 표기되었다.

흔히 메이크업이 언제 대중화되었느냐는 질문을 받는데, 일본에서는 아마 1960년대 후반쯤일 것이다. 단지 화장하는 인구가 증대되었다는 양적인 변화만이 아니라 여성들의 화장에 대한 의식이 변했기 때문이다. 종래처럼 화장하는 사람은 사회인이라는, 즉 화장을 갖추어야 할 교양으로 보는 도식에서 벗어난 젊은이들이 등장했다는 점이다. 자신을 멋지게 보이고 싶다, 아름답게 보이고 싶다는 그들의 욕구가 적극적인 화장으로 질적인 변화를 가져온 것으로 보이기 때문이다. 화장을 하고 멋지게 차려입은 여대생의 출현 역시 그것을 보여주고 있다.

눈 화장의 보급

1960년대에 접어들면서부터 눈 화장이 보급되었다는 것을 느끼게 하는 기사가 눈에 띄기 시작했다.

당시의 여성잡지를 넘겨보면 "요즘처럼 활발하게 눈 화장을 하는 것은 근년에 보지 못한 일 ……. 보통의 B·G(인용자주 — 비지니스 걸. 여사무원을 가리킴)나 여염집 아가씨들이 평소 때도 눈을 화장하는 데 무척 정성을 쏟게 되었습니다."[64]라고 한 것처럼 1950년대 후반 이상으로 눈에 대한 관심이 높아진 것은 사실이다. 1960년대 중반에 이르면 "눈에 음영을 넣어 입체적으로 보이게 하기 때문에 일본인의 부어 있는 눈두덩에 필요한 화장품"이라고 한 표현도 나타나며 그 후 이러한 내용은 계속 늘어났다. 1963년에 개봉된 영화『클레오파트라』(엘리자베스 테일러 주연)의 영향으로 '아이라인 붐'이 일어났다[65]는 설명도 있다.

또한 눈을 더욱 아름답게 보이기 위해 눈동자에 깊이감을 주는 길고 밀도 있는 속눈썹은 여성이 늘 동경하는 대상이었던 것 같다. 그 때문에 마스카라나 인공 속눈썹이 필요했던 것이다. 1940년에 발행되어 미국의 미용법을 도입한 미용서[66]에서는 마스카라를 '아이라쉬틴트', 1950년에 발행된 미용서『미용과 작법』에서는 '속눈썹 먹'으로 소개하면서 그것을 사용하도록 장려했다.

인공 속눈썹은 같은 무렵 발행된 미용서나 여성잡지에 모두 등장했는데 "속눈썹이 빈약한 분은 정말 자신의 속눈썹과 구분할 수 없도록 능숙하게 칠할 수만 있다면 사용해도 좋다"[67]고 하며, 오히려 마스카라나 아이라쉬컬러의 사용을 권하고 있다. 그 후 1950

년대 중반이 되면 다소 적극적으로 사용할 것을 권하는 내용이 보이게 된다.

한편 이 시대의 눈썹은 "지금은 부드러운 곡선으로 완만하게 그립니다. 눈썹머리 부분과 꼬리 부분은 살짝 가늘게 해주세요."[68] 라고 한 1950년대의 활모양, 즉 부드럽고 완만한 곡선 형태에서 똑같은 활모양이라도 살짝 직선의 성질을 가지며 산(山) 모양 부분을 눈썹머리 쪽으로 한 것이나 수평으로 눈의 폭보다 살짝 짧게 하는 등의 경향이 더해졌다. 그리고 1960년대에 다가가면 짙고 뚜렷하게 그리는 것을 볼 수 있다.

1960년대 중반이 되면 마침 패션계에 '극히 짧은 스커트'(나중에 '미니스커트'가 된다)가 등장하여 유행함으로써 여성의 패션만이 아니라 헤어스타일과 메이크업에 대한 의식까지 크게 바꾸어놓았다고 한다.

메이크업은 파리컬렉션이나 트위기*의 영향으로 장식성이 강하고 기교적인 선적(線的) 메이크업이 주목을 받았다. 그 결과 눈썹을 진하고 선명하게 그리고 아이라인은 폭이 넓게 처리하며, 인공 속눈썹도 강조할 때는 이중으로 붙이고, 나아가 눈 밑에 '그려 넣는 속눈썹'까지 등장해 그 장식성은 정점에 달했다.

아울러 눈 화장과 미니스커트의 관련성을 생각하면 '미니스커트 = 키가 작다 = 유아적'인 것에 비해 '눈 화장 = 눈이 크다 = 유아적'이라는 도식이 성립한다.

> **트위기**
> 1960년대를 대표하는 모델이자 배우로서 본명은 레슬리 혼비(Lesley Hornby, 1949~)다. 너무 말라 '잔가지'(twig) 같다고 해서 트위기(twiggy)로 불렸다.

핑크에서 황갈색, 자연스러움으로

1950년대에 유행한 핑크 화장은 1960년대에 들어와서도 계속되었다. 여성잡지 『미세스』(ミセス) 1963년 3월호에서는 "핑크색은 피부색을 하얗고 탐스러운 느낌으로 보이게 하고 얼굴을 훨씬 젊게 보이도록 하는 효과가 있는 색입니다."고 하여 젊음을 나타내는 색상으로서 핑크 계통의 가루분, 그리고 볼연지 대신 핑크 계통의 파운데이션을 권하고 있다.

베이지 계통이 등장하기 시작한 것은, 1963년의 무역자유화로 외국계 자본의 화장품 제조사가 일본에 진출해왔을 때, 그때까지 없었던 채도가 낮고 명도가 높은 색조가 도입되었기 때문이다. 이 외국계 자본 제조사가 일본으로 가져온 기초화장 제품은 투명감이 있는 타입으로, 그때까지와 같은 커버력이 있는 타입과는 다른 것이었다.

이것은 단지 색의 폭이 넓어졌을 뿐만 아니라 그때까지와는 다른 투명감이 있는 기초화장이 등장했다는 것을 의미한다. 그러나 실제로 새로운 기초화장의 투명감이나 커버력에 대해 다른 잡지의 미용 기사가 곧바로 등장한 것은 아니었다. 1960년대 말이 되자 드디어 "맨얼굴에 가까운 자연스러운 화장"[69], "투명도가 높으면 높을수록 화장도 자연스러운 아름다움을 연출할 수 있습니다. 최근의 패션 경향은 투명감이 있는 맨살의 아름다움을 강하게 요구하고 있습니다."[70]라는 기사가 등장하고, 그러한 경향은 1970년대에 접어들어 더욱 강해진다.

수정메이크업

수정메이크업은 기초화장에서는 빼놓을 수 없는 화장법이다. 전후의 수정메이크업 방법은 1950년대 초의 여성지 『슈후노토모』 (主婦之友)의 미용 기사에 자세하게 나와 있다. 예컨대 노즈새도 (nose shadow)라는 말은 아직 사용되지 않았지만 "콧날을 곧게 수정하는 화장"이라고 하여 "다갈색의 아이섀도"를 '낮은 코', '주먹코', '매부리코' 등 코 모양에 따라 구별해서 바르라고 씌어 있다.

그 당시 얼굴 모양의 인상을 보정하는 방법으로는 볼연지가 사용되었다. "볼연지는 얼굴에 입체감을 주고 얼굴 모양의 결점을 보완하여 표준형인 타원형에 가깝게 보이게 하기 위해서, 그리고 안색이 맑지 않은 분들의 피부를 생생하게 보이게 하기 위해 사용하는 것"이므로 "얼굴 생김새가 나무랄 데가 없고 볼의 혈색이 좋으면 볼연지는 바르지 않는 것이 한층 세련되고 돋보인다."고 덧붙이면서 얼굴 모양을 '통통한 볼'(원형), '홀쭉한 볼'(직사각형) 등 아홉 종류로 나누어 그 사용 방법을 설명하고 있다. 또한 농담(濃淡) 2색의 백분을 구분하여 사용해 이마를 좁게 보이게 하는 등 얼굴 각 부위마다의 수정 방법도 소개하고 있다.

1960년대가 되자 핑크화장이 유행함으로써 "볼연지는 어지간히 잘 사용하지 않으면 오히려 나이 들어 보이는 법입니다. 특별히 안색이 좋지 않은 사람이 아니라면 사용하지 않는 것이 좋습니다"라고 하면서 "볼연지 대신 짙은 파운데이션을 바르면 자연스러운 느낌"[71]이 난다고 하는 미용서나 미용잡지가 더욱 지배적이었던 것 같다.

파운데이션의 발달은 더 나은 입체 메이크업을 실현할 수 있도록 했다. 여기서 말하는 입체 메이크업이란 피부에 색채(명암을 포함하는)를 주어 입체적으로 보이게 하는 방법을 말한다.

백분이나 파운데이션크림 등을 농담으로 또는 여러 색으로 사용하는 방법은 옛날의 『미야코후조쿠케와아덴』에서 그 원형을 찾아볼 수 있다. 1960년대 초에는 "통통한 부분을 홀쭉하게 보이게 하거나 그림자로 보이게 하기 위해" 피부색보다 어두운 색조의 파운데이션을 쓰는 방법을 취했고, 1960년대 중반이 되면 '입체 화장'으로서 볼연지 대신 약간 짙은 파운데이션을 사용해 얼굴을 입체적으로 보이게 한다는 잡지 기사 등이 보인다.

그때까지 볼연지는 크림 상태나 반죽 상태의 크림 루즈가 보통이었는데, 1964년 무렵이 되자 "브러시로 칠하는" 브러시 타입의 볼연지가 발매되었다. 브러시 타입은 손을 사용하지 않고 간단히 자연스러운 마무리를 할 수 있기 때문에 그 후 유행하게 되었다. 1970년대 중반에는 어른스러움을 강조하거나 굴곡을 강조하는 볼연지 스타일이 유행했고, 이는 1980년대에 접어들어서도 자주 보였다.

입술연지, 색에서 질감으로

1950년대의 입술연지는 핑크 계통이나 파스텔톤이 주류를 이루었지만 1960년대에 들어서자 선명한 레드 계통이 유행했다. 그리고 색만이 아니라 색이 갖는 질감에도 변화가 보이기 시작했다.

1960년에 펄 안료가 배합된 일본산 입술연지가 발매되어 "진주의 아름다운 광채! 젖은 듯, 고상하게 빛나는 윤기 있는 색조! 지금까지의 상식으로는 도저히 생각하지 못한 색의 혁명입니다."[72]라는 광고도 나왔다.

또한 입술에 색상을 입히는 것보다는 윤기를 내는 타입이 발매된 것도 1960년대 중반이다. 1960년대가 끝나갈 무렵, 입술연지의 색은 핑크, 오렌지, 레드의 기본색에 아몬드, 베이지 등의 색상이 더해져 다양해졌다. 그리고 이 색조에 펄 느낌을 갖게 한 것, 금색이나 은색의 금속광택을 더한 것, 같은 색조라도 투명감이 있는 타입, 커버력이 있지만 광택이 없는 타입, 그리고 사용감이 '산뜻한' 것, '착' 달라붙는 것 등 복잡하게 세분화되었다. 입술연지를 바르는 방법도 윗입술의 산(山) 모양 부분을 높게 하거나 입가를 살짝 올리는 듯이 하는 등 세세한 부분의 유행이 있었던 듯하다.

그 후 자연스러운 화장이 유행했고 동시에 1970년대 중반에는 오렌지 계통이나 레드 계통의 어두운 색조가 선호되었으며 갈색 계통도 유행했다. 물론 이러한 색에도 투명감 또는 펄에 의한 반짝임이나 윤기 등의 질감이 요구되었다.

신체의 수치화

1950년(쇼와 25)에 시작된 미스일본 선발대회에서 제1회 미스일본 1위에 야마모토 후지코(山本富士子)가 선발되었고 이후 미스콘

테스트가 유행했다. 1953년 미스일본 1위에 선발된 이토 기누코(伊東絹子)는 미스유니버스대회에서 3위를 차지해 팔등신 미인으로 불렸다. 팔등신이라는 표현은 균형적인 신체의 미적 척도, 즉 쉽게 알 수 있는 비율이었으므로 유행어가 되어 일세를 풍미했다. 일본인의 육체가 갖는 아름다움을 수치로 표현해 널리 알린 커다란 사건이었고, 몸의 아름다움을 본격적으로 수치화한 출발점이기도 했다.

1907년(메이지 40)의 『미인사진첩』에 따르면 그 응모 규정에 "신장, 가슴둘레, 허리둘레도 병기하면 좋다."고 표현되어 있는 데서 몸을 수치화하려는 사고의 맹아를 이 시대에서 찾을 수도 있다. 그러나 실제로 수치와 미가 결부된 것은 1927년(쇼와 2) 화족(華族) 출신의 여배우로서 이리에 다카코(入江たか子)가 등장했을 때다. 그녀의 사이즈는 『후진코론』(婦人公論)에 발표되었는데 신장 162, 가슴 82, 허리 64, 엉덩이 88.5센티미터의 이상형이었다. 그러나 당시의 일상적인 생활에서 척관법이 어느 정도의 구체성을 가지고 사람들의 감각에 호소했는지는 알 수 없다.

팔등신 미인이 등장한 후 유명한 디자이너가 가슴이나 허리에 포인트를 두어 만든 양복이 유행하고 브래지어나 코르셋 등의 신체 실루엣을 보정하는 속옷 붐이 일어남으로써 가슴·허리·엉덩이의 사이즈가 일반화되기 시작했다. 그리고 1959년 고지마 아키코(兒島明子)가 미스유니버스 1위에 선발됨으로써 신체 균형의 미를 숫자로 평가하는 것이 기본 요소로 정착했다. 아울러 그녀의 사이즈는 신장 167센티미터, 체중 55킬로그램, 가슴 93센티미터, 허리 58센티미터, 엉덩이 97센티미터였다.

1965년 와코루가 발표한 '황금비율'은 일본 여성에 맞추어 신장 162센티미터로 '7.3등신'을 이상으로 했다. 1979년에 발표된 20대의 '아름다운 비율'은 7.1등신이었고, 1995년에 발표된 '황금 표준'은 신장에 대한 엉덩이·가랑이에서 바짓부리까지의 길이를 비율로 조사해 새로운 균형 지수를 7.5등신으로 산출했다. 키가 크고 얼굴이 작으며 다리가 긴 젊은이의 특징을 반영했다고 한다. 이처럼 미의 기준이 수치화되었지만 현실적으로는 신장과 체중 정도였고, 등신 등을 계측하여 계산하는 일은 그리 쉽지 않았던 듯하다.

개성화의 징조

평소에 '개성화'라든가 '개성적인 메이크업'이라는 말을 자주 듣는다. 오래된 미용서를 훌훌 넘기다보면 이 말은 적어도 쇼와 시대 초기부터는 활자화된 것 같다. 1927년에 발행된 미용서 『신화장법·정용의학』[73]의 「신화장법」에는 "오늘날에는 꼭 단정한 미인형의 사람만을 미인이라고 하지 않기 때문에, 즉 한 사람에게서만 찾을 수 있고 두 사람에게서는 찾을 수 없는 그 사람 내부의 것이 확실히 용모에 나타난 개성적인 아름다움을 요구하는 시대이기 때문에, 화장 또한 그에 따라 섬세한 고구(考究)와 함께 얼굴 그 자체가 일러주는 대로 다양하게 만들어가는 화장법이 가장 현실에 맞는 것입니다."라는, 지금 봐도 신선한 느낌을 주는 문장이 나온다. 그러나 그것을 위한 구체적인 방법은 거의 다루고 있지 않다.

'개성적'이라는 말은 시각에 따라서 어려운 문제를 포함하고 있으며 사람에 따라서는 사용하는 방법이 다른 경우도 있지만, 여기서는 메이크업의 실제적인 측면에서 셋으로 나눠 생각해보고자 한다. 첫째는 크게 보아 일본인은 기본적으로 얼굴이나 신체의 구조가 미국인이나 유럽인과는 다르기 때문에 '일본인다움'을 추구한다는 생각이고, 둘째는 자신의 얼굴을 잘 인식하여 '자신다움'을 드러낸 화장을 한다는 생각이다. 셋째는 1980년대 이후에 확실히 보인, 전통적인 가치관에서 해방된 일이다. 예컨대 여성이므로 스커트를 입어야 한다는 사회적인 속박에서 자유로워졌으므로 외모의 경계가 선명하지 않은 시대가 되었다는 것이다. 이것은 스스로 자기다움을 선택해야 하는 시대가 되었다는 것을 의미하기도 한다.

일본인다움의 추구

종전 이후 일부에서는 늘 이 문제를 말해왔다. 유행, 아니 그 이상으로 세상의 움직임 또는 서구를 따라잡으려거나 추월하라는 식의 경향이 강했고, 일본인다움의 추구는 완전히 무시되었다.

미용 잡지 『하나쓰바키』[74]에 실린 「일본의 여성」이라는 제목의 글에서는 일본 여성의 얼굴이 가지는 특징을 이렇게 설명하고 있다.

예부터 외씨같이 희고 갸름한 얼굴이 이상적인 얼굴 모양이라고 말
해왔는데, 그런 것은 아무래도 좋습니다. 현대는 개성을 중시하는 시
대입니다. …… 전형적인 일본 여성의 얼굴을, 둥근 얼굴에 이마와 광
대뼈가 나오고 코가 납작한 추녀와 외씨같이 희고 갸름한 미녀를 대표
로 삼아 화장을 자랑하는 것은 옛날 일입니다. 지금은 모든 타입에서
분석해나가지 않으면 안 됩니다.

유감스럽게도 이런 생각은 거의 영향력을 가지지 못한 모양이
다. 젊은 여성을 대상으로 한 대부분의 잡지 표지에 서구의 여성
이 등장한 것만 봐도 쉽게 상상해볼 수 있다.

그러한 의식이 일반적으로 달라지기 시작한 것은 1970년대에
들어서고 나서다. 성형외과의인 구로다 마사나의 「인체미와 전후
의 성형외과에서 보는 변천」[75]에 따르면, 1960년대는 "우리나라
의 고도경제성장으로 성형수술을 받는 인구가 급증했다. 의료용
실리콘 개발 및 항생물질의 출현으로 과감한 성형수술이 가능해
졌고 또 행해지고 있다. 텔레비전 스타 만들기의 영향으로 성형수
술도 점차 확대되었다. 그리고 시행착오를 거듭하면서도 좋은 의
미에서 동양인과 서양인 사이의 혼혈인에게서 이상적인 얼굴의
가능성을 발견한" 시대였다.

성형수술의 발달은 위의 표에서 보여주는 여성주간지 광고량의
변화만 봐도 어느 정도 알 수 있다. 이것은 발행된 지 가장 오래된

발매연월일	화장품	성형수술	전신미용	광고 전체	전체 페이지
1959. 4. 3	3.4 (20%)	0.3 (1.8%)	0.0 (0%)	16.9 (100%)	104
1964. 4. 6	12.7 (22%)	0.6 (1.0%)	0.0 (0%)	58.5 (100%)	186
1969. 4. 7	6.5 (17%)	1.3 (3.4%)	0.0 (0%)	37.9 (100%)	188
1974. 4. 6	9.0 (17%)	2.5 (4.8%)	0.0 (0%)	51.8 (100%)	164
1979. 4. 5	16.5 (17%)	2.1 (2.2%)	6.1 (6.4%)	94.6 (100%)	244
1984. 4. 5	17.1 (16%)	2.8 (2.7%)	8.3 (8.0%)	104.1 (100%)	276
1989. 4. 6	14.5 (18%)	5.8 (7.1%)	11.3 (14%)	81.0 (100%)	280
1992. 4. 3	16.6 (17%)	6.6 (6.8%)	18.3 (19%)	97.4 (100%)	308

여성주간지에서 보는 화장품, 성형수술, 전신미용 광고량(『女性自身』)

『여성자신』(女性自身)을 5년 간격으로 4월 첫 호만을 뽑아서 화장품과 성형수술의 광고량을 계산한 것이다.

1971년에 창간된 여성잡지 『미소』(微笑)의 성형수술에 대한 좌담회(1971년 6월 26일호)에서는 당시 여성들의 생각을 엿볼 수 있다. 성형수술을 반대하는 여성과 이미 성형수술을 한 여성이 등장한다.

A : "저는 눈 수술을 받았어요. 직업적으로 엄청 이익을 보고 있어요. 인간관계가 원활해졌다고 할까요, 호감을 가져주거든요."

B : "저는 정말 살짝, 다른 사람들은 알아채지 못할 정도로 눈 수술을 받았어요. 그래도 제 마음속에는 '더 예뻐졌다'는 자신감이 생겼어요."

C : "하지만 자연스러운 게 가장 좋다고 생각해요. 못생겨도 멋있는 얼굴이라고 생각하면 되고요 …… 모든 사람들이 성형수술을 받으면 다들 똑같은 얼굴이 되는 게 아닐까요?"

D : "게다가 표정까지 비슷해지는 게 아닐지 모르겠어요."

A : "그건 아름다운 사람에 대한 콤플렉스 아닐까요?"

B : "성형수술로 일본인다움이 없어지는 일도 있겠네요."

이렇게 성형수술을 하는 것의 장점과 획일화, 유형화되는 것에 대한 반발을 읽을 수 있다.

그 후에는 물론 자신들은 어쩔 수 없이 동양인이고, 동양인의 편평한 얼굴을 갖고 있다는 것을 깨닫기 시작하면서 자기 나름대로 얼굴을 고치고 싶다는 지향으로 바뀌어간다.

자기 주장

1970년대에 들어서자 눈에 띈 현상은 아마추어를 미용, 화장에 관한 기사에 등장하는 모델로 쓰게 된 일이다. 이미 1960년 후반에는 일부 여성지에서 실명이 들어간 모델(일반 주부로 생각되는)이 채용되기 시작하는데, 본격적으로 된 것은 1970년대 중반에 발행된 10대 후반에서 20대 전반의 여성을 대상으로 한 잡지에서부터였다.

이는 미의 기준이 넓어졌다는 것, 누구에게나 어울리고 가까운 것이 되었다는 것을 의미한다. 이것은 화장이 다양화된 것이고,

뒤집으면 자기주장을 표현한 것이기도 하다. 달리 말하자면 이미 언급한 것처럼, 얼굴 모양을 표준형(계란형)으로 보이게 하기 위한 화장법에서 얼굴 모양 자체를 살리는 방법으로 이행하기 시작했다고 해석할 수 있다.

이러한 경향은 1960년대 후반 이후 메이크업 인구가 증대하고, 그에 따라 메이크업을 하는 사람의 연령이 낮아진 현상이 낳은 결과라고 할 수 있을 것이다. 또한 미니스커트가 유행한 후 패션이 다양화된 것의 영향도 빼놓을 수 없다. 요컨대 개성화의 문제는 다양화, 자기주장과도 밀접한 관계를 가진 현대의 과제라고 할 수 있다.

눈 화장, 선에서 면으로

당시까지 눈 화장은 젊은 여성들만의 것이라고 생각되었지만 1970년대에 접어들자 부인들에게까지 확대되었다.

또한 1960년대 후반부터 시작된, 눈을 중심으로 한 장식성이 높은 메이크업은 1970년대에 들어서도 한동안 계속되었다. "5년쯤 전까지만 해도 인공 속눈썹은 예능인이나 술집여자들밖에 하지 않았어요. 지금은 평범한 여사무원들은 물론이고 청초함이 특징인 미쓰코시 백화점의 점원들까지도 붙이고 있어요."[76]라는 발언에서 "나이를 먹으니까 눈 주위가 느슨해져서 신경이 쓰여요. …… 어울리기만 하다면 인공 속눈썹도 좋겠지요. 50세를 넘기면서 인공 속눈썹을 붙이는 분도 있어요."[77]라는 말까지, 보수적인 주부를 독자로 한 잡지에서조차 이런 적극적인 표현이 등장했다.

하지만 이 유행은 그다지 오래 지속되지는 못했고 내추럴메이크업의 발달과 함께 사라져갔다. 그것과 동시에 눈 화장은 선의 메이크업에서 아이섀도 등 그러데이션의 효과를 이용한 면의 메이크업으로 바뀌어갔다. 속눈썹은 마스카라만의 방법으로 변했고 아이라인도 극히 자연스럽게 보이도록 가늘어졌다.

1970년대 초의 눈썹은 "다소 세련되지 못한 것은 눈썹이 말끔히 정리되지 않았기 때문입니다. 그래서 면도기나 가위, 족집게를 사용해 말끔히 정리하게 합니다."[78]라는 말에서 알 수 있듯이 면도기로 밀거나 족집게로 뽑는 등 손질을 하여 가느다란 활모양으로 하는 것이 보통이었다. 하지만 1970년대 후반이 되면 "자연스러운 형태를 살려 정리하는 것이 가장 중요합니다. 너무 기교를 부리거나 너무 가늘게 한 눈썹은 더 나이 들어 보이게 하기 십상입니다."[79]라는 말처럼 다른 메이크업과 마찬가지로 눈썹에도 자연스러움에 중점을 두게 되었다.

내추럴메이크업의 확립

1960년대 말 기초화장에 그 징조를 드러내기 시작한 내추럴메이크업은 1970년대에 들어서자 서서히 포인트메이크업에 침투해 들어갔다. 그 배경에는 대기오염을 비롯한 공해문제나 석유 파동 등이 있었다.

내추럴메이크업이란 화장품을 사용하면서도 타고난 얼굴처럼 자연스럽게 보이도록 하는 메이크업을 가리킨다. 즉 아무것도 하지 않는 것을 의미하지는 않는다는 것이다. 눈 화장이 발달한 1960년대 말처럼 아이컬러가 확실히 들어가거나 인공 속눈썹을 붙여 누가 봐도 화장을 했다는 것을 알 수 있는 메이크업과는 달리 자세히 봐야 메이크업을 하고 있다는 것을 아는 정도다. 그 때문에 파운데이션이나 고형 백분에서는 커버력이 강한 종래의 타입에 더해 투명감이 있는 새로운 타입이 일본에서도 개발되어 볼연지도 치크컬러, 페이스새도, 하이라이트 등 기능별로 세분화되었고, 입술연지도 채도를 억제한 어두운 갈색 계통이 등장했다. 결과적으로 종합적이고 자연스러운 마무리를 하기 위한 고도의 기술이 요구된 것도 사실이다. 따라서 잡지의 미용 기사에는 어느 제품을 어떻게 사용하면 어떤 효과를 얻을 수 있다는 식의 상당히 구체적이고 개별적인 정보가 게재되었다.

그것과 동시에 내추럴메이크업, 즉 인공적이지 않고 자연스럽게 보이는 얼굴은 각자의 자연스러운 개성을 살리는 것으로 이어졌고, 이는 개성적인 메이크업이 등장했다는 것을 의미했다. 또한 1970년대 후반에는 자연 지향의 연장으로서 맨얼굴 같은 느낌이 시민권을 얻기 시작했다.

5 장

현대의 미의식

외모의 경계가 사라진 시대

1980년대 이후 화장의 유행 및 미의식의 변화는 그 이전에 비해 무척 컸다. 한마디로 말하자면 사회가 개인에게 요구하는 화장의 모습, 얼굴 또는 겉모습이 모호해지기 시작하여 종래의 틀에 사로잡히지 않고 얼핏 자유롭게 선택할 수 있는 시대가 된 것이다. 얼핏, 이라고 덧붙인 것은 다른 항목에서 자세히 서술하기로 한다. 그 변화는 남성에게도 두드러진 것이 있어서 새로운 미남상이 탄생하게 된다.

1960년대 후반에 미국에서 시작된 여성해방운동은 일본에도 영향을 끼쳐 여성의 화장은 남성사회가 여성들에게 밀어붙인 것으로 일부에서는 그것을 거부하는 여성들도 나타났다. 결과적으로 그때까지 사람들 앞에서는 당연한 것으로 생각되었던 입술연지와 분, 즉 화장을 하지 않은 맨얼굴로도 여성들이 공개 장소에

나갈 수 있게 되었다. 그러나 이러한 노메이크업을 주장하는 사고
는 주류가 되지 못했고 오히려 자신의 멋을 위해 또는 마음을 다
잡는 데 필요해서 하는, 다양한 가치관에 기초하여 화장을 하게
된 것 같다.

남성에게는 "얼굴이 아니라 마음"이라는 전통적인 가치관이
1960년대가 될 때까지 주류를 차지하는 상황이었고 남성이 자신
의 외모에 신경 쓰는 것을 좋지 않게 보는 풍조도 변하지 않았다.
1970년대, 젊은 남성이 액체 정발제(整髮劑)와 드라이어로 헤어스
타일을 만들 수 있게 되었을 무렵, 학교에 가기 전에 화장실에서
헤어스타일을 다듬느라 정신이 없다니 당치도 않다며, 학생은 공
부에 전념해야 한다는 비난이 일었다. 이처럼 당시에는 외모에 신
경을 쓰는 것은 남자답지 못하다고 생각되었다.

1960년대부터 1970년대에 걸쳐 사회가 공통적으로 갖고 있던
남성상은 생물적으로 성숙한 남성상으로서 힘세고 남자 냄새가
나는, 수염이 짙고 가슴에 털도 난 굴곡 있는 타입이었다. 일찍이
센코쿠(戰國) 시대(1467~1573)에 수염이 옅다는 비난을 받고 결투
를 벌였다는 이야기가 남아 있는데, 수염이 옅은 것은 어엿한 어
른이 아니라는 가치관이 있었던 것이다.

그러한 가치관이 1980년대에 접어들면서 흐릿해지기 시작하고
'남자도 얼굴'이라는 시대가 되었다. 앞에서 말한 여성해방운동이
나 여성의 사회 진출에 따라 남녀의 성별 역할 분담이나 종래의
'여자다움'이 모호해졌고 동시에 '남자다움' 역시 모호해져 그때
까지 여성만 했던 일을 남성들도 하기 시작했다. 이처럼 전통적인

'남자다움'과 '여자다움'이 모호해지면서 내면만이 아니라 외모에 나타나는 자기다움을 어떻게 선택해갈 것인지가 중요한 시대가 된 것이다.

1980년대 이래 얼굴·화장의 미의식에서 획기적인 현상을 들자면 다음과 같다. 우선 남성에 관해서다.

- 남성용 메이크업 화장품·스킨케어 용품의 등장
- 쇼유 얼굴(しょうゆ顔)*·소스 얼굴**의 유행
- 아사샴(朝シャン)***의 유행, 탈모, 청결 지향
- 머리 염색의 증가 = 노랑머리의 유행
- 젊은이의 눈썹 화장 유행
- 수염을 손질하고 기르는 부위나 길이를 조절함
- 중장년 남성용 스킨케어 용품의 등장

그리고 여성에 관해서는 다음과 같은 것을 들 수 있다.

- 미백이 더욱 유행하는 한편 '간구로'(ガングロ)라 불리는 검은 피부를 좋아하는 젊은이의 등장

쇼유 얼굴

쇼유(간장) 얼굴은 산뜻한 일본적인 얼굴을 말하는데 콧날이 오뚝하고 길게 찢어진 눈, 얼굴이 작고 갸름한 것이 특징이다. 1980년대 후반 이후 아이돌 스타들에게 많은 얼굴형으로 그 시대의 유행어였다.

소스 얼굴

서양식의 굴곡이 많은 얼굴로 1970년대까지는 이런 얼굴을 선호했다. 이 말은 1987년부터 여성이 남성의 얼굴을 평할 때 쓰기 시작해 1988년에는 쇼유 얼굴이라는 말과 함께 유행어 대상을 차지했다.

아사샴

아침 일찍 일어나 샴푸하는 것을 말한다. 1987년 아침을 먹지는 않지만 샴푸는 한다는 여자고등학생이 태반을 차지한다는 사실이 알려져 화제를 불렀고 유행어가 되었다.

- 가는 눈썹이 중고등학생들 사이에서 유행
- 젊은 여성에게 큰 입을 좋아하는 경향이 나타남

남녀의 벽이 무너지다

21세기에 접어든 지 6년이 되는 현재, 외견의 선택지는 상당히 다양해졌다고 한다. 전철을 타고 주위를 둘러보면 머리색이나 길이 등을 자유롭게 선택할 수 있는 시대가 되었다는 걸 실감할 수 있다. 지금으로부터 반세기쯤 전인 20세기 중반 무렵, 아직 여성의 머리 길이가 긴 것이 보통이었고 쇼트헤어는 기본적인 선택지에 들지 않았다. 남성의 헤어스타일 역시 쇼트헤어가 보통이고 좀 긴 사람은 포마드 등으로 올백을 했다.

그렇게 길이를 중심으로 남녀별 차이가 명확했던 시대로부터 서서히 그 경계가 모호해졌다. 그 계기는 1954년에 개봉된 오드리 헵번 주연의 『로마의 휴일』이라는 영화였다. 젊은 여성들은 모두 영어로 이탈리안보이라 불린 헵번커트를 받아들여 여성의 남성화를 유행시켰다. 상세한 사정은 앞에서 말했기 때문에 생략하지만, 메이지 시대에 단발령이 내려졌을 때와 다이쇼에서 쇼와에 걸친 모보·모거의 시대에 일부 여성들 사이에서 단발이 행해졌으나 아직 사회적으로 받아들여진 상태는 아니었다. 세 번째라서 그런 것은 아니지만, 드디어 헵번커트를 거쳐 쇼트헤어와 바지가 여성의 스타일로 받아들여지게 되었다. 남성의 경우 긴 머리가 남성의 헤어스타일로 등장한 것은 1960년대 후반이었는데, 비틀즈 등의 음악이나 히피 등의 대항문화가 유행한 영향이 컸다. 뒤에서 보면 남자인지 여자인지 알 수 없다고까지 했다.

헤어스타일이나 복장 이외의 외모로는 눈썹을 들 수 있다. 1970년대 이후 일부의 미국 여배우, 예컨대 『러브스토리』(Love Story, 1970)의 알리 맥그로우(Ali Mcgraw)나 『립스틱』(Lipstick, 1976)의 마고 헤밍웨이(Margaux Hemingway)에게 보이는 눈썹이다. 특히 마고 헤밍웨이는 종래라면 감추었을 법한, 강간당했다는 사실을 스스로 말하고 소송을 제기해 승소하는 강한 의지를 가진 여성 역할을 연기했는데, 그녀의 강한 의지는 굵고 짙은 눈썹으로 표현되었다. 그리고 데즈먼드 모리스(Desmond Morris)의 『보디 워칭』(Body Watching : A Field Guide to the Human Species, 1985)에 따르면, 일본에서 인기가 많았던 브룩 쉴즈가 굵고 짙은 눈썹으로 남자 역할도 했다고 한다. 굵고 짙은 눈썹이 유행함으로써 남녀 눈썹의 차이가 불분명해진 것이다. 헤어스타일과 마찬가지로 눈썹에서도 여성 쪽에서 남성의 스타일을 받아들여 새로운 스타일을 확장해갔다고 할 수 있을 것이다.

일본에서는 1978년경부터 여성주간지의 기사에 이러한 굵고 짙은 눈썹이 보이기 시작했고, 자연스레 타고난 개성을 살린 굵은 눈썹이 유행하기 시작한 것은 1980년대에 들어서고 나서다. 대표적으로 탤런트 이시하라 마리코(石原眞理子)를 들 수 있다. 1980년대는 남녀고용기회평등법이 제정되어 시행되었던 때이고 남성과 대등한 입장에서 일하는 종합직*이 탄생했을 때이기도 했기 때문에 새로운 삶의 방식을 선택한 여성의 강한 의지의 표현으로 눈썹을 굵게 했다는 식으로 설명할 수 있다. 아울러 남성이 눈썹에 손대기 시작한 것은 1990년대 중반 이후다.

젊은 여성들은 1990년대 중반이 지난 무렵부터 가수 아무로 나미에(安室奈美惠)의 영향으로 눈썹에 손질을 하기 시작했고, 인공적이고 가는 눈썹을 좋은 것으로 생각하게 되었다. 그중에는 가는 눈썹뿐만 아니라, 더 뽑아서 짧은 눈썹으로 한 사람도 있고 눈썹이 거의 없는 사람까지 나타남으로써, 눈썹의 인상에서 연령의 요소가 사라지게 되었다.

앞에서 말한 대로 눈썹은 원래 젊음의 상징이다. 헤이안 시대부터 어른이 된 표시로 또는 결혼하여 아이가 있다는 표시로 눈썹을 제거하는 풍습이 있었다. 생물적으로도 젊을 때가 가장 짙고 나이를 먹음에 따라 점점 엷어진다. 그리고 남성들에게서 흔히 보이는 것처럼 한번 빠지면 눈썹이 다시 나는 속도가 느리기 때문에 빠지지 않고 길어지는 현상이 일어난다.

어린 중고등학교 학생들이나 대학생들도 (최근에는 남성 또는 초등학생도 역시) 눈썹에 손을 대게 되었는데 원래 눈썹이 가지고 있는 젊음을 스스로 소거하는 행위로 달려가게 된다. 2006년 필자가 재직하고 있는 오사카 쇼인(大阪樟蔭)여자대학에서 열린 오픈캠퍼스 때 학교를 방문한 여자고등학생들에게 눈썹을 중심으로 메이크업 서비스를 해주었는데, 화장 전후의 사진을 세트로 인화해 선물로 주었다. 그때 어느

종합직
기업에서 종합적 업무에 임하는 직. 승진에 한정이 없고 전거를 수반한 전근을 조건으로 하는 경우가 많다. 원칙적으로 전근은 없지만 승진은 제한되어 있는 일반직과 구별된다.

쪽이 더 어려 보이는지를 물었더니 모두 메이크업 서비스를 한 쪽이 더 어려 보인다고 했다. 어려 보이는 것은 눈썹의 형태가 다소 굵고 짙게 정리되었기 때문이다. 그 학생들은 대부분 눈썹을 손질한 것만으로 그 결과가 어떻게 보인다거나, 얼굴 전체와의 균형 같은 것은 생각하지 않는 것 같았다.

어쨌든 눈썹에 손을 대어 가늘고 짧고 엷게 하는 것이 그 학생들의 주된 관심사였는데, 그녀들에게서 눈썹으로 의지나 감정을 표현한다는 커뮤니케이션의 발상 같은 건 느낄 수 없었다. 굵은 눈썹은 자신의 의지를 표현하는 수단이었지만 가늘고 엷고 짧은 눈썹으로부터는 그 사람의 의지조차 느끼기 어렵게 되었다. 처음부터 눈썹의 커뮤니케이션 같은 것은 결여되었던 것으로 보인다.

남자도 화장하는 시대로

일본에서 남성용 화장품이 발매되어 남자가 메이크업을 하게 된 것은 1980년대 중반부터다. 그때까지 남성 메이크업의 중심은 펑크를 포함한 음악의 세계라는, 특별한 자리였다. 오래 전에는 데이빗 보위(David Bowie)가 더 스파이더스 프롬 마스(The Spiders from Mars)와 런던의 해머스미스 오데온(Hammersmith Odeon) 극장에서 화장을 하고 공연한 콘서트(1973)가 전설적으로 이야기되곤 했다. 그 후 1981년에 결성되어 세 번의 일본 공연을 한 컬처 클럽(Culture Club)의 리드보컬 보이 조지(Boy George)의 여장, 가수 사와다 겐지(澤田研二), 즉 주리의 여성적인 눈 화장, YMO(Yellow

Magic Orchestra : 1978년에 결성된 일본의 음악 그룹—역주)의 사카모토 류이치(坂本龍一), 호소노 하루오미(細野晴臣), 다카하시 유키히로(高橋幸宏), 그리고 이마와노 기요시로(忌野淸志郎) 등의 여성적인 화장 등 무대나 텔레비전의 가요 프로그램에 등장하는 남성들은 종래의 남성상에서는 도저히 상상도 할 수 없는 모습을 보여주었다. 어쨌든 자신이 가진 남성성을 소거하는 메이크업이었고, 경우에 따라서는 헤어스타일이나 복장도 그랬다. 어디까지나 무대화장의 연장이었고 그 자리에서만 하는 화장이었으며 일단 평소의 일상생활에서 보이는 옷차림은 아니었다. 그러한 과정에서 '남성의 화장 = 메이크업'에 대한 기사가 잡지에 조금씩 나타나기 시작했다. 처음에는 이렇게 소개되었다.

남자의 화장을 어떻게 생각하시나요? — 무대에서의 황홀한 화장은 익숙하지만 거리에서 남자들이 화장을 시작하면 ……. 아니, 벌써 시작하고 있는 사람이 있습니다. …… 남자들과 화장의 관계는 우리가 생각하는 것 이상으로 친밀한 것 같습니다. …… 매일 화장하는 시간은 8~10분. 디자인하는 것과 같은 감각으로 화장 …….[80]

아직은 부드럽게 받아들여지지 않는 시대라는 것을 적확하게 표현하면서 남자의 얼굴도 누군가에게 보이는 시대로 접어들었다는 것을 느끼게 하는 소개 기사다.

그런 시대에 "남성의 화장에 대한 찬반양론"이라는, 원자력발전의 포스터를 흉내 낸 광고 문구를 내건 채 남성의 내추럴메이크업 제품이 일본의 화장품 제조사에서 발매되었다. 1984년 11월의 일이다.

당시 과학기술청으로부터 원자력발전소 추진을 위한 포스터를 의뢰받은 아트디렉터 가와키타 히데야(河北秀也)는 아직 원자력발전에 대한 여러 가지 찬반 논의가 있기 때문이라며 직접적으로 '찬반양론'이라는 말을 넣은 포스터를 제작하여 화제를 불렀다. 이 광고 문구를 흉내낸 남성 메이크업 제품의 포스터에는, 아직 남성의 화장이 받아들여질 수 있는 상황이 아니라는 것을 의식하면서 일부러 이러한 광고 문구를 선택함으로써 화제를 불러일으키고 싶다는 생각을 담았음에 틀림없다.

이 제품이 발매되고 6개월 후 " '남자의 화장'이 융성한 배후에 있는 의외의 '기획자'"라는 소제목으로 화장품 제조사 사장이 발매의 배경을 담화 형태로 주간지에 게재했다.

"재작년에는 화장품 업계에서 늘 여는 신년회에 (수상인) 나카소네(中曾根) 씨가 오셔서 '여성은 더욱 아름답게, 남성은 늠름하게 해주세요'라고 짤막하게 인사를 했는데 …… 이 말이 힌트가 되어 상품 개발에 착수했습니다."[81]

이 메이크업 화장품 컨셉은 '늠름한' 남성상이었다. 화장을 하여 늠름한 남성이 된다는 의미다. 1970년대까지의 '늠름한' 남성상이 1980년대에 들어 상실되고 있는 가운데 메이크업으로 늠름한 남성상을 떠오르게 하겠다는 모습이 엿보인다. 남성용 메이크업 제품의 발매는 결과적으로 이 '늠름한' 남성상과 함께 "남자도 얼굴이 중요하다."라는 메시지를 사회에 던지게 된다. 당시의 남성 메이크업에 관한 잡지 기사를 보면 다음과 같다.

"올바른 남성 메이크업 대연구. 어떻게 하면 당신도 멋진 남자가 될 수 있을까!? …… 어떤 메이크업 용품이 있는 걸까? …… 여자에게 변신 욕망을 독점케 하지 마라 / 여성 메이크업 용품으로 과격 변신!" (『プレイボーイ』, 1986년 6월 3일호)

"회사원도 화장하는 시대가 찾아왔다 …… 아름답지 않으면 남자가 아니다!? …… 능숙한 '화장'도 능력의 하나"(『週刊サンケイ』, 1986년 9월 18일)

남성용 메이크업 제품이 발매된 다음 해인 1985년 6월, 유라쿠초(有樂町) 세이부백화점에서는 점장 이하 남성사원 약 300명이 메이크업을 하고 매장에 서는 캠페인을 벌였다. 젊은 남성만이 아니라 중년 남성도 메이크업을 했다. 그대로 집에 돌아가 아내에게 "젊어보여서 좋네요."라는 말을 들었다는 이야기가 텔레비전에 소개되는 등 매스컴(아사히 텔레비전의 「투나잇」 등)은 보도에 열을 올렸다. 그 무렵에는 좀 알려진 레스토랑에 가면 흔히 메이크업을 한 웨이터를 볼 수 있었다.

소개한 잡지 기사의 내용이 현실을 그대로 드러낸 것은 아니지만 화제가 될 만한 것이 있었다. "남자의 화장 = 좀 별나네" 하는 고정관념이 서서히 무너진 것은 사실일 것이다.

남자의 화장 붐은 남성의 여성화라는 통설과는 반대의 측면을 갖고 있다. 대부분의 남성은 잃어버린 남자다움을 회복하려고 거울을 보며, 이 점에서는 여성에게 화장이 여자다움을 강조하려는 목적을 갖고 있는 것과 마찬가지로 남성의 화장도 남자다움을 확인하려는 눈물겨운 노력의 하나다. ······ 이제 '남자다움'은 화장에 의해 표면적으로 만들어내는 것이 되어버렸다.[82]

남녀의 경계가 흐릿해지기 시작했기 때문에 종래와 같은 형태의 남자다움을 되찾으려고 화장을 한다. 원래 "얼굴이 아니라 마음이야" 하며 외모를 경시해왔을 터인데도 화장이라는 수단으로 외모를 바꾸어 종래와 같은 남자다움을 되찾으면 늠름한 내면을 얻을 수 있다는, 바로 그 '눈물겨운 노력'이 이 남성 화장에서는 빼놓을 수 없는 것이다. 외모는 상관없다고 해왔으면서도 외모에 집착하고, 결국 외모가 마음을 바꾼다는 것을 인정하게 된다. 1980년대 중반, 그때까지 부정해온 외모를 이용하여 내면을 바꾸려고 한 것은 사실상 이미 외모의 중요성을 암암리에 보여준 일일 것이다. 외모도 중요하다는 새로운 페이지가 더해지기 시작한 것이다.

그렇다면 이 화장은 실제로 유행했을까? 유감스럽지만 그 후의 커다란 흐름은 메이크업이 아니라 세안 제품이나 팩 등을 사용한 피부 손질로 옮겨갔다. 남성 메이크업은 젊은이들 사이에 보급되지도 않았고 정착도 되지 않았다. 왜일까?

이러한 물음에 곧장 돌아올 것 같은 대답이 '귀찮으니까'다. 그러나 다음의 이유에서 그 대답은 설득력을 잃고 만다. 지금은 당연한 것이 된 남성의 눈썹 손질은 중고등학생들까지 하고 있다. 귀찮다는 이유가 성립한다면 눈썹 손질도 귀찮으니까 유행하지 않았을 것이다. 탈모를 막으려고 열심히 찾아다니는 젊은 남성도 출현하지 않을 것이다. 오히려 다음과 같은 두 가지 이유를 생각하는 것이 더 설득력이 있다.

하나는 종래의 남자다움에 찬성, 혹은 적극적으로는 반대하지 않는 보수적인 사람들의 의견이다. 남자가 화장을 하다니 사내답지 못하다, 사내놈이 어째서 화장 같은 걸 하느냐, 라는 이유다. 남성이 화장하는 것 자체에 반대하는 것이다.

또 하나는 종래의 남성사회에 대해 의문을 품고 있는 사람들의 반대다. 1980년대라고 하면 여성의 사회 진출이 증대하고 일상적으로 여성이 확실히 자기주장을 하기 시작한 시대다. 남녀차별에 대한 의식의 고양은 물론이고, 1985년에 남녀고용기회균등법이 등장한 영향도 크다. 굵은 눈썹과 가슴의 털이라는, 종래의 남자다움이 붕괴되기 시작하고 새로운 남성성이 요구되었기 때문에 고전적인 남성상을 그리려는 메이크업은 거부되는 게 당연했다. 이런 이유로 남성의 화장은 신구(新舊) 양쪽에서 지지받지 못한 것이다.

쇼유 얼굴 · 소스 얼굴의 유행

화장으로 외모를 바꾸는 것은 유행하지 않았지만 외모에 대한 의식의 변화가 뚜렷해 보이는 현상이 일어났다. 쇼유 얼굴·소스 얼굴의 유행이다. 1987년에 접어들었을 무렵 쇼유 얼굴·소스 얼굴이라는 말이 매스미디어에 등장하여 남자의 얼굴이 분석되고 분류되었으며, 1988년의 유행어대상에까지 뽑혔다.『현대 용어의 기초 지식』(現代用語の基礎知識)에 따르면 "젊은 여성들 사이에서 남성의 얼굴을 분류하는 놀이가 크게 유행했다. '마요네즈 얼굴', '케첩 얼굴', '미소(된장) 얼굴' 등등. 그런 과정에서 가장 대중적으로 시민권을 얻은 것이 '쇼유 얼굴'· '소스 얼굴'이라는 분류였다. 쌍꺼풀이 없이 짝 찢어진 눈의 일본풍 얼굴이 '쇼유 얼굴', 굴곡이 심한 모델 같은 얼굴이 '소스 얼굴'인데, 각각의 대표는 '쇼넨다이'(少年隊 : 1981년에 결성된 남성 3인조 그룹—역주)의 히가시야마 노리유키(東山紀之)와 니시키오리 가즈키요(綿織一淸)가 뽑혔다."는 내용이 있다.

쇼유 얼굴이란 쌍꺼풀이 없는, 짝 찢어지고 길며 야무진 눈에다 눈썹은 엷고 산뜻한 인상의 얼굴을 말한다. 고대 일본인의 분류에서 말하자면 도래인인 '야요이 얼굴'(弥生顏)* 계통이다. 소스 얼굴은 쌍꺼풀에 눈이 크고 맑으며 눈썹이 짙고 굴곡이 뚜렷한 서구적인 얼굴로, 일본 열도에 옛날부터 살고 있던 조몬인(繩文人) 계통이다.

1980년대 중반에 발행된 여성지의 미용 기사에, 당시까지 부정적으로 생각되었던 '납작한 얼굴', '일본인 얼굴'을 다시 보는 미용 특집이 몇몇 잡지에 실렸

야요이 얼굴
시원한 얼굴 생김새가 특징으로 1980년대에 유행한 쇼유 얼굴의 특징과 비슷하다.

다. 서구인의 뚜렷한 굴곡이나 커다란 눈을 표현하려고 억지로 메이크업을 할 필요는 없다. 길게 찢어지고 쌍꺼풀이 없으며 부어 보이는 눈이면 또 어떤가, 광대뼈가 튀어나온 납작한 얼굴이면 또 어떤가, 이제 우리의 얼굴을 다시 보는 게 좋지 않겠는가, 하는 내용이다.

그러한 흐름이 있는데다 당시는, 거품경제의 절정기여서 서구를 따라잡고 추월하여 뉴욕의 빌딩을 매수한 이야기 등이 신문에 떠들썩하던 시대이자, 아시아적 또는 일본적인 요소가 직시되기 시작한 시대였다. 그리하여 일본풍의 산뜻한 쇼유 얼굴이 더욱 선호되었다.

이 유행은 남자의 메이크업 유행에 이어 '남자도 얼굴'이라는 가치관을 조장했다. 얼굴에 대한 일본인의 전통적인 미의식인 "얼굴이 아니라 마음이다"라는 가치관이 이미 붕괴되기 시작했다는 것을 의미하기도 한다. 당시까지 사람들 앞에서 남자의 얼굴에 대해 운운하는 것은 좋지 않게 생각되었는데, 이때 처음으로 도마 위에 올라 일방적인 평가를 받게 된 것이다. 미추를 포함하여 평가를 받게 되는 등 얼굴도 중요한 시대가 되었다고 할 수 있다. 남성도 보기만 하는 입장에서 누군가에게 보이는 입장이 되지 않을 수 없게 된 것이다.

앗시쿤
여성을 자신의 자가용으로 데리러 가고 데려다 주는 남자를 말한다. 앗시는 '아시'(足)에서 왔고 쿤은 '군' (君)이다. 거품 경제 후기에 이동수단으로서의 남성을 앗시라고 부르게 된 것이다.

남성이 누군가에게 보이고 평가를 받게 된 결과 1980년대 말에는 '앗시쿤'(アッシークン)*이라든가 '미쓰구쿤'(ミツグくん)** 등으로 불리며 목적에 따라 이용되는, 젊은 여성의 액세서리 같은 존재가 된 남성이 나타났다. 1990년대에 접어들자 '귀여운 남자'가 등장하고 멋진 남성이 '이케멘'(イケメン)*으로 불리는 상황으로 이어진다.

'흑' 일변도 시대의 종언

예전에는 '머리를 염색하는' 것이라면 흰 머리를 검게 물들이는 것을 의미했다. 검은 머리는 젊음의 상징이고 하얗게 센 머리는 젊지 않다는 것을 의미했다. 『만요슈』(萬葉集)에 있는 사미노 만세이(沙弥満誓)가 오오토모노 다비토(大伴旅人)에게 보낸 "검은 머리 하얗게 변해도 아픈 사랑을 만나는 때가 있구나" 하는 노래도 그런 생각을 읊은 것이다. 검은 머리에 대한 이러한 집착은 헤이안 시대에 편찬되었으며 일본에서 가장 오래된 의학서인 『이신보』(醫心方)에 있는, 흰 머리를 검은 머리로 염색하는 법(처방)에서도 읽어낼 수 있다. 오랫동안 검은 머리야말로 아름다움이고 젊음이며 '초록의 검은 머리'(緑の黒髪)**, '새까만 까마귀 깃털의 수초'(烏羽の玉藻), '까마귀의 젖은 깃털색'(烏の濡れ羽色), '청사발'(青糸髪 : 검고 아름다운 머리를 말한다—역주), '비취 머리'(翡翠の髪状) 등으

미쓰구쿤
여성에게 물건 등을 사주는 남자를 가리킨다. 이 밖에도 메시쿤(밥을 사주는 남자) 등의 말이 있었다.

이케멘
잘생긴 남자를 가리키는 속어.

초록의 검은 머리
여성의 머리를 칭찬하는 말로 반들반들한 아름다운 검은 머리.

로 칭해졌다. 이른바 검고 곧으며 긴 머리가 전부라는 문화가 천 년 이상 계속되었던 것이다.

검은 머리나 직모에 대한 집착은 아직도 중학교·고등학교의 교칙에 표현되어 있을 것이다. 결과적으로는 원래 머리가 검지 않을 경우, 염색하지 않은 타고난 머리라는 것을 증명해야 하는 일까지 일어나는 현실이다.

그런데 검은색을 포함한 어두운 계통의 머리로 염색하는 것을 제외하고 탈색하여 밝은 색으로 염색하는, 요즘 말하는 갈색 머리로 염색하는 것의 시작은 하마무라 미치코(浜村美智子)의 칼립소 스타일까지 거슬러 올라간다. 1957년 3월에 발매되어 한 달 남짓한 기간에 18만 장이나 나가는 대히트를 친 칼립소풍의 「바나나 보트 송」으로 데뷔한 그녀는 긴 머리를 탈색했고, 황갈색 계통의 파운데이션을 사용했으며 짙은 아이섀도에 아이라인을 그려 넣었고 커피브라운의 입술연지를 바르고 있었다.

유럽에서는 고래로 머리색에 상징적인 해석을 함으로써 그 소유자와 결부시켜왔다. 금발은 태양, 금과 결부되기 때문에 고귀한 색이고, 갈색은 진지하고 정이 두텁다고 간주되는 반면에 빨강머리는 바람직하지 않은 색으로 생각되어 몹시 기피되어 왔다. 구약성서 창세기에 나오는 동생 아벨을 죽인 카인, 신약성서의 유다를 예로 들 필요도 없이 좀더 가까운 예로는 코난 도일(Arthur Conan Doyle, 1859~1930)의 『주홍색 연구』(A Study in Scarlet, 1887), 르나르(Jules Renard, 1864~1910)의 『홍당무』(Poil de carotte, 1894), 몽고메리(Lucy Maud Montgomery, 1874~1942)의 『빨간 머리 앤』(Anne of

Green Gables, 1908) 등에서도 공통적으로 따돌림을 받는 사람, 화를 잘 내는 사람이라는 의미가 그 배경에 있었다. 고대 그리스, 로마 시대부터 머리를 염색하는 문화는 그러한 머리 문화와 관련되면서 발전해왔다. 그러므로 백인 여성은 우월한 색인 금발로 염색하고 싶어하는 것이다.

이른바 갈색머리의 유행은 1990년대에 들어선 이후지만, 그 전에 하얀 머리를 염색하지 않아도 좋다는 사람이나, 흰 머리와 검은 머리가 섞여 있어도 좋으며 검게 염색하지 않아도 좋다는 여성들이 등장한다. 흑색 일변도에서 탈피한 것이다. 당시 신문의 소제목을 보면 다음과 같다.

"늘고 있는 '반백의 미인', 흰 머리가 신경 쓰이기 시작하면 ……, 어느 정도 태도를 바꾸기를, 외모보다는 활기찬 마음을 소중하게, 염색은 했지만 편하지 않다, 머리만 새까매서 부자연스러워."(《東京新聞》, 1987년 9월 21일자)

"백발미인, 자기만의 멋 부림 권장, 입술을 메이크포인트로, 원색 드레스가 어울린다."(《東京新聞》, 1990년 2월 16일자)

각각의 여성이 실명으로 사진과 함께 소개되어 있다. 모두 검지 않으면 안 된다는 종래의 가치관에서 해방되어 그 사람다움을 말하고 있다. 또한 1990년대의 조사인데, 「멋 백서」(おしゃれ白書, 폴라문화연구소)에 따르면 1991년에 "늙었다는 것을 느끼게 하는 백발은

검게 염색한 것이 낫다"고 했던 의견이 1994년에는 전체적으로 20퍼센트나 감소했다.

이처럼 1980년대 후반부터 시작된 머리색에 대한 전통적인 가치관의 붕괴는 1990년대 중반에 콘택트렌즈에까지 이르렀다. 시력을 교정하기 위해서가 아니라 멋을 내기 위해 파랑, 회색, 초록 등의 렌즈가 사용되어 일본인은 검은 머리에 검은 눈동자라는 고정관념은 점점 흐릿해져갔다.

살색이라는 색 이름

일본어로 '살색'(肌色, 하다이로)이라고 하면 살의 색, 피부의 색을 나타낼 뿐만 아니라 '살색'이라는 특정한 색을 의미했다. 일단 과거형이지만 지금도 그럴지 모른다.

예전에 철이 들 무렵부터 그림 그리는 시간에는 크레용이나 크레파스로 하얀 종이에 엄마나 아빠, 친구를 그렸는데 피부의 색은 반드시 '살색'을 썼다. 다른 색을 사용하여 선생님한테 꾸중을 들은 사람도 있었을 것이다.

희지도 않고 검지도 않는 살의 색으로 '살색'이 선택되었던 것인데, 이 색 이름이 등장한 것은 20세기에 들어선 이후였다. 말 그대로 아직 하얀 분인, 백분에도 수입 문화로서의 '살색'이 사용되기 시작했다. 원래는 영어 'flesh color'가 처음에는 '육색'(肉色)으로 번역되었고 다음에는 살색(肌色)으로 번역되었다. flesh color는 "백인의 피부, 즉 분홍빛을 띤 크림색"을 가리켰지만 일본어화가 진행되는 과정에서 일본인의 피부색까지 포함하는 모호한 색이 되었던 것 같다.

원래 하얀 분을 피부에 바르는 데서 그 분을 백분이라고 불렀는데, 피부에 바르는 분이라는 데서 하얀 색이 아닌데도 관용적으로 백분 또는 가루백분이라고 불러왔다.

그런데 이야기는 크레용이나 크레파스로 돌아간다. 1992년에 출판된 졸저 『얼굴의 문화지』[83)]에서는 이 살색에 대해 다음과 같이 썼다.

크레용이나 크레파스 이외에 살색이 준비되어 있는 그림재료는 색연필, 물감 등이 있는데 긴자의 문방구를 조사해봤더니 국산품에만 '살색'이 있었다. 수입품도 비슷한 색, 살색이라고 부를 만한 것이 있었는데 그것은 번호이거나 핑크, 베이지라는 색 이름이 붙어 있었다. 아울러 한국의 친구에게 물었더니 한국에도 살색이 있다고 한다. 역사적으로 일본의 영향으로 만들어졌을 것이다. 아마 살색이라는 색 이름이 있고 살색이라는 특정한 색을 가진 것은 일본뿐일 것이다.

자세히 보면 일본인 중에도 색이 하얀 사람, 검은 사람이 있는데도, 게다가 일본인은 세세하고 미묘한 데에 미의식을 발달시켜온 경향이 있는데도, 어쩐지 살색이라는 하나의 미의식만을 키워온 것이다. 현실적으로 일본에도 외국에서 여러 가지 피부색을 가진 사람들이 이주해 오고 있는데도 아직 일본에서는 살색을 한 가지 색으로 정해 놓고 상품을 팔고 있다. 누가 생각해봐도 이제는 살색을 하나의 색으로 특정할 수 없는데도 그것을 사용한다는 것은 일종의 인종차별이라고 하지 않을 수 없다.

그 후 1998년 11월 10일자 《요미우리신문》(讀賣新聞)에 따르면
" '살색'은 JIS*에서 정한 색명이기 때문에 지금까지 동업종 18개
사가 사용해왔지만 '펜텔'은 4월부터 순차적으로 상품에서 JIS 마
크를 빼고 색명 변경을 진행하고 있다. …… 내년 가을까지는 모
든 상품이 새로운 색명이 될 전망이다."고 했고, 변경 이유에 대해
서는 "사회의 국제화가 진행되어 유치원, 학교, 지역에 외국인이
늘어나고 있는 가운데 '살색'이라는 명칭에 혼란을 겪는 학교의
선생님이나 소비자가 늘어났다. 우리도 그렇다고 생각했다."고 품
질보증 부장의 설명을 게재하고 있다. 기사에서는 그 후 사내에서
의 반대 의견도 있었다는 등의 이야기와 함께 이른바 식자의 코멘
트를 찬반 모두 소개하고 있다.

최근에 그것을 확인하기 위해 크레용과 크레파스를 구입하여
비교해 보았다. '살색'은 '엷은 오렌지', 영문으로는 pale orange
에서 light orange로 바뀌어 있었다. 영문명에서 pale과 light의
차이는 없다고 전제하여 사용한 듯하다. 살색이라는 색 이름이 어
떤 특정한 색을 가리키는 시대는 끝났다고 할 수 있다.

JIS
Japanese Industrial Standars 일본공업규
격

'귀여움'이 기준인 시대

이마를 드러내지 않는 귀여움

그다지 알려져 있지 않은 것인데, 이마는 인류학에서 머리로 분류된다. 얼굴로 보는 경우, 이마는 얼굴의 연장임과 동시에 머리털이 나기 시작한 부분으로 둘러싸인 부위이기도 하다. 또한 앞머리를 늘어뜨림으로써 감출 수 있는 부위이기도 하다. 예전에 일본 사회에서 소녀기에는 앞머리를 늘어뜨려 이마를 감추었지만 성인이 될 때는 '머리 올리기', 즉 이마를 드러내 어른 머리로 하는 것이 당연한 일이었다.

유명한 시마자키 도손(島崎藤村)의 시집 『와카나슈』(若菜集)에 실린 「첫사랑」(初戀)은 다음과 같이 시작한다.

이제 막 올린 앞머리
사과나무 아래에 보였을 때
앞머리에 꽂은 빗
그대, 꽃처럼 아름답다 생각했네

이제야 막 머리를 올린, 소녀에서 어른이 된 여성의 마음을 첫한 행으로 읊은 것은 지금으로부터 백 년도 더 된 1896년(메이지 29) 10월 30일의 『분가쿠카이』(文學界)에서였다. 지금까지 보여준 적이 없는 이마를 보여주는 부끄러움과, 올린 머리 = 어른 = 결혼할 수 있는 자격을 얻음으로써 자각하지 않을 수 없게 된 것, 그리고 결과적으로 놀림을 당하는 부끄러움도 의미했을 터이다. 당시에는 머리를 올리고 이마를 드러내는 것이 어른이 된 증거였던 것이다.

백 년쯤 뒤인 현대사회에서는 '이마를 드러내는 것 = 어른'이라는 도식이 성립되지 않게 되었다. 또 나중에 말하게 될 전통적인 얼굴 감추기 문화가 현대사회에서는 이마 감추기로 된 것 같았다. 이것을 확인해보기 위해 실제로 어느 정도의 사람들이 앞머리를 늘어뜨리고 있는지를 조사해본 적이 있다.

방법은 고현학(古現學)에서 자주 이용되는 사진 관찰법으로, 신주쿠(新宿) 기노쿠니야(紀伊國屋) 서점(본점) 앞의 신호를 건너는 사람들을 도로 반대쪽에서 사진으로 기록하여, 그·그녀들이 앞머리를 처리하는 방식을 사진으로 분석했다. 사진에서 무작위로 여성 300명, 남성 120명을 추출하여 연령을 추정하면서 이마를 드러내는 방식, 앞머리를 처리하는 방식을 분류했다.

그 결과 여성 중에 이마를 완전히 드러낸 사람은 11퍼센트 정도에 지나지 않았고, 남성도 20퍼센트가 좀 못되었다. 장소의 성격이나 추정한 연령을 봐도 십대·이십대가 80퍼센트 가까이나 되었기 때문에 일반화할 수는 없지만, 이마를 드러내고 있는 사람이 이렇게 적다는 데에는 깜짝 놀랄 수밖에 없었다. 동시에 남성도 같은 결과를 보였다는 것은 충격적이었다. 1987년의 일이었다.

현대에는 학교의 교칙으로 규제되고 있는 것이나 일부 직업적으로 어떤 스타일을 요구하고 있는 경우를 제외하면 자유롭게 머리 스타일을 선택할 수 있다. 물론 머리를 올려야 한다고 정해진 것도 없고 그런 구속도 없다. 자유롭기 때문에 다들 곧고 가지런히 자른 머리나 장발로 하지 않아도 또는 이마에 앞머리를 늘어뜨리지 않아도 될 것이다.

이 점을 패션 잡지는 어떻게 의식하고 있을까? 또는 확실한 의식 = 미의식이 존재하고 있는 것일까? 일본인 모델이 등장한 경우에도 그다지 다르지 않다. 한편 외국의 휴대 잡지나 패션적인 성격이 강한 국내 잡지를 봐도 모델은 외국인, 특히 백인이 많이 등장하고 또 이마를 드러내고 있는 사람이 많다. 앞머리를 늘어뜨리고 있는 경우도 있지만 오히려 예외적이고, 기본적으로는 이마를 드러냄으로써 하나의 미를 표현하고 있는 듯이 보인다. 이마를 드러내는 방법도 그 자체에서 주장이 느껴져 상당히 의식적인 것이라고 해도 좋을 것이다.

그렇다면 이마를 드러내는 것과 드러내지 않는 것은 대체 어떤 차이가 있을까?

몇 가지의 효과를 생각해볼 수 있다. 우선 귀엽게 드러냄으로써 인간관계를 원만히 하려는 것이 있다. 동물의 세계에서는 '귀여운 것'에 대해 공격하려 하지 않는다. 오히려 그것을 본 동물이 보호하며 귀여워해주고 싶어 한다. 그 '귀여운' 것의 대표는, 사람으로 말하자면 '갓난아기'이고 '유아'다. '갓난아기'나 '유아'가 갖는, 몸에 비해 큰 머리, 둥근 얼굴, 둥글고 큰 눈 등의 특징이 그것을 보는 사람에게 귀여움을 느끼게 하기 때문이다. 그 귀여움에 대해 동물행동학자인 로렌츠(Konrad Lorenz, 1903~1989)는 아기의 도식으로 설명하고 있다. 이 아기의 도식은 ① 신체에 비해 커다란 머리, ② 앞으로 튀어나온 이마를 수반하는 높은 윗머리, ③ 얼굴 중앙보다 약간 아래에 위치하는 커다란 눈, ④ 짧고 굵은 팔다리, ⑤ 전체적으로 둥그스름한 체형, ⑥ 부드러운 몸의 표면, ⑦ 둥그스름하고 통통한 볼, 이렇게 일곱 가지의 특징을 지적하고 있다.

의식되지 않은 이러한 목적의식 외에 이마의 형태에 콤플렉스를 느끼는 사람도 적지 않다. 이마의 하에기와, 즉 머리털이 나는 부분의 모양이 마음에 들지 않다거나 짱구 이마라서 감추는 사람도 꽤 많다. 예전에는 하에기와가 후지 산 모양인 후지히타이(富士額)가 미인의 상징이었다. 오늘날에는 젊은 사람에게 물어보면 이 후지 산 모양의 이마를 넓은 이마로 생각하고 있는 사람이 많은 듯한데, 사실은 완전히 반대다. 오히려 좁은 이마를 가리켰다. 후지 산 모양의 이마를 가진 미인상에는 지적인 모습이 필요하지 않았을 것이다.

어른의 세계에서도 앞머리로 이마를 감추면 얼굴의 길이가 짧아지고 얼굴이 둥글게 보여 아이처럼 된다. 그러므로 귀엽고 젊은 인상을 준다. 귀엽게 꾸밈으로써 주변 사람과의 마찰도 피할 수 있게 하고 오히려 상대의 공격성을 누그러뜨려 인간관계를 좋게 하는 수단이 된다. 앞에서 말한 조사에서 여성은 이마를 드러냄으로써 3.5세 정도 나이가 더 들어 보인다는 결과를 얻었다.

한편 앞에서 말한 것처럼 이마는 머리 앞에 있으므로 옛날부터 지성을 드러내는 부분이라고 여겨왔다. 이마를 드러내면 얼굴이 길어져 나이 들어 보이지만 총명하고 세련된 어른스러운 분위기가 드러난다. 얼굴이나 머리의 깊이를 더욱 깊게 보여줄 수도 있다. 그러나 그 결과 상대의 공격성을 자극할지도 모른다. 이마를 드러내면 건방지게 보이기 쉽기 때문이다. 그래서 "유능한 사람은 (앞머리를 늘어뜨려) 이마를 감추는" 것일까?

앙케트로 보는 미인관

누구나 자신의 얼굴에 대해 좋아하는 부분, 싫어하는 부분을 갖고 있을 것이다. 그래서 얼굴에 대해 좋아하는 부분과 싫어하는 부분을 듣고 또 그 이유를 각각 들어보았다. 많은 사람들이 모이므로 그 집단이 갖고 있는 미추에 관한 의식, 즉 미인관을 발견할 수 있기 때문이다. 폴라문화연구소의 조사 「멋 백서」에 그런 질문 항목을 더한 적이 있다. 1991년부터 2000년까지 3년마다 실시한 조사 결과를 정리한 것이 『앙케트로 보는 미인관 ― 「멋 백서 1991~2000」에서』다.

조사 대상은 수도권 30킬로미터 권내에 거주하는 15세에서 64세까지의 여성 910명(2000년)~1,300명(1991년)으로, "자기 얼굴에서 가장 마음에 드는 곳은 어디입니까? 어떤 점이 마음에 듭니까?"라는 질문 및 "가장 싫은 부분"과 그 이유를 자유롭게 적도록 했다.

그 결과 2000년에는 마음에 드는, 즉 '좋아하는' 부분은 '눈'이 압도적으로 많은 54퍼센트를 차지했다. 그에 비해 싫은, 즉 '마음에 안 드는' 부분은 '코'가 1위로 29퍼센트, 2위는 '눈'으로 18퍼센트, 3위는 '입'으로 10퍼센트였다.

10년 전의 결과와 비교하면 좋아하는 부분에서 1위인 '눈'은 52 퍼센트로 거의 변화가 없었다. 2위 이하는 '입술'이 2000년에 10 포인트 내려간 것, 6위에 눈의 크기나 매력을 드러내는 말로서 최근에 화제가 된 '눈의 표정'(目力)과 관련된 '속눈썹'이 등장한 것 이외에는 그다지 큰 변화가 없었다.

싫어하는 부분은 1위가 '코', 2위가 '눈'으로 상위의 순위에는 변화가 없었고 또 3위 이하에서는 순위의 변화는 있었지만 명확한 경향을 발견할 수 없었다.

각각의 이유를 부위별로 정리하여 이상적인 모습을 그려보면, 2000년에는 "쌍꺼풀이 있는 큰 눈, 작은 입, 콧날이 높고 가늘게 쭉 뻗은 코, 하얗고 투명한 피부, 가지런한 눈썹, 치켜 올라간 긴 속눈썹"이었고, 경향은 1991년과 거의 다르지 않았다. 이상적인 모습에서 받은 인상은 눈이 크기 때문에 우키요에에 등장하는 얼굴에서 받은 인상과는 다르다. 입이 크다면 여성지의 표지를 장식하는 백인 여성일 텐데 그런 인상도 아니다. 마치 소녀만화에 나오는 주인공, 또는 리카짱*, 제니** 같은 인형 이미지다. 그것은 어린이 같은 '귀여움'이지 결코 성숙한 얼굴이 아닌 것이다.

리카짱
일본의 옷 갈아입히기 인형의 캐릭터 가야마 리카(香山リカ)를 줄여서 부르는 말. 출하된 총 개수는 5,000만 개를 넘는다.

제니
일본의 옷 갈아입히기 인형의 캐릭터. 이름의 공식 표기는 JeNny.

전체적으로 이상과 같지만, 그 이외에 새로운 경향을 2000년의 결과에서 찾아볼 수 있었다. '귀여움'을 생각할 때 중요한 포인트인데, "커다란 입도 괜찮다"며 '큰 입'을 지지하는 층

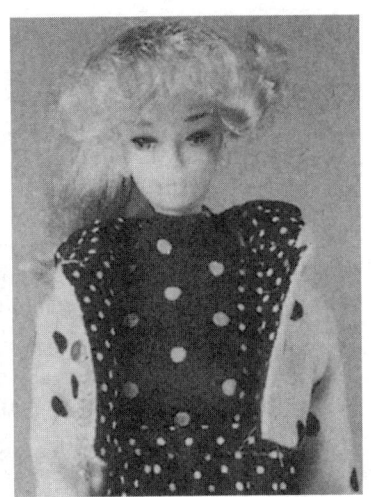

왼쪽 일본제 바비, **오른쪽** 미국제 바비

이 등장한 것이다. '입'을 싫어하는 이유로서 '크다'가 23퍼센트인 것과는 별도로 '작다'가 11퍼센트이고, 연령 분포를 보면 '커서 싫다는 사람'은 30대 이상, '작아서 싫다는 사람'은 20대 이하에 많았다. 종래의 조사에서는 존재가 선명하지 않았던 '큰 입'을 이상으로 생각하는 사람이 소수이긴 하지만 20대 이하에서 보이기 시작한 것이다.

귀여움을 택하는 소년소녀들

귀여움의 대표라고 하면 앞의 항목에서 다룬 소녀인형이다. 또 그 대표는 '리카짱' 인형과 '제니'(발매 당시에는 '바비'라 불렀다)다. '리카짱' 인형은 1967년(쇼와 42)생인데 소녀들의 놀이 상대로서 대량생산된 인형이다. 오랫동안 잘 팔려 2007년에 40주년을 맞이했다. '리카짱' 인형을 가지고 놀았던 기억이 있는 여성들 중에 자신의 아이들에게 똑같은 것을 경험하게 한 사람도 많을 것이다.

그런데 이 '리카짱'은 발매된 이래 몇 번이나 얼굴이나 체형이 개량되었는데 현재도 판매되고 있다는 사실을 생각하면 새삼 그 강력한 인기에 놀라지 않을 수 없다. 또한 '리카짱'보다 조금 위의 소녀들을 대상으로 하여 발매된, 같은 제조사에서 나온 '제니'도 1982년(쇼와 57)에 발매되어 2007년에는 25년의 역사를 갖게 되었다. 이 '제니'가 발매된 경위나 그 후의 판매 추이를 보면 일본 소녀들이 가진 '귀여움' 지향을 거듭 확인하지 않을 수 없다.

'제니'는 발매 당시에는 '바비'라 불렀고 미국과의 완구 무역 마찰 문제로부터 생겨난 인형이다. 지금은 미국제 '바비'가 '바비'로 생각되고 있지만 발매 당시에는 미국제 '바비'와 일본의 완구 제조사인 다카라에서 만든 '바비', 이렇게 두 종류가 있었다. 최근에는 미국제 '바비'도 조금은 팔리고 있는 듯하지만 다카라에서 만든 '바비'가 발매될 때까지는 거의 팔리지 않았다. 그 원인을 일본의 완구 제조사나 유통에 문제가 있다고 주장한 미국 측에 대해 일본 측은 소녀의 기호 차이, 문화의 차이 때문이라고 했다. 일본 소녀의 감성에 맞는 일본제 '바비'를 발매했더니 3년간 400만 개나 팔렸다. 바로 "인형에 대한 일본과 미국의 미의식이 다르다는 것, …… 6~8세의 어린 소녀가 직감적으로 구별하는"[84] 힘의 결과였다.

미국의 소녀들은 요즘 말하는 '바비'를 선택하고 일본의 소녀는

'제니'에게 매력을 느낀다. 그 차이는 뭘까? 인형을 비교해보자.

'바비'를 나체로 해놓고 보니 가슴은 발달해 있고 허리는 잘록하며 머리는 금발, 눈동자는 푸른색으로 팔등신, 게다가 입고 있는 옷은 어른스러운 브랜드의 성인 복장이다. 한 마디로 말하면 어른이다.

그에 비해 '제니'는 크기가 한 단계 작고 대충 칠등신인데 눈은 크고 눈썹이 가려질 정도로 앞머리를 늘어뜨리고 있는 어린아이 얼굴이며, 가슴도 그다지 발달하지 않은 데다 어린이다운 모자를 쓰고 리본이 달린 옷을 입고 있는 소녀 그 자체다. 한 마디로 귀여움을 그대로 드러내고 있다.

미국의 아이가 성숙한 어른을 동경하고 어른이 되는 것을 목표로 하며 어렸을 때부터 어른을 의식하고 자라는 것에 비해 일본에서는 반대로 어렸을 때부터 귀여움을 좋은 것으로 생각하는 미의식에 익숙해서 귀여운 것을 선택한다.

귀여움의 경향은 최근에 사내아이들이 가지고 노는 무사 인형에까지 나타나기 시작했다. 당시까지 무사 인형이 가진 무서움을 싫어하고, 친숙해지기 쉬운 귀여운 얼굴의 인형을 선택하는 아이들이 늘었다고 한다.

덧니가 귀여워?

귀여움이라고 하면 '덧니'를 떠올리는 사람이 아직 있을지도 모르겠다.

예전에는 '덧니'를 귀엽다고 생각하는 사람이 상당히 있었다. 조금 오래된 것이지만 『화장 문화』 20호(1989)의 특집 「입가의 미」에서 실시한 조사자료(수도권의 회사에 근무하는 남성 사원 195명, 여성 사원 94명과 도쿄도 내의 수영클럽을 찾은 여성 215명에 대해 용지를 비치해놓고 실시한 앙케트 방법)를 소개하기로 하자.

덧니에 대해서는 '귀엽다고 생각한다', '걱정되지 않는다'는 의견을 가진 사람은 남성이 두 사람 중에 한 사람에 가까운 45퍼센트, 여성은 39퍼센트, '귀엽다고 느끼지만 그다지 좋지 않다고 생각한다'는 의견은 남녀 모두 40퍼센트가 좀 못되었다. 반대로 '좋지 않다고 생각한다'는 남성은 여섯 명 중에 한 사람, 여성도 약 네 명 중에 한 사람에 지나지 않았다. 전체적으로 귀엽다고 느끼는 사람이 많고 특히 남성에게 그러한 경향이 강하다는 것을 알 수 있다. 그리고 그로부터 50년 이상 지나 치열을 교정하는 사람이 늘어난 것을 생각하면 덧니를 귀엽다고 생각하는 사람은 적어졌을 것이다. 그러나 성형수술을 했다는 여성이 텔레비전이나 잡지에 나오는 것을 보면 대부분 쌍꺼풀 수술을 하고 코를 높였는데도 입가에는 여전히 덧니가 반짝이기도 하는 걸 보면 아직 미의식이 이에까지는 이르지 않은 것처럼 보인다. 이의 교정, 이의 정형은 시간이 걸린다는 이유가 있는지도 모르겠지만, 얼굴의 균형이라는 관점에서 판단하면 이에 대한 의식의 우선순위가 낮다는 것을 느끼게 된다.

서구에서는 덧니를 드라큘라의 이라든가 동물의 이빨이라고 하여 이른 시기부터 교정하는 게 좋다고 여겨왔다. 중국계 사람들도 호랑이 이빨이라고 하여 싫어하고 불행을 가져오므로 결혼하기 전에 이를 뽑거나 교정한다. 이웃인 한국에서도 결코 환영받지 못한다. 일본에서는 극단적으로 바깥쪽으로 엄니처럼 난 덧니를 '뻐드렁니'로 부르는 것 외에 상당히 허용 폭이 넓다. 앙케트의 결과처럼 '덧니는 귀엽다'고 생각하는 것은 세계가 넓다고 해도 일본뿐인 것 같다.

일찍이 조몬 시대 후기에서 말기(약 3천 ~2,300년 전)의 일본열도에는 '발치' 습관이 있었다. 성인(당시는 14~16세)이 되면 건강한 좌우의 송곳니를 뽑았던 것이다. 결혼이나 재혼 때 또는 친한 사람이 죽었을 때도 뽑고, 결과적으로 네 개나 여섯 개를 뽑았을 거라고 생각된다. 헤이안 시대 이후에는 이를 검게 물들이는 풍습이 있었는데, 충치를 방지하는 등 이의 건강에는 좋았을지 모르지만 치열에 관한 미의식을 발달시키지는 못했다.

작은 얼굴 붐

'작은 얼굴'이라는 말이 여성지를 떠들썩하게 한 일이 있었다. 지금은 거의 기본형이 된 말이다. 흔히 말하는 것처럼 식생활의 변화 등으로 턱의 발달이 억제되면 현실적인 변화로서 얼굴이 둥글어지는 경향이 있으므로 귀여운 인상을 주게 된다는 생각도 성립한다. 실제로 얼굴을 계측한 자료는 작은 얼굴을 증명해주고 있는 것일까?

이 물음에 대해 도쿄지케이카이(慈惠會)의과대학의 다케우치 슈지(竹內修二)는『도쿄 교정치과학회 잡지』(제11권 제1호, 2001)에서 분명하게 적고 있다. 간단히 소개하기로 하자.

예컨대 신장에서 생각해보자. 과거 50년 동안 17세 남자는 10센티미터 이상 커졌고 하체가 몸통보다 증가율이 높기 때문에 최근의 젊은이들 중 다리가 긴 사람이 늘었다는 실감과 겹친다. 마찬가지로 얼굴 윗부분의 협골궁(頰骨弓) 폭(가로 폭)에 비해 얼굴 아랫부분의 하악각(下顎角) 폭(가로 폭)의 증가율이 낮기 때문에 요즘 젊은이들의 얼굴이 갸름하다는 인상을 주고 있다고 여겨진다.

또한 50년쯤 전인 1953년 이토 기누코가 미스유니버스대회에서 3위에 입상한 것을 계기로 팔등신이라는 말이 일본에 정착했는데 요즘은 어떨까? 머리 크기와 신장의 관계를 보면 164센티미터 전후의 사람은 평균 7.2등신인 것에 비해 180센티미터 전후의 사람은 평균 7.6등신으로, 신장이 클수록 팔등신에 가까워진다는 것을 알 수 있다.

그렇다고 실제로 턱이 작아진 것은 아니다. 오히려 우리의 바람이 상대적인 인상과 일치함으로써 증대하고, 그렇게 해서 일어난 현상이라고 할 수 있을 것이다.

뿌리 깊은 귀여움 지향과 다양화

이상과 같이 '귀여움'을 둘러싼 요소를 몇 가지 관점에서 정리해보았다. '큰 입'을 아름답다고 생각하는 세대의 등장을 나타내는 자료를 보면 '귀여움'으로부터의 탈피 등으로 생각하고 싶어진다. 그러나 어른과 아이의 경계가 모호해진 사회에서 또 그 대부분이 연소화(年少化)한다고 생각하면 점차 '귀여움' 지향이 강해진다고도 할 수 있다.

2000년대에 들어서자 가수 하마사키 아유미(浜崎あゆみ)의 영향으로 마스카라가 유행하고 눈을 크게 보이려는 젊은 여성이 늘어났다. '눈의 표정' 등의 말도 생겨나 치켜 올려진 긴 속눈썹을 만들기 위해 컬러(curler)를 사용하거나 마스카라를 솜씨 있게 칠하는 광경을 싫증날 정도로 보아왔다. 결국 눈가를 크게, 결과적으로 귀엽게 보이고자 하는 것이다. 여학생에게 거울을 보면서 자화상을 그리게 하는 수업을 시작했는데, 그녀들이 그리는 자화상의 대부분은 실제보다도 눈을 크게, 속눈썹을 하나하나 마치 그 수를 헤아리듯이(실제는 그렇게 느끼게 할 뿐이지만) 정성껏 그린다. 그러한 자화상으로부터도 귀엽게 보이고 싶은 바람을 읽어낼 수 있다.

이렇게 뿌리 깊은 '귀여움' 지향에 대해 대학원 수업에 들어온 한국 유학생은 놀라움을 감출 수 없는 것 같았다. "왜 일본인은 이렇게까지 '귀여움 지향'이 강한 걸까요? 일본에 와서 깜짝 놀랐습니다. 한국에서는 생각할 수도 없는 일입니다."면서 신기하다는 표정으로 말했다. 또한 학생들과 화장에 대한 이야기를 하고 있어도, 지나치게 하면 야해지기 때문에 싫다는 의견도 있고 화장으로 하는 자기주장, 개성 표현을 싫어하는 경향도 있는 듯하다. 적당하게, 싫지 않을 정도로 귀엽게 보이는 것이 좋을 것이다.

'귀여움'은 그것을 선택하게 하는 사회가 있기 때문이라고 말할 수 있을 정도로 '사람', '사회'와의 관계가 깊다. 21세기에 접어들어 사회 전체가 점점 연소화하고 젊음을 지향함과 동시에 '귀여움'이 만연하고 있다. 뭘 보든 '귀엽다'고 외치는 젊은 여성들의 획일화된 말이나 몸짓에 갑갑함을 느끼고 만다. 오늘날만큼 멋에 대해 자유를 얻은 시대는 없으므로 "뭐든지 귀여운 것이 좋다"는 귀여움 신앙에서 해방되어 "귀여움도 한 가지, 그 밖에도"라는 다양한 관점이 더욱더 표출되었으면 하는 바람이다.

6 장

일본인의 얼굴 문화론

전통적인 '얼굴 감추기' 문화

일본인은 얼굴이나 몸에 대해 구체적으로 어떤 아름다움을 존중해왔던 것일까? 왜 그런 아름다움을 선택해왔을까? 이것이 나의 연구 주제다. 이 연구에 착수한 지 23년이나 되었지만 모든 것이 밝혀진 것은 아니다. 여기서는 어떤 아름다움을 선택했는가에 중점을 두면서 얼굴을 중심으로 서술해가기로 한다.

주된 주제는 '얼굴 감추기의 미'와 옆얼굴 문화를 꺼려온 '앞얼굴 문화'다. 그러나 그것들의 근저에서는 현실성을 배제하고자 하는, 또는 소거하고자 하는 미의식이 보였다 안 보였다 한다. 현실성이란 얼굴이나 몸의 존재감이자 실재감이라고 해도 좋을 것이다. 그 존재감을 없애는 것이 아름다움이 된 것처럼 보인다. 정확히 말하자면 무(無)로 하면 좋을 때도 있고 한없이 무에 가까운 상태가 좋을 때도 있다. 실재감이란 표정이고 몸짓이고 체취이고 체모이고 점이고 모공이고 옆얼굴이기도 하다. 이러한 존재를 보이지 않게 하는 것, 느낄 수 없도록 하는 것에서 안도감을 느끼고 아름다움을 느낀다고 해도 좋을 것이다.

일본사회에서 생각하면 현대의 젊은이들은 "실재감을 배제하고자 하는" 이런 전통적인 미의식을 부정하고, 얼핏 실재감이 어떻게 존재하는지를 주장하는 것처럼 보인다. 얼핏이라고 한 것은 일본 사회에서는 세대간 가치관의 차이를 운운하지만 다른 문화에서 온 사람이 보면 그 차이는 무시할 수 있는 정도라는 연구 결과를 얻었기 때문이다. 일본사회에서 나고 자란 젊은이들에게는 그 사회가 오랫동안 유지해온 가치관이 골수에 스며들어 있는 것 같다. 이러한 미적 가치관은 무사도(武士道), 무가(武家)사회가 유지해온 것인데, 그런 의미에서 국제적으로 보면 아마 일본인 고유의 문화일 것이다.

그럼 구체적으로 각각의 미를 살펴보기로 하자.

유학생 리포트

일본인으로 태어나 일본사회에서 자라고 생활하는 우리에게 의견의 차이는 있지만, 세대간의 차이를 제외하고 일본인끼리의 커뮤니케이션에서 특별히 불편을 느끼는 일은 없을 것이다. 기본적으로 말을 하면 알 수 있다고 생각하기 때문이다.

그렇다면 다음과 같은 유학생 리포트를 읽으면 어떻게 생각할까?

「얼굴 문화」

저는 중국에서 나고 자란 조선족의 한 사람으로서 그동안 중국인과 조선족들의 얼굴을 봐왔기 때문에 그것들에는 익숙해져 있습니다.

3년 전에 일본에 와 일본인의 얼굴을 읽어내지 못해 여러 가지로 고민하고 있습니다.

문화가 다르기 때문에 일본인의 얼굴을 읽을 수 없는 것도 어쩌면 당연한 일일 겁니다. 그러나 저는 세계에서 가장 얼굴 표정이 바뀌지 않는 사람은 아마 일본인이 아닐까 생각합니다. 유학생 센터에서는 다른 나라 사람들과 자주 이야기를 나눕니다. 미국인, 유럽인, 동남아시아인과 여러 가지 이야기를 할 때면 그 사람의 얼굴을 보기만 해도 상대가 말하는 것이 본심인지 아닌지를 알 것 같습니다. 일본인과 이야기할 때, 특히 처음으로 만났을 때는 사람과 이야기를 하고 있다기보다는 훈련된 병사끼리 정해진 패턴으로 맞장구를 치고 있는 듯한 느낌을 받습니다. 지나친 말인지도 모르겠습니다.

일본인이라는 이미지는 처음에는 얼핏 차가운 느낌입니다. 무표정한 얼굴에서 그렇게 느끼는 걸 겁니다. 일본인은 처음으로 만날 때 웃지 않습니다. 이상하게 생각할 거라는 생각을 갖고 있기 때문인 듯합니다. 그러나 오래 사귀면 사귈수록 무척 성실하고 책임감이 강하며 따뜻하다는 느낌을 받습니다.

중국이나 한국은 웃지 않으면 기분이 나쁜 것으로 생각되기 쉬운 문화여서 처음으로 대면할 때도 웃는 것이 보통입니다.

(강조는 인용자)

표정이 빈약하다는 정도의 지적은 흔히 듣는 이야기여서 처음에는 대수롭지 않게 읽기 시작했는데, 위에서 강조한 부분을 보고는 솔직히 깜짝 놀랐다. 일본에는 병역도 없기 때문에 훈련받을 장소도 없다고 생각했는데 군대가 있는 사회에서 온 사람에게는 이러한 표현이 당연한 것인지도 모른다. 그러나 여기서 지적되는 특징을 가진 일본인은 대체 언제 그것을 익힌 것일까?

신문 기사에서 일본인의 얼굴이나 표정에 대해 적은 글에는 다음과 같은 것이 있다.

필리핀에서 온 대학 직원인 여성(31세)은 「모호한 말, 마음속이 보이지 않는다」는 소제목으로 "일본에는 10년 전에 왔으며 …… 지금은 필리핀으로 돌아가면 오히려 당황할 정도로 일본에 익숙해졌습니다. 하지만 도저히 알 수 없는 것이 한 가지 있습니다. 일본 사람의 얼굴이 보이지 않는다고 할까요? 필리핀에서는 얼굴을 보고 그 사람이 무슨 생각을 하는지, 어떤 사람인지 알 수 있지만 일본 사람은 머리 모양도 옷도 다 같고 감정도 드러내지 않습니다. 베일에 싸여 마음속이 보이지 않을 때가 많습니다."고 하면서 일본인의 얼굴을 알 수 없다고 말한다. 그리고 "직업상 유학생으로부터 상담을 받는데, '옷이나 말투를 일본 학생들에게 맞추지 않으면 그들 사이에 끼어들기 힘들다' …… '말하고 싶은 것을 직접적으로 말하지 않는 경우도 많다' …… 유학생을 비롯한 외국인들은 다들 일본 사람이라고 하면 꼭 하는 말이 '표현이 애매하다'는 거예요. 얼굴이 보이지 않는다는 것과 같다고 할 수 있을까요?"[85] 하고 말한다.

비슷한 기사, 예컨대 일본에 온 지 얼마 되지 않았을 때 상가(喪家)에 갔는데 그 집 아들을 비롯해 조문객들이 담소를 나누면서 맥주를 마시는 광경에 충격을 받고, 육친이 죽었는데 슬프지 않느냐, 이 얼마나 냉혈한들이란 말이냐, 하고 생각했다[86]는 이야기도 신문에서 흔히 볼 수 있다.

확실히 '울어주는 여자'를 고용하면서까지 자신들의 슬픔을 표현하는 중국이나 한국 사람들 눈에는, 장례식을 치를 때 쓰러져 울지도 않고 상가에서 밤을 새면서 추억담을 나누고 심지어 웃기까지 하는 일본인이 냉혹한 사람들로 보일지도 모른다. 일본인은 감정이나 자신의 기분 등을 표정에 드러내지 않는데, 확실히 표정에 드러내지 않으니까 마음속을 읽을 수가 없고 모두 똑같이 보인다는 등의 이미지는 외국인들이 일본인에게 갖는 첫 번째 인상으로 확실히 존재하고 있는 듯하다. 또한 감정을 함부로 드러내지 않는다는 전통을 가지고 있는 것이 국기(國伎)인 스모다. 최근에는 외국인이 요코즈나(橫綱)*가 되는 시대가 되었고, 시대와 함께 다소 변하기는 했지만, 기본적으로 스모는 다른 스포츠처럼 이겨서 기쁨을 표시하는 행위가 허용되지 않는 세계다. 등급이 올라가는 것을 평가할 때도 표정이나 몸짓 등이 품위의 유무에 포함되어 평가되고 있는 듯하다.

그렇다면 일본인은 왜 그렇게 감정을 드러내지 않게 되었을까?

| 요코즈나
일본 스모의 최고 지위. 한국 씨름의 천하
장사와 같다.

얼굴 감추기 문화

외국인으로부터 지적당할 것까지도 없이 이미 역사의 장(章)에서 언급해온 것처럼, 감정을 드러내지 않는 전통은 헤이안 시대의 귀족사회에서 그 뿌리를 발견할 수 있다. 이것을 나는 '얼굴 감추기 문화'라고 부른다. 얼굴 감추기 문화에는 두 가지 측면이 있다. 하나는 헤이안 시대의 여성들이 외출할 때 가즈키 등 머리에 쓰는 것을 가지고 물리적으로 얼굴을 감추는 행위다. 또 하나는 표정이 결여되어 있다고 지적되는 것처럼, 내면을 겉으로 드러내지 않는 행위다.

전자는 '미미하사미'라는 말로 대표할 수 있을 것이다. 앞머리를 귀에 걸쳐 얼굴을 함부로 노출하는 것을 꺼린 문화인 것이다. 이처럼 머리로 얼굴을 가려 물리적으로 얼굴을 보여주지 않는다. 오늘날 앞머리를 눈썹 언저리까지 늘어뜨리거나 얼굴을 덮는 헤어스타일을 하는 것, 실내에서도 발(簾), 장막, 휘장 너머로 대면하거나 옷소매 또는 쥘부채로 감추며 얼굴을 함부로 드러내지 않는 것을 좋게 여기는 가치관이 발달한 것, 외출할 때는 가즈키나 삿갓·무시노타레기누를 착용하다가 나중에는 두건이나 복면 등으로 머리를 덮었던 관습 등이 여기에 해당한다. 또한 에도 시대 이후에는 무가의 여성이 사람들 앞에서 맨얼굴을 보여주지 않고 화장을 하여 감추는 것을 좋은 것으로 여기는 가치관이 발달했던 것 등도 여기에 포함된다.

후자처럼 감정 표현을 억제하는 문화는 헤이안 시대 귀족 여성의 성인식에서 시작되었다는, 눈썹을 제거하는 화장을 들 수 있다. 에도 시대에는 일반 여성이 결혼하여 아이가 생기면 눈썹을 미는 풍습으로 바뀌기는 하지만, 감정에 의해 움직이는 눈썹의 존재를 부정하여 감정 표출을 감추는 데 도움이 되었다고 해석할 수 있다. 이를 까맣게 물들이는 풍습도 하얀 이를 눈에 띄지 않게 하는, 입매를 감추는 풍습과 통하는 행위라고 할 수 있다.

그리고 얼굴 감추기, 즉 감정 표출을 부정하는 전형적인 것은 무사의 문화에 확실히 존재했다. '무사(남자)는 3년에 한쪽 볼'(武士は三年に片頬)이라는 미학이다. 무사가 얼굴에 감정을 드러내는 것은 남자답지 못하다고 생각했으므로 3년에 한 번쯤 한쪽 볼을 움직이면 된다는 의미로 니토베 이나조(新渡戸稲造)는 그의 저서 『무사도』(武士道)의 「극기」에서 이렇게 적었다. "무사가 얼굴에 감정을 드러내는 것은 남자답지 않다고 생각되었다. '희로애락을 얼굴에 드러내지 않는다'는 말은 위대한 인물을 평할 때 쓰였다." 사람 위에 서는 자는 함부로 얼굴에 감정을 드러내서는 안 된다는 무사도의 일단을 엿볼 수 있다.

이렇게 맨얼굴을 보여주지 않으며 내면을 겉으로 드러내는 것을 좋지 않게 여긴 무가의 규범적인 미의식이 메이지 이후 정부에 의해 국민 문화 형성의 중심에 위치하게 된 결과, 국민 일반의 것이 되었다. 전후 60년이 지나 일본인은 젊은이를 중심으로 외모는 변한 것 같지만 외국인의 눈으로 보면 표면만의 변화일 뿐 알맹이는 옛날 그대로라는 이야기다.

얼굴의 커뮤니케이션

그렇다면 감추고 있던 또는 억제하고 있던 감정을 순순히 드러내면 좋은 것일까? 아니, 그렇게 간단한 문제가 아니다. 그렇게 단순한 문제라면 옛날에 벌써 바뀌었을 것이다. 문제를 복잡하게 하는 것은, "얼굴이 아니라 마음"이라고 하여 외모와 내면을 나누어 내면을 중시하고 외모를 멸시하는 문화를 만든 일이다. 이를테면 혼네(本音 : 본심)와 다테마에(建前 : 의례적인 태도)라는 문화와도 통하는 요소를 포함하고 있다.

유학생을 비롯한 외국인들이 말하는 "얼굴이 보이지 않는다."는 말의 의미는 단지 감정이 억제되어 있을 뿐만 아니라 얼굴과 마음이 일치하지 않는다는 것이다. 바꿔 말하자면 말과 표정이 일치하지 않기 때문에 어느 쪽이 진심인지 알 수 없고 읽어낼 수도 없다는 말이다.

얼굴을 감추는 문화는 얼굴을 보지 않는 문화이므로 얼굴로 커뮤니케이션을 하는 것이 전제되지 않는 문화다. 오히려 말을 중심으로 커뮤니케이션을 해온 문화라고 해도 좋을 것이다. 따라서 아무리 말로 "예 = 예스"라고 해도 얼굴이 "예스"라는 메시지를 발하지 않는다면 다른 문화에서 온 사람들이 볼 때는 얼굴과 말이 일치하지 않기 때문에 어느 것을 믿어야 할지 모르게 된다는 것이다.

나중에 말하게 되겠지만, 얼굴을 보지 않는 문화라는 것에 대해 좀더 덧붙이기로 하자. 1990년대 초부터 일본과 한국, 중국의 학생을 대상으로 미인관을 연구했다. 그 연구에서 일본인은 일본인의 얼굴을 구별할 수 없다는 결론을 얻었다. 일본인, 한국인, 중국인에게 같은 매수의 사진을 제시하고 각자에게 자기 나라 사람처럼 보이는 얼굴이 어떤 것인지를 물었는데, 중국인은 중국인의 사진을 보고 중국인답다고 판단하고 한국인도 마찬가지였으나 일본인 학생만은 구별할 수 없었던 것이다. 일본 학생이 가장 일본인답다고 지목한 얼굴은 사실 중국인의 얼굴이었다.

1990년대 후반부터 가수 아무로 나미에(安室奈美惠)의 영향을 받아 젊은 여성들 사이에서 눈썹을 가늘게 하거나 거의 뽑아버리는 사람이 늘었다. 대학에 들어오는 여학생을 봐도 눈썹만 보면 거의 오륙십 살이다. 아무리 유행한다고 해도 그렇게 간단히 늙어 보이는 눈썹을 하는 그녀들의 미의식을 의심하지 않을 수 없다. 잘 생각해보면 에도 시대의 기혼녀로 아이가 있는 여성의 눈썹과 같은 스타일을 좋아하는 젊은 여성들은, 눈썹이 거의 남아 있지 않다는 것에 대해 의문을 품고 있지 않은 것 같다. 불편함도 전혀 느끼지 않는 모양이다. 눈썹이 커뮤니케이션의 수단으로 중요하다면, 또는 진한 눈썹이 젊음의 표시라고 이해하고 있다면 그렇게 하지는 않을 것이다. 그녀들에게 눈썹은 그 어느 쪽의 의미도 아니라는 이야기다.

일본인에게 표정이란

만약을 위해 메이지 시대 이후 일본인의 표정을 확인해두기로 하자.

1890년 일본으로 건너와 5년 반쯤 체재한 독일인 선교사 문친거(Carl Munzinger, 1864~1937)가 그의 저작 『독일 선교사가 본 메이지 사회』(*Die Japaner*)[87]에서 당시 일본인의 표정에 대해 어떻게 기술하고 있는지 보기로 하자.

일본인은 격정으로 표정을 바꾸는 일이 없다. 얼굴을 일그러뜨리거나 조화의 균형을 잃는 움직임 등 추한 표현을 동반하여 분노를 폭발하는 일은, …… 일본인에게 천박하고 조심성이 없는 것으로 여겨진다. 프랑스인이나 이탈리아인의 생생한 제스처는 일본인에게 놀라움과 혐오를 불러일으킨다. 이웃과의 교제에서는 입가에 사랑스러운 미소를 머금는다. 큰 소리로 배를 잡고 웃는 것은 큰 소리로 외치는 것과 마찬가지로 일본인의 섬세한 감정에 반하기 때문에, 그것은 하녀나 게이샤 등 건실한 세계 저편에 있는 자의 특권이다. …… 어떤 일본인이든 수수께끼다. 일본인은 공적인 장소에서는 하나의 역할을 한다. 그것도 탁월한 능력으로 해낸다. 그러나 무대 뒤에서는 전혀 딴 사람이 된다. 일본인은 위장의 달인이며 몇 세기에 걸친 유별난 습관으로 정교하게 몸에 익힌 자기 억제력을 갖고 있다. 일본인의 얼굴을 보고 마음속으로 무슨 생각을 하고 있는지 읽어내기란 거의 불가능하다.

문친거에 따르면 건실한 세계에 사는 일본인은 격정에 의해서도 표정을 바꾸지 않고 기껏해야 입가에 살짝 미소를 머금는 정도다. 그렇지 않은 세계의 사람들, 즉 하녀나 게이샤 등은 큰 소리로 배를 잡고 웃었다고 한다. 그 나름대로 예의범절을 배웠거나 교육을 받은 사람은 표정이 부족했던 것 같은데, 그 결과 일본인의 얼굴은 노(能)의 배우가 쓰는 가면처럼 마음속으로 무슨 생각을 하는지 읽어낼 수 없었다는 것이다. 오늘날에도 외국인으로부터 흔히 듣는 "얼굴이 보이지 않는 일본인"이라는 말의 뿌리는 우선 메이지 중기까지 거슬러 올라갈 수 있다.

1922년(다이쇼 11)에 발행된 요시자와 가마노스케(吉澤鎌の輔)의 『표정미의 연구』(表情美の研究)에는 다음과 같은 내용이 있다.

전 세계에서 일본인만큼 표정의 기술이 부족한 사람은 없다고 합니다. 그것은 일본에 내려오는 전통 때문입니다. 당시까지 일본인은 남자든 여자든 자기를 명백하게 표현하는 것을 상스럽고 조심성 없는 행동이라고 여겼습니다. 즉 감정을 속이고 있었던 것입니다.

언제쯤부터 일본인이 이렇게 의식하기 시작했는지는 자료가 부족해서 분명하지 않지만 적어도 이 책이 쓰인 다이쇼 시대 후반에는 표정이 부족하다는 것을 그 시대 나름대로 느끼고 있었던 듯하다. 굳이 '그 시대 나름대로'라고 말한 것은 말로 풍부하다든가 부족하다고 해본들 상대적인 표현이고 사람에 따라, 시대에 따라 그 내용은 상당한 폭이 있기 때문이다. 다음에 보여주는 기사가 그 좋은 예일 것이다.

『화장 미학』[88]에서는 「안면의 표정 미화(美化)와 정신 미화」라는 장까지 두고 표정에 대해 언급하고 있다. 그 장은 전체 270페이지 중 3페이지에 지나지 않으며 그 내용은 다음과 같다.

표정을 어떻게 하느냐에 따라 안면이 여러 가지로 변한다는 것은 여러 가지 얼굴을 보지 않아도 알 수 있습니다. 그러므로 사람들은 자기 얼굴의 결점을 고치기 위해, 또 그 결점을 보지 않은 것처럼 하기 위해 일상적인 표정의 방식에 주의를 해야 합니다. 예컨대 눈이 작은 사람은 눈을 크게 뜨고 보는 습관을 들이면서 항상 눈을 크게 보이게 하는 표정을 지으면 눈은 자연스럽게 커질 뿐만 아니라 실제로 상당히 커 보이는 것입니다. …… 그러므로 표정의 습관이라는 것은 꽤 무서운 것으로, 거짓말 같습니다만 들어보면 역시 하고 생각할 때가 많을 것입니다. 그러나 생각해보면 표정이라는 것은 습관에 달려 있기도 합니다. 일단 그 사람의 정신 상태를 드러낸 것이기 때문에 그 사람의 정신 상태가 항상 좋은 상태에 있도록 노력해야 합니다. ……

안면의 미화를 바라는 사람은 다만 지금까지 말한 피부의 외면, 내면의 준비나 화장만이 아니라 마음의 표현인 표정과 스스로 드러내는 표정에 대해 주의하고, 그렇게 함으로써 자기 얼굴의 결점을 고치려고 유의해야 한다는 것입니다.

이렇게 움직임이 있는 표정이 아니라 가면의 표정을 만드는 정적인 것을 말하고 있다. 표정이라는 말을 사용해도 동적인 표정과 정적인 표정, 이렇게 두 가지가 있는 듯하다. 이 점을 확실히 의식하지 않으면 잘못된 해석을 하고 말 것이다.

한편 전통적인 표정을 표현할 수 없게 된 이야기가 있다. 1981년에 작고한 연극평론가 아시하라 에이료(蘆原英了)는 「기쿠고로의 눈」[89]에서 다음과 같이 말했다.

서툰 춤을 보고 걱정이 되는 것은 춤을 추는 사람의 눈의 행방이었다. 아무래도 눈의 움직임이 걱정이 되어 곤란했던 것이다. ······

그런데 그런 생각으로 다시 기쿠고로(6대)의 춤을 보니 어쩐 일인지 전혀 눈이 걱정되지 않는 것이었다. 과연 근사한 춤이었다. 특별히 눈에 주의하지 않았다면 아마도 눈을 잊어버리고 말았을지도 모를 정도였다. 거기에는 그저 전체적으로 훌륭한 춤이 있을 뿐이었다.

현존하는 춤추는 사람 중에 눈이 걱정되지 않는 사람은 6대 기쿠고로 딱 한 사람이다. 나머지는 ······ 모두 눈에 특별히 유의하게 한다. ······ 눈의 움직임이 전체의 조화를 깨뜨리기 때문이다.

······ 고전 무용의 경우, 얼굴은 살아 있는 인간의 생리적인 육체여서는 안 되고 무용의 메커니즘이어야 한다.

인용이 좀 길어진 느낌이 없지 않지만 노의 가면이나 분라쿠(文樂)*와도 통하는, 전통적인 표정의 전형적인 표현을 시사하고 있다. 등(背)으로 우는(눈물을 보이지 않고 속으로 우는 것-역주) 동작을 방불케 하는 요소를 느낀다. 게다가 전전인 쇼와 10년대에 고전적인 눈 표현의 미의식을 가지고 표현할 수 있는 배우가 단 한 사람밖에 없었다는 지적은 흥미롭다. 메이지 이후 서구 문화의 영향이 가부키 배우들의 눈 표정에 대한 의식까지도 바꾸어버린 것일까?

청결 지향

메이지 시대에 일본에 온 영

> **분라쿠**
> 조루리(淨琉璃 : 샤미센 반주에 맞추어 특수한 가락으로 엮어나가는 이야기)에 맞추어 하는 인형극.

국의 언어학자 챔벌레인(Basil Hall Chamberlain, 1850~1935)의 "청결은 일본 문명 중에서 몇 개 안 되는 독창적인 것 중의 하나다."[90]는 말을 기다릴 것도 없이 원래 청결 지향이 강했던 일본인은, 언제나 샤워를 사용할 수 있게 되자 한층 더 청결함을 요구했다. 1987년의 유행어 대상을 받기도 한 '아사샴' 이후 '결벽증'이라는 말이 빈번하게 등장하기 시작한 무렵부터 청결 지향은 더욱 가속화되었다. 당시 마음에 걸린 탓에 회사원이나 주부를 대상으로 체취에 대한 앙케트 조사를 한 결과(1989), 냄새에 과민하고 체취의 유무와 상관없이 타인에게 신경을 쓰며 청결을 유지하고 체취를 없애려는 경향을 읽을 수 있었다.

개성입네, 자신답네 하는 시대. 그 '개성'이라는 말에서는 일종의 버릇 혹은 냄새를 맡을 수 있었지만, 조사결과로부터는 '아무 냄새가 나지 않는 개성', 또는 '체취가 없는 개성'밖에 떠오르지 않았고 냄새를 잃은, 아니 냄새를 떨쳐버린 개성에서는 어떤 냄새도 느낄 수 없었다.

이렇게 체취를 없애는 것의 유행은 배설물 냄새에까지 이르고, 과잉된 청결 지향은 건강에 좋은 것인가라는 논의까지 하게 되었다. 원래 체취가 약한 일본인이 더욱 냄새를 제거하여 무취를 좋아하는 경향임에 비해 원래 체취가 강한 사람들의 문화에서는 향수나 오데코롱의 사용 방법도 다르다. 파트리크 쥐스킨트(Patrick Suskind)의 『향수 — 어느 살인자의 이야기』(*Das Parfum—Die Geschichte eines Moerders*)에 그려진 세계는 현대 일본인의 체취관과는 다른 문화를 제시하고 있다. 체취가 곧 자기존재인 세계다.

1985년에 독일어로 출판된 이래 유럽 각국의 말로 번역되어 베스트셀러가 되었다는 이야기가 당시의 《아사히저널》에 소개되었는데, 이 주인공의 이야기가 유럽인의 체취관을 아는 데 많은 참고가 된다.

천재적인 후각을 가지고 있어 다른 사람의 체취라면 몇 마일이나 떨어진 곳에서도 그 냄새를 맡을 수 있는 주인공 그르누이는 어렸을 때부터 거리를 걸을 때 지나치는 사람들이 전혀 자신에게 주의를 하지 않는다는 사실을 알고 있었다. 그래서 오랫동안 자신이 경멸당하고 있는 것이라고 생각했는데 사실은 그렇지 않았다. 경멸당하기 이전에 자신의 존재 자체가 어쩐 일인지 타인에게 거의 의식되고 있지 않은 것이 문제였던 것이다. 그 문제란 자신의 신체에 냄새, 즉 체취가 없다는 것이었다. 그 사실을 알고 그르누이는 깜짝 놀란다. 그래서 천재적인 후각을 살려 자신의 냄새, 즉 자신의 체취를 느끼게 할 수 있는 향수를 만들어 자신에게 뿌렸다.

지금 몽펠리에의 거리를 걷고 있는 그르누이는 자신이 사람들에게 끼치고 있는 영향을 뚜렷하게 감지할 수 있었다. 그걸 눈으로 확인할 때마다 강한 자부심이 느껴졌다. 그가 우물을 향해 몸을 숙이고 있는 어떤 여자의 곁을 지나가자 그녀는 누군지 확인하려고 한 순간 고개를 들었다가 안심하고 다시 자기의 물통으로 몸을 숙이는 것을 보았다. 또 그의 앞에서 걸어가고 있던 어떤 남자는 고개를 돌려 한참 동안이나 호기심에 찬 눈길로 그를 바라보기도 했다. 길에서 만난 아이들은 그에게 길을 비켜 주었다. 물론 무서워서가 아니라 그가 지나갈 수 있도록 자리를 내준 것이다. 심지어 옆에서 문을 열고 뛰어나오다가 직접 그와 부딪친 아이들조차 놀라기는커녕 당연하다는 듯이 옆으로 비켜섰다. 누군가 다가오고 있다는 사실을 미리 예감하고 있었던 것처럼 말이다.

그런 일이 몇 번 계속되면서 자기가 새로 만든 향수의 위력과 효과를 정확하게 알게 된 그르누이는 자신감이 커지면서 보다 대담해졌다.

자신의 존재에 체취가 불가결함을 보여주는 전형적인 예다. 18세기 말부터 19세기 초에 걸친 프랑스를 무대로 한 체취에 대한 이러한 의식은 그 후 기본적인 변화는 없었으며 지금도 유럽에서는 상당히 공통된 것일 것이다. 아무런 냄새도 없게 된 현대 일본인에게는 도무지 이해할 수 없는 세계일 것이다.

체취가 없었던 주인공 그르누이는 자신의 향수를 만들었는데 그 주인공을, 냄새가 없어진 일본인으로 치환하여 생각해보면 어떨까? 상당히 오래전부터 향수나 오데코롱의 사용 방법으로서 자신의 체취와 섞어 자신의 냄새를 만드는 방법이 주장되었다. 그러나 일본인은 체취와 섞는 방법을 거의 도입하지 않는다. 체취를 제거한 후에 사용하는 식이다. 그러므로 비누나 샴푸 냄새는 그대로 청결한 느낌으로 이어진다. 일찍이 '쁘아종', '에고이스트' 등 개성이 강한 냄새를 가진 향수가 유행한 적이 있었는데, 어디를 가나 향수 자체의 냄새가 코에 달라붙어 어찌해볼 수 없는 지경이었다. 우리는 체취와 향수를 섞는 세계와는 동떨어진 세계에 있는 듯하다.

따라서 향기의 개성을 생각할 때, 서구적으로 자신의 체취와 섞어 개성을 드러낸다기보다는 제품의 향기 자체로 개성화하려 한다고 해석하는 것이 훨씬 더 납득할 만하다. 향수, 오데코롱이라는 물건을 통해 자신다움을 표현하려는 것이다. 거기에는 자신의 체취가 존재하지 않는다. 그러므로 양복 등과 마찬가지로 브랜드가 선호된다. 게다가 자신의 체취라는 기준이 되는 냄새를 갖지 못하므로 자신에게 좋은 향기와 나쁜 향기도 주장할 수 없다. 그래서 유명 브랜드와 새로운 물건에 달려드는 경향에 빠지기 쉽다. 어쨌든 무취를 좋아하는 일본인은, 일반적으로 냄새에 대해서도 브랜드 물품이라는 물건을 통해서만 자기주장을 하거나 개성을 표현한다고 말할 수 있다.

일본인은 체취를 포함해 싫어하는 냄새를 철저하게 없애거나 그 냄새의 근원을 없애고 싶어한다. 인간의 몸 자체라는 존재를, 체취를 통해 주장하거나 강조하는 일은 결코 없었다.

많이 난 털의 배제

무취, 바꿔 말하면 냄새의 배제는 털이 많은 것의 배제로 이어진다. 정강이 털, 팔의 털, 가슴 털 등 체모가 많으면 털이 만들어내는 공간에 냄새가 들어찬다고 느끼기 때문에 젊은 남성들은 탈모로 달려간다. 청결한 감각이 체모에까지 들어가 탈모로 나아가게 한 것이다. 이것은 1980년대 후반 이후 젊은 남성들 사이에서 일어난 현상이다. 에스테틱에 다니거나 성형외과에서 탈모하는 남성이 증가하고 있다. 남성을 위한 패션지의 광고를 보면 털이 많아 여성에게 인기가 없다는 표현까지 등장하고 있다. 그 대상은, 수염은 물론이고 손이나 팔, 가슴 등 전신으로 확대되고 있다.

이러한 현상을 어떻게 봐야할까? 체모가 굵고 짙어지거나 아포크린샘이 발달하여 냄새를 풍기게 되는 것은 원래 생물적으로 어른이 되었음을 보여주는 것이다. 그러나 탈모를 하거나 체취를 없애는 현상은 어른이라는 것을 거부하는 일이고, 생물로서 성숙했다는 증거를 소거하여 소년화하고 중성화해가는 것을 의미한다. 결과적으로 눈에 보이는 대상이 되어 일찍이 여성에게 요구되었던 '귀여움'이 1990년대가 되자 남성에게도 요구됨으로써 '귀여운 남자'가 등장하게 된다.

무취화(無臭化), 무모화(無毛化)는 그것에만 그치지 않는다. 그것은 체취나 체모 등 한 사람, 한 사람이 가지고 태어난 고유한 신체적 특징을 제거하는 것이며 무신체화(無身體化)나 무개성화로도 이어진다. 또한 국제화된 사회가 도래하여 국내에 일손이 부족하게 되었을 때 여러 나라의 외국인이 일하러 오는 현대사회에서는 각각의 고유한 몸 문화를 가지고 있는 그들의 존재를 부정하고 그들의 문화를 부정하는 것으로 이어질지도 모른다.

실제로 2006년 어느 대학의 남학생이 다음과 같은 것을 보고했다. 슈퍼에서 아르바이트를 하고 있는데 갑자기 계산대에서 일을 할 수 없게 되었다. 이유는 털이 많다는 것이었다. 정말 충격이었다고 한다. 1980년대 말 일본인의 체취관이나 체모관을 연구하기 시작했을 때 이러한 차별이 발생할 수 있다는 것을 지적했지만, 사실상 보고를 받은 것은 그때가 처음이었다. 오히려 우연히 알게 된 것에 지나지 않은 건지도 모른다. 상당히 이전부터 일어나고 있었다고 해도 이상하지 않은 일이다. 손님으로부터 불만이 제기되면 거부할 수 없는 일본사회, 많이 난 털을 제거하는 것이 아름다움으로 생각되는 사회인 것이다.

점의 미학

점이라고 하면 입가에 점이 있는 섹시한 여성을 떠올리는 사람도 적지 않을 것이다. 또는 점을 본다고 할 때의 그 점을 떠올릴지도 모른다. 점의 문화 역시 일본과 서구는 크게 다르다.

우선 언어의 측면에서 보면, 일본에서는 점을 '엄마의 똥'(母くそ), '양초의 불똥'(ほくそ)이라고 불렀다. 비슷한 것으로 주근깨(そばかす)가 있다. 모두 '똥'(くそ)이나 '찌꺼기'(かす) 등으로, 깨끗한 표현은 아니다. 오히려 없는 편이 나은, 배제해야 할 대상이라는 이미지다.

그에 비해 영어로는 뷰티 스팟(beauty spot), 프랑스어로는 그랭데 보테(grain de beauté : 아름다운 콩알), 비너스의 꽃 등으로 불리고 당사자에게는 미래나 그 뛰어난 특징을 나타내며 점 위에 난 털은 행운의 상징으로 여겨진다. 일본어와는 대단한 차이다.

왜 그렇게 차이가 나는 것일까? 문신(타투)도 이와 비슷하다. 부모로부터 물려받은 몸을 더럽힐 수 없다는 대사는 오랫동안 들어

와서 진부하게 들리겠지만, 아직도 이러한 감각이 남아 있다. "신체발부(身體髮膚) 수지부모(受之父母) 불감훼상(不敢毁傷) 효지시야(孝之始也)"(『효경』), 즉 몸은 머리끝부터 발끝까지 부모로부터 받은 것이니 다치지 않는 것이 효의 시작이라는 말을 꺼낼 필요도 없다. 문신만이 아니라 피어스(귀고리) 등과도 통하는 이야기다. 같은 유교 국가이지만 한국에서는 성형수술이 성행하는 것을 생각하면 한데 묶어서 말할 수 없는 측면이 있는 것 같다. 그뿐만 아니라 문신은 형벌로서 새겨지기도 했는데 메이지 시대 이후에도 1948년까지 법률로 금지했기 때문에 법률을 어기는 나쁜 사람들이나 깡패(야쿠자) 등과 결부되어 악으로 생각되어온 역사가 있다.

최근 타투의 유행은 신체에 그림을 그려 넣는 것으로 존재감을 주장하는 측면이 생겨나기 시작했다는 것을 의미한다. 그러나 아직 일부의 이야기일 뿐이다. 앞에서 든 예처럼 슈퍼의 계산대에서 일하지 못하게 된 이야기는 아니지만, 타투를 노출한 채 손님을 맞는 것이 일반적으로 허용되는 일은 당분간 무리일 것이다. 왜냐하면 대부분의 일본인들은 피부를 포함한 몸에 대한 강한 결벽증을 가지고 있어서 문신을 새기거나 몸에 상처를 내는 것을 싫어하기 때문이다. 바꿔 말하면 새기거나 상처를 냄으로써 육체가 존재감을 가져서는 안 된다는 의식이 존재하고 있기 때문인 것이다.

에도 시대에는 사랑하는 남녀가 변심하지 않고 끝까지 약속을 지키겠다는 증거로 하는 문신인 '가쿠시보쿠로'(隱し黑子 : 보통 옷으로 가려져 안 보이는 부위에 새기는데, 특별히 진심을 나타내고 싶을 때는 일부러 보이는 부위에 새겨 넣었다)나 팔에 정인(情人)의 이름을 새겨 넣어 서로의 심정을 보여주는 '이레보쿠로'(入れぼくろ)의 존재도 무시할 수 없었다. 그러나 『호색일대녀』 1권의 「주군의 애첩」에서 주군을 위한 이상적인 미인을 말하는 가운데 "몸에 점 하나 없기를 바란다."는 말이 나오는 것처럼 당시에는 점이 하나도 없는 것을 이상적이라고 생각한 것이 일반적이었다.

유럽에서는 16세기 말부터 18세기에 걸쳐 얼굴에 점을 그리거나 붙이는 것이 유행했다. 고대 로마 시대에 치통을 멎게 하기 위해 관자놀이에 붙이던 고약의 부활이라고도 했는데, 치통을 누그러뜨리기 위해 관자놀이에 검은 벨벳이나 호박단을 겉의 재질로 한 궁정용의 고약을 붙인 것이 그 발단이라고 한다. 근세에는 치통을 멎게 하기 위해서가 아니라 하얀 피부를 두드러지게 하기 위해서, 그리고 이성의 눈을 끌거나 눈의 상처 또는 천연두로 인한 마마 자국을 감추기 위해 사용했다. 이 유행은 17~18세기에 전성기를 맞이하는데 세상의 도덕가들로부터 비난을 받으면서도 남성이나 성직자에게까지 침투했다고 한다.

영어로 패치(patch)라 불리는 이 형태는 원, 별, 초승달 그리고 풍자화에서는 마차 모양까지 등장했다. 루이 14세 시대에는 패치를 붙이는 위치에 따라 의미가 달라지는 패치 언어까지 발달했다. 예컨대 입술 근처에 붙이면 '유혹', 눈 꼬리는 '정열', 아랫입술은 '우아', 입 옆은 '키스를 좋아함'이라는 식으로 시대나 나라별로 차이는 있었지만 여러 가지 패치 언어가 고안되었다. 유명한 귀부인은 평소 7~8개의 패치를 붙였고, 언제라도 다시 붙일 수 있도록 패치 상자를 가지고 다녔다고 한다. 영국에서는 패치를 붙이는 위치로 지지하는 정당을 표현하기도 했다. 패치를 오른쪽 이마에 붙이면 휘그당, 왼쪽 이마에 붙이면 토리당 지지자이고, 중립파 그룹은 얼굴 양쪽에 아무렇게나 붙였다고 한다. 19세기 이후 이 유행은 한물 가지만 20세기에 들어와서도 패션 그림에 그려질 정도로 유럽에서는 패치로 피부를 꾸미는 문화가 남아 있었다.

일본에서는 얼굴에 점을 그리거나 붙이는 일이 유행한 적은 한 번도 없었다. 조사를 하면 오히려 성형수술로 없애고 싶다는 의견이 항상 상위를 차지할 정도다. 점의 존재가 피부를 지저분하게 하는 방해물이라고 느끼는 사람이 많은 것이 현실이다.

존재감 없는 몸 문화

히키메카키바나로 그려지는 대상은 귀족계급이고, 특히 여성은 그런대로 괜찮은 얼굴이거나 두드러지게 '추'하지는 않은 사람들이다. 귀족계급이어도 몸집이나 얼굴에 '추'한 요소가 있는 경우는 사실적으로 그려졌다. 즉 히키메카키바나라 불리는 양식화와 얼굴이나 몸의 미추는 무관하지 않다는 것을 알 수 있는 것이다. 문학에서의 언어 표현과 마찬가지로 아름다운 얼굴에 대한 묘사 역시 추상적이므로, 거기에서 공통의 미의식을 찾아낼 수 있다.

더욱 복잡한 것은 이미 말한 것처럼 이 시대 이후 얼굴 감추기 문화가 존재했다는 점이다. 얼굴을 보여주는 것을 피하는 문화 — 기본적으로 귀족계급의 문화이지만 — 가 얼굴의 사실성을 소거하고 양식화를 낳았다고도 할 수 있다. 그러나 그것만으로 미추의 문제는 해결되지 않는다.

그러므로 좀더 시대를 확장하여 회화에서 얼굴이나 몸에 관한 미의식을 살펴보기로 하자. 제2장에서 이미 말한 것처럼 우키요에에서의 얼굴 모양은 머리와 균형을 이루어 상당히 현실적인 미의식으로 그려져 있는데, 그 얼굴 안에 배치되는 이목구비는 현실과는 동떨어진 크기로 그려져 있다. 이처럼 양식화된 그림에서는 에마키모노에 그려진 히키메카키바나의 표현과 본질적으로 다르지 않는 미의식을 읽어낼 수 있다.

이 점은 얼굴뿐 아니라 나체나 몸에서도 마찬가지다. 몸은 미성숙하고 존재감은 희박하다. 초상화의 경우에도 사실(寫實)이라기보다 인상에 중점을 둔 것으로 보인다. 2001, 2002년에 오사카와 도쿄에서 개최된 한국의 국보전시회에서는 일본의 초상화에 비해 한국의 초상화가 얼마나 사실성이 풍부한가를 지적했다. 식물 같은 것은 치밀하게 사생해도 인체나 얼굴의 경우는 대상화하여 그리는 것을 피해온 것 같다. 거기에서 구체성 있는 미의 표현을 끄집어내기란 쉽지 않다.

전통적으로 몸의 존재감을 싫어한 일본사회에서는 전후 60년 동안 그 전통을 부정하는 문화가 발달해온 것은 의심할 수 없는 사실이다.

우선 양장(洋裝)과의 관계를 보도록 하자. 쇼와 20년대 말경에 민소매 옷이 일반화되기 시작하자 상반신이 해방되었고 쇼와 40년대에 미니스커트가 유행하자 하반신이 해방되었으며, 수영복의 발달(1957년 분리형 등장, 1967년 비키니 등장, 분리형이 원피스형을 넘어

선다)도 더해져 일상적으로 노출해도 되는 부분이 늘어남에 따라 몸 자체를 주장하면서 미의 대상으로 보여주게 된다.

물론 이러한 새로운 유행에 저항하는 전통적인 보수층이 있었던 사실은 간과할 수 없다. 예컨대 '민소매 옷'이 등장한 무렵에 대해 이야기한 이에나가 사부로(家永三郎)의 『일본인의 양복관의 변천』(日本人の洋服観の變遷, 증보개정판)에 따르면, 1943년(쇼와 28) 여름 당시의 미타카(三鷹) 시 시장(市長)이 시청에 근무하는 여직원의 민소매 옷 착용을 금지한 이야기라든지, 쇼와 30년대의 신문 투고란에서 "요즘 과도하게 노출하는 복장은 예의에 어긋나는 일이다." 거나 "너무나 궤도에서 벗어난 것이 아닐까?" 또는 "벌거벗은 것에 가까워지는 것이 과연 미일까?" 등의 반대 의견이 존재했던 것이다. 아직은 당시 사회의 낡은 사고방식으로 '어깻죽지'가 노출됨으로써 몸의 존재감이 강조되는 것에 대한 저항, 뒤집어서 말하자면 옛날부터 내려온 일본인의 미의식을 존중하는 생각이 있었던 것이다.

그러나 여기서 주의해야 하는 것은, 지금은 거의 보이지 않게 되었지만 예전에는 어머니가 아이에게 젖을 물릴 때 사람들 앞에서 유방을 꺼내도 사람들은 빤히 쳐다보지 않았다는 사실이다. 보이기는 했지만 존재하지 않는 것으로 생각하는 의식과, 나체는 부끄러운 것이니 감추어야 한다는 의식이 이미 혼재해 있던 시대였던 것이다. 게다가 메이지 시대 중반에 당시의 옷이 "가슴을 파고 허벅지를 드러내는 것의 추태"를 야기한다고 하여 문제시한 것처럼, 부끄럽다는 생각은 외국 문화의 영향으로 형성되었을 것이다.

몸의 존재감이나 굴곡을 강조하여 미의 대상으로 보려고 한 것은 노출된 피부를 통해서만은 아니었다. 서양 옷을 통해 몸의 굴곡을 강조하여 그 존재를 드러내려고 한 움직임 역시 간과할 수 없다.

복장은 먼저 미국의 점령군 문화, 이어서 유럽의 패션 문화의 영향을 받아 시작되었다. 복장이 서양식으로 바뀌고, 그에 따라 몸의 윤곽을 강조하고 보정하는 브래지어나 파운데이션(몸매를 고르게 하기 위한 여성용 속옷-역주), 거들 등으로써 몸의 굴곡을 확실히 보여주는 옷차림으로 미의 기준이 변해간다. 1980년대에 유행한 보디콘셔스(body conscious : 체형 지향)도 그중의 하나다. 힙 라인을 아름답게 살려서 걷고 있는 여성을 보면 뒤를 돌아보는 사람도 적지 않았을 것이다. 이러한 새로운 신체 감각은 복장에만 그치지 않고 리사 라이언(Lisa Lyon : 제1회 세계여성보디빌딩대회 챔피언-역주)으로 대표되는 강력함을 가진 신체의 등장, 운동 붐 등에서도 보이는, 신체 자체를 직접적으로 표현하는 시대가 되었음을 보여주고 있다.

헤어스타일은 헵번커트를 계기로 쇼트화되어 귀를 드러내게 되었고 그 귀를 귀고리나 피어스로 장식하게 된다. 지금 젊은이들 사이에서는 당연한 것이 된 피어스처럼 몸에 직접 붙여 존재감을 의식케 하는 액세서리나 타투 등의 유행이 나라 시대 이후 천 년 이상이나 공백기였다는 것을 생각하면 격세지감이 아닐 수 없다.

이처럼 최근에 몸의 존재를 강조하는 복식의 변화는 있지만, 1980년대 이후의 변화에서도 말한 것처럼 체모나 체취만이 아니라 모공까지 싫어하는, 오히려 몸의 존재나 실재감을 소거하는 경향이 일본의 현대사회에 아직도 확실히 있다는 것 역시 지금까지 논의해온 것과 무관하지 않을 것이다. 오히려 아직도 구체성이나 존재감을 좋아하지 않는 얼굴이나 몸의 문화에서 탈출하지 못했다고 해도 과언이 아니다.

앞얼굴 문화와 옆얼굴 문화

이미 얼굴의 역사에서 말한 '나카다카'(中高)에 대해 추상적인 표현이라는 것 이외의 점에서 생각해보고자 한다. 사전에서는 "중앙이 주위보다 한층 더 높은 것. 콧날이 오뚝한, 좋은 얼굴 생김새"라고 되어 있다. 정면에서 보아 한가운데, 즉 코가 높다는 뜻인데 암묵적으로 정면을 전제로 한 말이라는 걸 알 수 있다. 반대말은 '나카비쿠'(中低), '구루리다카'(ぐるり高 : 구루리는 둘레나 주위를 말함—역주)로 추녀를 의미했다. 유사어로 '오타후쿠'(おたふく : 얼굴이 둥글고 이마가 높으며 볼이 통통하고 코가 낮은, 여자 가면과 비슷한 여자의 얼굴)라거나 '산페이지만'(三平二滿 : 이마, 코, 아래턱, 이 셋이 평평하고 양 볼은 살이 쪄 부풀어 올라 있다는 뜻) 등이 있는데 모두 정면에서 본 얼굴에 대한 집착이 강하다. 그렇다면 이런 게 아니라 옆에서 본 얼굴은 어떨까?

'옆얼굴'이라는 말

우선 '옆얼굴'의 '옆'(横)을 주목하여 『일본국어대사전』에서 찾아봤더니 종(縱)이나 정면이 아니라는 의미의 '측면'만이 아니라 "옆, 바르지 않은, 비뚤어진"이라는 의미가 있다. 영어를 비롯하여 다른 나라 말에는 보이지 않는 의미가 포함되어 있는 것이다. 그 예는 옆(横, よこ)을 포함한 관용구를 살펴보면 더욱 명확해질 것이다.

옆길로 새다(横道にそれる), 곁에서 참견하다(横槍を入れる), 비뚤어짐(よこしま), 곁눈질(横目づかい), 입의 옆쪽으로 무는 일(横銜え), 외고집(横意地), 잘하지도 못하는데 무척 좋아함(横好き), 세상의 도리를 무시하고 자기 마음대로 살다(横に暮らす), 억지로 통과시키다(横に出る), 따귀(横っつら), 표준적이지 않은 말(横なまり), 무례함(横箸), 정식이 아닌 것(横物) 등으로 표현되는 것처럼 관용구에서도 단지 옆이라는 장소를 의미할 뿐만 아니라 그 이상으로, 옳지 않고 정당하지 않다는 의미를 포함하고 있다. 아무래도 일본인은 '옆'이라는 말에 대한 특별한 느낌을 가진 듯하다.

그렇다면 역사적으로는 어떻게 사용되어 왔을까? 거슬러 올라가보면 헤이안 시대의 대표적인 문학작품인 『겐지 이야기』에는 '가타하라메'(かたはら目), '소바메'(側目)라는 말이 보인다. '소바메'는 "옆에서 보는 것. 옆쪽에서 봐주는 것. 또 그렇게 보이는 모습. 옆얼굴. 가타와라메"(『일본국어대사전』 제1판)라는 의미이고 '가타하라메' 역시 같은 뜻이다. 비슷한 말로 '소바무'(そばむ)라는 동사가 있는데 그 의미는 "옆으로 향하다. 옆쪽으로 향하다. 옆으로 향하게 되다", "옆으로 다가서다. 옆으로 다가가다"라는 뜻뿐만 아니라 "얼굴을 돌리고 한탄하다", "기울다", "정도에서 벗어나다", "옆으로 새다"라는 의미도 있다. 그리고 '소바메루'(そばめる)라는 타동사에는 "옆으로 향하다. 옆으로 다가가다"라는 뜻만이 아니라 "옆으로 밀어내다, 방해가 되다, 제쳐놓다"라는 뜻까지 있다. '옆'이라는 말의 뿌리는 바로 이것이라고 말할 수 있을 것이다.

용례를 들자면 "앞머리가 점점 눈물에 젖어가는 옆얼굴이 우아하고 아름답습니다." 또는 "불 그림자에 비친 옆얼굴, 머리 모습 등 완전히 마음을 다해 연모하는 분이 조금도 잘못되지 않고 성장하고 있는 걸 보니" 등이 있다. 옆얼굴이라는 말은 에도 시대에 이하라 사이카쿠의 『호색일대남』 6권에 "옆얼굴로(옆을 보면서) 달려가"라는 말이 나오는 것이 눈에 띄는 정도다.

다음으로 이러한 '옆'을 사용한 '옆얼굴'을 보기로 하자. 사전에는 주로 두 가지 의미가 설명되어 있다. 하나는 단지 '옆을 향한 얼굴'이다. 또 하나는 "인물의 그다지 알려지지 않은 부분"이라는 의미다. 확실히 '옆얼굴 소개'(横顔紹介)라는 식으로 자주 쓰이는 것처럼 인물을 소개할 때도 그다지 알려져 있지 않은 일면에 초점을 맞추는 것이 보통이다. 영어의 프로필(profile)이 옆얼굴로 해석되기도 하지만, 다음에 자세히 설명하는 것처럼 인물의 이력이나 업적 등 그 사람의 인격 전체를 나타내는 것과는 대조적이다. 의미가 전혀 반대라는 점에서 옆얼굴이라는 번역이 잘못된 것이라고도 할 수 있다.

예전에 《아사히신문》을 보다가 이러한 차이를 확인하고 깜짝 놀란 적이 있다. 처음으로 알게 된 것은 1991년 7월 29일의 조간이었는데, '옆얼굴'이라는 말이 영어 '프로필'과 혼동된 채 쓰이고 있었다. 그 후 2006년에 이르기까지 똑같은 방식으로 사용하고 있다. 일본어 본래의 의미를 이해하고 있다면 이렇게 사용할 수 없을 것이다. 말은 살아 있는 것이므로 그 점에 대해 불평할 생각은 없지만, 지금까지 말한 이유에서 나는 그것을 쉽게 받아들일 수는 없다. 일본에서는 전통적으로 옆얼굴에서 전 인격을 보는 일은 없었다.

서구의 프로필 문화

그렇다면 영어로 '옆얼굴'에 해당하는 '프로필'이라는 말은 어떤 의미일까? 영어사전을 찾아보니 ① (사람, 특히 얼굴의) 옆얼굴, 프로필, (조각의) 반신상, ② 윤곽, 외형, ③ (신문·텔레비전 등에서의) 인물 소개, 그 사람의 가장 두드러진 특징과 업적을 표현한 전기적 에세이라고 되어 있다.

일본어의 '옆얼굴'이 "인물의 그다지 알려지지 않은 부분"으로서 사적인 측면이 소개되는 것에 비해 영어의 프로필은, 이를테면 약력을 보여주는 공적인 측면을 말하기 때문에 그 의미는 전혀 다른 것이다.

서구의 프로필과 일본어 '옆얼굴'. '프로필'은 보는 대상으로서 확실히 존재하고 있는 것임에 비해, 옆(橫)이 갖는 일본어의 의미를 고려하면 '옆얼굴'은 보아야 할 대상으로 존재하지 않는다는

위 고대 이집트 벽화의 귀부인. 얼굴은 옆에서 보고
그렸지만 눈과 눈썹은 정면에서 본 것이다.
가운데 알렉산더 대왕 시대의 동전. 고대부터 동전에는
옆얼굴이 부조되었다.
아래 세계 최초의 우표 '페니 블랙' (1840년 발행)

느낌마저 준다.

　이 점은 회화의 세계에서 옆얼굴을 보면 뚜렷해진다. 고대 이집 트 문명 시대부터 벽화나 회화, 동전 등에 옆얼굴을 그려온 서구 문화와, 20세기가 되어 서구의 영향을 받아 드디어 옆얼굴을 미로 표현하기 시작한 일본, 그 둘 사이의 차이는 분명할 것이다. 고대 이집트 시대의 인물 묘사는 벽화 등에 많이 남아 있다. 윤곽은 옆 얼굴인데도 눈과 눈썹을 정면에서 본 형태로 그리는 양식화된 표 현은, 19세기 중엽에 발굴되어 당시 파리 여성의 풍속과 닮았다고 해서 '파리지엔'*(기원전 15세기경 크노소스 [크레타 출토], 이라클리온 박물관 소장)이라는 이름이 붙은 벽화에서도 보인다. 알렉산더 대 왕 시대가 되어 그가 만들게 했다는 헤라클레스의 옆얼굴이 부조 된 동전(기원전 325년경)이 있는데, 이것은 고대 이집트 시대의 양 식화에서 벗어나 눈과 눈썹이 사진을 찍을 때처럼 사실적으로 그 려져 있다.

　시대가 흘러 르네상스기가 되자 초상화는 프로필을 중심으로 그려졌다. 기를란다요(Domenico Ghirlandaio, 1449~1494)의 「조반 나 토르나부오니의 초상」(*Portrait of Givanna Tornabuoni*)은 그 대표 적인 예 가운데 하나다.

　또한 1840년에 영국에서 만들어진 세계 최초의 우표 '페니 블 랙'은 빅토리아 여왕이 즉위하 고 얼마 지나지 않은 18세 때의 옆얼굴을 인쇄한 것이다.

　오늘날에도 서구 각국의 지폐

파리지엔
크레타 섬의 크노소스 궁전 벽화에 그려진 여성들의 현란하고 화려한 헤어스타일과 옷, 장신구가 '파리지엔'과 닮았다고 해서 그 벽화에 붙여진 이름.

나 동전에 옆얼굴, 즉 프로필이 등장하고 있는 것은 말할 것도 없다. 예컨대 영국의 엘리자베스 여왕이 부조된 동전을 10년 간격으로 늘어놓고 보면 거기에는 턱선 등 해가 지남에 따라 생기는 변화를 알 수 있다. 옆얼굴은 단순한 이미지가 아니라 사실의 세계이고, 바로 그렇기 때문에 옆얼굴에서 그 사람다움을 찾는 문화가 생겨난 것도 당연할 것이다. 지금은 성형수술로 바꿀 수 있게 되었지만 원래는 자유롭게 변화시킬 수 없는 것이었다. 여왕이라는 입장이라도 프로필은 나이보다 젊게 보이게 꾸미는 손질을 하지 않고, 있는 그대로를 그리는 것이 옆얼굴 문화의 본질일 것이다. 메이크업으로 간단히 인상을 바꿀 수 있는 앞얼굴 문화와는 전혀 다른 것이다. 일본에서 가령 천황이 동전에 새겨진다면 그것 자체로도 큰 문제가 되겠지만, 또 새겨진다고 해도 사실 그대로 새긴다면 일본인들은 아마 납득하지 못할 것이다. 이런 것을 생각해보면 문화의 차이는 크다고 할 수 있다.

또한 서구 영화를 보면 범인을 가려내기 위해 일방투명경(magic mirror) 너머로 용의자의 얼굴을 확인하는데, 정면의 얼굴을 보여주고 나서 반드시 옆으로 돌게 해 프로필을 확인하는 장면이 나온다. 이것도 서구 문화에서는 당연한 행위일 것이다.

덧붙여 말하자면 일본에서 옆얼굴이 처음 작품으로 그려진 것은 후지시마 다케지(藤島武二)가 1924년(다이쇼 13) 제5회 제국미술원전람회(帝國美術院展覽會)에 출품한 「동양풍」(東洋振り)일 것이다. 이후 「요시에」(芳惠) 등 여러 작품을 그렸다. 그는 잡지에 "일단 정면의 얼굴이 좋아도 옆얼굴을 보면 그 미가 절반으로 줄어든다."고 이

야기한 바 있으며, 모델을 찾는 데 고생했다는 이야기도 전해지고
있다.

동아시아 얼굴 문화의 차이

이처럼 서구에서는 당연시되었던 옆얼굴이 일본에서는 아름다
움으로 그려지지 않고 오히려 무시되어 왔다. 이렇게 말하면 일본
인의 얼굴이 평면적이라서 그런 거라고 성급한 결론을 내리는 사
람들이 있다. 확실히 얼굴 생김새의 차이가 문화를 형성하는 경우
도 있을 것이다. 가령 얼굴 형태의 차이가 미의식을 결정한다면
인종적으로 코카서스(Caucasus)라 불리는 서구 사람들에 비해서
몽골리언 계통의 아시아계 사람들 대부분은 똑같은 미의식을 갖
게 되었을 것이다. 그러나 동아시아만을 봐도 일본인의 감성과 한
국인 · 중국인의 감성은 상당히 다르다는 것을 실감할 수 있다.

이 차이를 설명하기 위해 1990년대에 접어들 무렵부터 준비하
여 '한중일 미모관 비교 연구'를 실시했다. 다이보 이쿠오(大坊郁夫)
오사카대학 대학원 교수, 조용진 한서대학교 교수, 리탕치(李當岐)
칭화(淸華)대학교 교수와 함께 폴라문화연구소의 연구로 시작했는
데, 얼굴을 보는 방법의 차이 등을 조사했던 것이다.

실제로 한 것은 예비조사를 거쳐 한중일의 얼굴 사진 각 12매를
선정한 후, 앞얼굴, 비스듬한 옆얼굴, 옆얼굴을 한 장의 슬라이드
에 늘어놓고 미추를 포함한 인상이나 자국인다움(일본인에게는 일
본인다운지 어떤지)을 각국의 남녀대학생들로 하여금 다섯 단계로

평가하게 했다. 그리고 마지막으로 다른 방향의 얼굴 사진 중에서 인상이 강한 것은 어느 것인지를 물었다. 그 결과를 간략하게 정리하면 다음과 같다.

1. 한국인에 비하면 일본인은 정면에서 평면적으로 보는 경향이 있고 단일적으로 보는 경향이 있다. 반대로 한국인·중국인은 정면만이 아니라 비스듬한 옆얼굴이나 옆얼굴도 보는 등 다면적으로 보는 경향을 보였다.

2. 인자 분석이라는 통계 수법으로 얼굴 미의식의 문화를 비교한 결과, 주로 두 개의 축이 추출되었다. 하나의 축은 좋아하고 싫어하는 등 친숙함을 드러내는 축으로서, 좋아할수록 그리고 친숙하게 느낄수록 아름답다고 보는 경향인데, 이는 나라를 불문하고 거의 공통적이었다. 다른 하나의 축은 다른 결과를 보였다. 일본인은 화려하고 외향적인 인상을 강하게 풍기는 사람을 아름답다고 느끼는 데 반해 한국인과 중국인은 화려하면서 섹시한 사람을 아름답다고 느끼는 차이였다.

3. 일본인은 일본인의 얼굴을 봐도 일본인이라고 식별할 수 없었다. 한국인의 얼굴을 봐도, 중국인의 얼굴을 봐도 일본인답다고 대답했다. 그에 비해 한국인과 중국인은 각각 자국인을 얼굴을 보고 자국인답다고 대답했다.

우선 학생을 대상으로 했다고 하더라도 일본인 학생과 한국인·중국인 학생은 상당히 다른 대답을 했다. 앞에서도 말한 것처럼 일본사회에서는 전후 60년이 지나 자유롭게 꾸미는 것이 가능해졌고, 학생들의 가치관도 부모 세대에 비해 상당히 달라졌다고 느끼고 있었다. 하지만 국제적으로 비교하면 세대간의 차이는 그다지 발견할 수 없었다. 학생이라는 20세 전후의 젊은 사람들에게도 아직 전통적인 관점이 스며들어 있는 듯하고, 옆얼굴에 대한 의식이 낮다는 것, 그러한 차이를 발견할 수 있을 만큼 얼굴을 보고 판단하지 않는다는 것을 알 수 있었다. 그리고 일본사회에서 세대간의 차이를 운운한다고 해도 국제적으로 비교하면 그런 차이는 무시되어버린다는 것을 알 수 있었다.

또한 심리학자의 연구에서 이탈리아인도 영국인도 자국인의 얼굴 표정을 보고 어떤 메시지를 발하고 있는지 알 수 있지만 일본인은 표정으로 메시지를 발한다거나 얼굴을 보고 메시지를 읽어내거나 얼굴의 특징을 해독하는 것이 서툰 것 같다.

일본인은 옆얼굴에 대한 의식이 낮고 전통적인 앞얼굴을 중심으로 평면적으로 보고 있다는 결과가 나왔다. 이것은 일본인이 국제적으로 평면 디자인을 잘한다는 이야기와 일치한다. 옆얼굴을 기피해온 일본인의 옆 문화는 결코 얼굴이 평면적이라서 생겨난 것이 아니라 역사나 문화를 포함한 일본 사회가 만들어온 문화라고 할 수 있다.

평면적이고 단일한 문화에서

일본인의 얼굴 문화에 대해 논의해가면 "표정이 부족하다", "얼굴로 커뮤니케이션하지 않는다", "옆얼굴이 없다", "존재감이 부족하다"는 등 부정적인 표현이 나온다. 이를테면 소거된 아름다움인 것이다. 이미 말한 것처럼 그 기원은 헤이안 시대까지 거슬러 올라간다. 왜 그런 선택을 했는지는 분명하지 않지만 일본사회에서 나고 자라는 과정에서 몸에 뱄다는 것은 분명하다. 누군가가 그렇게 가르쳐주는 것은 아니지만, 현실적으로 보면 다른 사회에서 자란 일본인은 일본에서 자란 일본인과는 다른 얼굴 문화, 신체 문화를 가지고 있기 때문이다.

적어도 타국과는 다른 얼굴 문화를 가진 일본인은 앞으로 어떻게 하면 좋을 것인가. 20세기 말부터 젊은이를 중심으로 외견적인 정체성이 모호해졌고, 그 사람다움을 보기 힘들어졌다고 해도 외국인이 보면 '일본인다움' 그대로인 것이다. 성형수술의 세계에서는 두개골의 형태까지 바꿔 유럽 사람이 되고자 하는 사람의 이야기를 들은 적이 있지만, 아무리 외견을 바꾼다고 한들 일본에서 자란 일본인이라면 완전히 유럽 사람이 되는 것이 결코 쉽지 않을 것이다.

얼굴 문화의 문제는 자신들의 정체성 문제이고, 바꾸었다고 생각해도 다른 사람이 보면 외견과 내면의 차이가 더욱 과장되게 보일지도 모른다. 그렇다면 자신들에게 스며든 것을 소거하거나 변형시키려고 하기보다는 오히려 일본인이라는 것을 내세우고 다른 사람에 대해 다양한 관점을 가질 수 있도록 훈련하는 것이 더 나을 것이다. 이를테면 '얼굴 문화의 풍부함'을 추구하는 일이다. 예컨대 화장에서 말하자면, 어느 시대까지 '계란형'이 미인의 전형적인 얼굴 모양으로 생각되어 하관이 벌어진 사람은 섀도를 넣어 눈에 띄지 않게 하는 화장법이 화장품 제조사의 팸플릿에 소개되어 있었다. 한 사람, 한 사람의 얼굴 모양이나 각각의 기호는 무시되고 모두가 같은 스타일을 취한다. 어쩌면 '귀여움' 일변도를 추구하는 오늘날의 젊은 여성들도 마찬가지일 것이다. 문화의 풍부함이라는 관점에서 보면 바로 획일적인 미여서 뭔가 부족하다는 것을 느끼게 된다. '문화의 풍부함'을 구하려고 하면 각각의 문화가 어떻게 다른지를 알고 서로 인정해주는 것이 중요해진다. 그 시작은 자신의 문화에 대한 인식이다. 자기 문화의 특징을 인식할 수 있어야 다른 사람의 문화를 정확히 상대화하고 그 결과 '다양성'이 생겨나는 게 아닐까?

얼굴 문화의 풍부함이란 얼굴의 다양성을 인정하는 것이다. 물론 한 사람, 한 사람의 얼굴은 다 다르다. 한 사람이라고 해도 보는 각도나 시점을 바꾸면 다양한 자신이 보일 것이다. 최근의 유행을 봐도 일본의 젊은 여성들은 마스카라를 하는 등 속눈썹을 강조하는 화장을 하느라 여념이 없다. 그렇게 하면 옆얼굴은 속눈썹만 튀어나온, 균형에 맞지 않는 얼굴이 되어버리는데도 본인들은 정면에서밖에 볼 수 없으므로 걱정이 되지 않는 모양이다. 그래서인지 화장에서 풍부함은 느끼지만 미의 다양성, 문화의 풍부함 같은 것은 느낄 수 없다.

옆얼굴 문화와의 비교

한 사람, 한 사람의 옆얼굴에서 차이를 발견하게 된다면 옆얼굴 문화가 발달하겠지만 과연 일본 사회에서는 어떨까? 옆얼굴 문화라는 말을 하기 시작한 지도 벌써 20년이 다 되는데 아직도 낙관할 수가 없다. 없는 것이 없는 시대가 되었지만, 확실히 다양하다고는 말할 수 없는 것이 현 상황이다.

여기서 다시 앞얼굴 문화와 옆얼굴 문화의 차이를 보기로 하자. '앞얼굴 문화'라는 개념을 "얼굴이나 몸의 굴곡을 줄이고 존재감을 (감추거나 소거하여) 없게 한다."고 정의한 것에 비해 '옆얼굴 문화'는 "얼굴이나 몸의 굴곡을 강조하여 존재감을 (드러내) 명확히 한다."고 했다. '굴곡을 줄이거나 늘린다'는 이 개념을 확대해보면 다음과 같다.

화장을 예로 들어 보면 '앞얼굴 문화'는, 가부키의 화장에서 얼굴을 새하얗게 하면 얼굴이 가진 굴곡감이 선명하지 않게 되는 것처럼 "얼굴이나 몸의 굴곡을 줄이고 존재감을 (감춰서) 없앤다."는 특징을 갖는다. 그에 비해 '옆얼굴 문화'는 포인트메이크업을 중심으로 새도나 하이라이트를 사용해 입체감을 살리려는 메이크업처럼 "얼굴이나 몸의 굴곡을 강조하여 존재감을 (드러내) 명확하게 한다."는, 완전히 반대되는 발상이다. '옆얼굴 문화'가 존재감이 있고 또 드러내는 데에 포인트를 두고 있지만, '앞얼굴 문화'는 존재감이 부족하고 또 감추어 보여주는 것이 아니라 감춰서 없게 한다는 차이다. 감추어 '보여주는' 것은 직접적으로는 보여주지 않지만, 예컨대 코르셋으로 잘록한 허리를 강조하고 그 존재를 확실히 의식하게 하는 것이다. 이에 비해 감추고 '없앤다'는 것은 일본의 기모노처럼 몸을 절구통 모양으로 보여주는 것인데, 허리라는 존재를 오히려 희박하게 해 마치 존재하지 않는 것처럼 만드는 것을 의미한다.

화장 이외에도 양자의 차이를 예시해보기로 하자. (앞)은 앞얼굴 문화, (옆)은 옆얼굴 문화를 가리킨다.

기모노와 양장의 형태 차이

(앞) 기모노는 평면적이므로 접어서 개면 신체의 존재가 사라진다. 길이의 조정은 '허리에 지르는'(일본 옷의 옷자락 등을 걷어 올려 띠에 끼운다) 것으로 가능하다. 다소 키가 달라도 다른 사람의 기모노를 입기 쉽다.

(옆) 서양 옷은 입체로 재단되기 때문에 기모노처럼 접어서 갤수가 없다. 신체 모양으로 만든 옷걸이에 건다. 체형이 다르면 다른 사람의 옷을 입을 수 없다.

옷 입기

(앞) 몸의 굴곡이나 선이 드러나지 않도록 한다. 몸의 선이 드러나 옷매무새가 헐렁해져 옷이 흐트러지는 것을 '옷매무새가 흐트러졌다'며 싫어했다. 일본에서는 정좌(正坐 : 무릎을 꿇은 채 허리를 곧추 펴고 앉는 자세―역주)라는 앉는 방법이 있는데 허리 아래를 마치 존재하지 않는 듯이 접고 앉는다. 한국에서는 치마 속으로 무릎을 세워 앉는 형태를 취해 하반신이 겉으로 드러나지는 않지만

확실히 존재하게 않는다.

(옆) 몸의 선, 즉 실루엣을 기본으로 하는 서양 옷. 새로 지은 옷을 존중하는 일본인과 달리, 몸에 익숙해져서 그 사람의 옷으로 동화하는 것을 좋아한다.

액세서리

(앞) 나라 시대 이후 머리 장식 이외에는 직접 몸에 붙이는 장신구를 싫어했기 때문에 천 년 이상이라는 공백기가 있다. 지금도 기모노를 입을 때는 될수록 조신하게 입는 것을 좋아한다. 기모노가 갖는 회화성의 발달과 액세서리를 관련시킨 설명이 흔히 보이지만 직접적인 관계는 없으며, 신체성을 소거한 기모노의 옷매무새가 회화성을 가져온다고 할 수 있다.

(옆) 귀에 구멍을 뚫는 피어스를 포함하여 다양한 액세서리가 발달했다. 액세서리를 통해 그것을 단 부위의 존재를 강조한다.

표정

(앞) 부족하다. 노(能)의 가면 같다고들 한다. "3년에 한쪽 볼"이라는 말로 상징되는 무가의 문화, 무사도와 통한다. 얼굴과 마음은 표리로서 서로 다른 것으로 존재하게 하고 얼굴에 마음의 움직임을 드러내지 않는 것을 좋게 생각했다. 본심을 얼굴에 드러내는 문화에 속한 사람들이 볼 때는 마음을 읽어낼 수 없다고 생각하고, 그것에 익숙하지 않을 때는 커뮤니케이션이 원활하게 진행되지 않는 경우가 있다. 또한 눈썹은 형태의 아름다움을 추구하는

대상일 뿐 마음의 움직임을 전하기 위한 존재라는 의식은 희박하다. 간단히 밀어서 제거해버린다.

(옆) 풍부하다. 표정에 의한 커뮤니케이션이 발달했다. 앞얼굴 문화에 속한 사람에게는 과장된 것으로 비칠 때가 있다.

웃는 방법과 치열

(앞) 웃을 때는 손으로 입을 감춘다. 치열이 고르지 않아도 그다지 신경 쓰지 않는다. 단지 긴장을 누그러뜨리기 위해 어중간하게 웃는다거나 반대로 상황에 맞지 않게 만면에 웃음을 지으면 오히려 메시지가 선명하지 않게 되고 오해를 부르기 십상이다.

(옆) 하얀 이를 드러내며 입을 크게 벌려 진심으로 웃는다. 덧니는 동물의 어금니라고 생각하여 민족에 따라서는 성인식을 할 때나 결혼식을 할 때 뽑아 없앤다. 어금니의 동물적인 이미지를 소거하는 습관도 있다. 예쁘게 정리된 치열을 중시하기 때문에 교정하는 경우가 많다.

옆얼굴의 아름다움

(앞) 없다. 헤어스타일로 감추는 경우가 많다.

(옆) 2천 년 이상의 역사가 있다. 치과 교정이 발달하여 코끝과 턱, 아래턱을 잇는 직선을 E라인(에스테틱 라인)이라고 부르고 치료할 때 하나의 척도로 사용한다. E라인에 아랫입술이 닿거나 안쪽으로 살짝 들어가는 정도가 가장 아름답다고 평가된다. 또 코와 코 밑의 윗입술이 만들어내는 각도 역시 하나의 아름다움으로 생

각된다.

몸

(앞) 감추는 것. 존재가 선명하지 않고 부재한 것에서 미를 느
낀다. 몸의 존재감이 부족하다. 그 결과 기모노 천의 회화성이 발
달했다. 나체를 아름다움으로 여기는 예술이나 몸의 아름다움을
표현하는 말이 발달하지 않았다. 귀여움을 중시한다. 다만 현대의
젊은이들은 감추는 문화에 대해 자각하지 못하고 또 몸이 갖는 메
시지를 알지 못한 채 유행하고 있다거나 모두가 하고 있다는 이유
로 쉽게 몸을 드러내기도 한다.

(옆) 얼굴이나 몸의 존재감이 풍부하다. 게다가 여기서 아름다
움을 찾아내고 있다. 나체를 아름다움으로 생각하는 예술 문화가
발달했다. 성숙을 미의 기준으로 보고 있다. 감추어도 존재감은
명확하고, 또 코르셋 등으로 과장하는 경우도 있다.

개인의 양상

(앞) 모두 같은 것을 좋아하고 다른 사람과의 차이, 즉 굴곡을
줄이는 경향이 있다. 어중간하게 모난 돌은 정을 맞는다. 평균, 보
통이라는 것이 기준이다. 상대 평가.

(옆) 다른 사람과의 차이를 더욱 명확하게 하는 경향이 있다.
굴곡을 강조한다. 타인과 달라도 괜찮다고 생각한다. 절대 평가.

양자의 차이는 대략 이상과 같다. 다양성이라는 관점에서 생각
하면 '앞얼굴 문화'보다는 '옆얼굴 문화'가 바람직하지만, 나를 포

함한 대부분의 일본인에게는 '앞얼굴 문화'가 스며들어 있다는 것을 전제하여 생각할 필요가 있을 것이다.

옆얼굴이 만들어내는 프로필 라인은 사람마다 다르다. 계속해서 관찰함으로써 그 차이를 구별할 수 있게 되고, 그동안 몰랐던 그 사람의 매력을 발견할 수 있게 된다면 옆얼굴 문화에 대한 좋은 이해자의 한 사람이 될 수 있을 것이다.

『미인 진화론』(美人進化論, 東京書籍, 1987)을 세상에 내놓은 지 5년이 되었습니다. 다양한 분들에게 여러 기회를 얻었고 또 다양한 문제를 내 나름의 시점에서 깊이 생각해볼 수 있었습니다. 내용적으로는 『미인 진화론』의 역사적인 부분을, 양과 질 모두에 대폭적인 수정을 가해 충실을 기했습니다. '머리말'에서도 적었지만 이전에 낸 책과는 전혀 다른 책으로서 얼굴의 아름다움에 대한 연구서로서는 결정판이 되었습니다.

지금까지 얼굴에 관한 주제로 정말 많은 사람들과 만날 수 있었습니다. 특히 『미인 진화론』을 출간한 이후 텔레비전과 라디오 출연, 신문·잡지에의 기고, 그리고 일본치과심미학회, 컬처포럼에서의 강연, 릿쿄(立教)대학 문학부에서의 강의(얼굴 미의 문화지), 최근에는 워크숍 및 심포지엄 '얼굴'에 참가하는 등 한 권의 책이 계기가 되어 정말 수많은 경험을 할 수 있었습니다.

회사원이면서 무척이나 혜택받은 환경에다 그 나름의 자유를 인정해준 회사의 깊은 이해심에 깊이 감사드립니다.

제가 집착하는 것은 일본인의 화장과 얼굴 문화입니다. 넓게는 얼굴이나 몸의 미모관, 얼굴이나 몸이 가진 표현성이나 커뮤니케이션까지 포함합니다. 얼굴이나 몸이 가진 개별적인 의미만이 아니라 사회적인 의미도 범위에 들어갑니다. 얼굴이나 몸이라는 입구에서 본 사회도 생각해보고 싶습니다. 앞으로는 일본 사회의 전체상에 대해 더욱 깊게 파고드는 것은 물론이지만 아시아 사람들과의 문화 비교도 진행하고 싶습니다. 물론 서구도 항상 시야에 넣고 있으며, 아시아와 서구라는 단순한 비교에서 벗어나 아시아 안에서의 이질성과 동질성을 추적하고 싶습니다.

마지막으로 최근 5년간 이끌어주신 분들께 고맙다는 인사를 전합니다. 치과의사이자 일본치과심미학회 이사인 마쓰오 도루(松尾通) 선생님, 히토쓰바시(一橋)대학 명예교수이며 일본심리센터의 미나미 히로시(南博) 선생님, 릿쿄대학의 기타야마 세이이치(北山晴一) 선생님, 1991년 10월에 작고하신 후카사쿠 미쓰사다(深作光貞) 선생님, 메이크업 아티스트 시미즈 야스시(清水悌) 선생님, 도쿄대학 공학부의 하라시마 히로시(原島博) 선생님 등을 비롯한 많은 분들, 그리고 폴라문화연구소의 다니카와 다카히로(谷川孝博) 소장님과 연구원 여러분께 감사의 말씀을 드립니다.

또한 자택에서 원고를 집필할 시간을 준 가족에게도 고맙다는 말을 전합니다.

이 책은 『미인 진화론』과 마찬가지로 도쿄쇼세키(東京書籍)의 고

지마 다케히코(小島岳彦) 씨 덕분에 세상에 나올 수 있었습니다. 거
듭 감사합니다.

1992년 9월

무라사와 히로토

'화장론'과 '얼굴론'을 세상에 내놓은 지 20년이 되어갑니다. 맨 처음으로 1987년에 『미인 진화론』을 냈고, 그것을 다시 고쳐 『얼굴의 문화지』로 낸 것이 1992년입니다. 이 책은 『얼굴의 문화지』의 문고판인데, 출판되고 5년쯤 지났으므로 1980년 이후에 대해서는 다시 쓰거나 고쳤습니다.

그동안 이 책에서는 지면상 간략하게 다룰 수밖에 없었지만, 동아시아의 미모관을 비교하여 연구한 것은 일본인의 신체 문화를 생각하는 데 커다란 전환점이 되었습니다. 다이보 이쿠오(大坊郁夫) 오사카대학 대학원 교수, 조용진 한서대학교 교수, 리탕치 칭화대학 교수를 비롯한 여러 선생님들의 지도 덕분입니다. 이 자리를 빌려 감사드립니다.

현재는 오사카쇼인여자대학에 소속되어 교육이라는 입장에서 일본 최초로 대학에서 화장 문화 전공을 만들어 다양한 미의식을 제안할 수 있는 사람을 키워내는 시스템을 만들고자 노력하고 있습니다. 앞으로의 주제는 신체 문화의 국제 비교 연구를 통해 일본인다움을 생각하는 것과 화장을 중심으로 한 신체미학을 확립하는 것입니다.

다행히 가족들이 다 건강하고, 여러 가지로 저를 배려해준 아내 유키코 덕분에 도쿄와 오사카를 왕복하는 생활을 즐길 수 있었습니다. 고맙다는 말을 전합니다.

마지막으로 고단샤(講談社) 학술문고 출판부의 와다 히토미(和田ヒトミ) 씨 덕분에 이책이 학술문고판으로 새롭게 세상에 나올 수 있었습니다. 깊이 감사드립니다.

2006년 11월 14일

무라사와 히로토

최근 중국에서는 미녀의 기준을 정하겠다며 각 분야의 전문가들이 모였다고 한다. 푸젠 성 푸저우 시에서 열리고 있는 '제1회 중국미려문화절(中國美麗文化節)'에서 역사학자와 철학자, 사회학자, 경제학자, 민족학자 등 각계 전문가들이 모여 '미녀의 기준'을 심도 있게 연구하고 있다는 것이다. 중국에서는 이런 시도가 처음은 아니어서, 2007년 산둥 성에서도 '지역미인연구평가시스템'이 발표되었는데, 이 시스템은 머리, 발, 얼굴, 목, 눈썹, 코, 입 등 37개 항목에 대한 기준을 마련하고 점수로 평가하는 것이었다. 이런 일에 대해 중국 사람들은, 지역이나 세대마다 아름다움에 대한 판단은 다를 수밖에 없는데 남성 위주의 할 일 없는 학자들이 모여 미인의 기준을 학술적으로 규정하겠다고 운운하는 것은 한심하다는 반응이 주를 이루었다고 한다(《국민일보》, 2009. 9. 17).

그러나 미인 또는 미녀의 기준에 대한 관심은 지역과 시대를 넘어 존재해 왔고 앞으로도 그럴 것이다. 그 많은 미인대회도 결국 미녀의 기준을 실제로 적용한 예이기 때문에, 어쩌면 그런 반응이 오히려 새삼스럽다는 느낌이다. 그렇다면 미인 또는 얼굴이나 몸에 대한 미의식은 어떻게 변해왔을까. 아름답게 보이기 위한 화장은 어떻게 시작되었고 또 어떤 변화를 거쳐 왔을까. 이 책의 관심은 얼굴, 화장, 미인, 그리고 그 미의식의 역사를 더듬어가는 데 있다.

이 책은 무라사와 히로토의 『얼굴의 문화지』(顔の文化誌, 講談社, 2007)를 완역한 것이다. 얼굴·화장·미인에 대한 저자의 관심은 20여 년 전으로 거슬러 올라간다. 1987년 저자는 『미인 진화론-일본의 문화지』(美人進化論-顔の美の文化誌, 東京書籍)을 발표했다. 이 책은 화장의 문화사에서 본 미모관의 변천을 다룬 것이다. 즉 화장의 역사에 기반이 되는 미의식과 얼굴관 등을 연구함으로써 겉으로 표정을 드러내지 않는 일본인의 얼굴 감추기 문화, 옆얼굴보다는 앞얼굴이나 배면의 미를 의식하는 앞얼굴 문화 등 일본인의 얼굴 문화가 갖고 있는 특징을 밝힌 것이다. 1992년, 저자는 『미인 진화론』에다 최신 연구 성과를 더해 새롭게 구성한 『얼굴의 문화지』(顔の文化誌, 東京書籍)를 간행했다. 이때는 현대인에게 존재하는 미의식의 뿌리에 대한 탐구를 보충하고, 1980년 이후에 대해서도 다시 쓰거나 고쳐 써서 이 책을 얼굴·화장·미인에 대한 연구의 결정판으로 삼은 것이다. 얼굴, 화장, 미인과 관련된 문화를 통해 현재의 미의식을 돌아보는 것, 특히 화장에서 미의 변천이 어떻게 이루어

져 왔는지를 검토하고 있는 것이다. 그리고 다시 『얼굴의 문화지』를 수정하고 가필하여 2007년 고단샤(講談社)에서 문고판으로 간행한 것이다. 이 책이다.

저자가 직접 밝힌 대로 이 책의 관심은 일본인의 화장과 얼굴문화다. 거기에는 당연히 얼굴이나 몸에 대한 미의식, 그 표현성이나 커뮤니케이션까지 포함된다. 다시 말해 얼굴이나 몸이 가진 개별적인 의미만이 아니라 사회적인 의미까지 그 범위에 들어가는 것이다.

그러므로 이 책은 얼굴·화장·미인관을 통해 읽어낸 일본문화론이라고도 할 수 있다. 어떻게 보면 저자가 말하는 결론은 누구나 충분히 예상할 수 있는 빤한 것이다. 예컨대 '아름다운 얼굴', 즉 미녀의 기준은 대단히 유동적이어서 시대나 지역, 사회 상황에 따라 달라지기 때문이다. 미녀의 기준이 달라지니 당연히 화장의 내용도 달라진다는 것이다. 그렇다면 질문은 구체적으로 어떻게 달라졌느냐 하는 것, 그리고 그 동안 무슨 일이 있었느냐 하는 것으로 돌려진다.

이를 검게 물들이는 풍습, 눈썹을 뽑아버리고 이마 위에 다시 눈썹을 그려 넣는 일, 일자눈썹, 남자들의 화장 등이 그것들이다. 왜 일본의 기모노는 가슴과 엉덩이의 곡선을 죽이는 반면 목덜미에는 집착하는지, 이를 검게 물들이고 눈썹을 제거하고 이마 위쪽에 다시 눈썹을 그려 넣었다는데 그것을 정말 아름답다고 생각해서였는지, 그리고 여성이면 누구나 그렇게 해야 했는지, 이런 질문들이 당연히 뒤따를 것이다.

얼굴·화장·미인, 즉 얼굴에 대한 미의식의 역사를 살펴보는 것은 분명 흔하지 않은 경험이었다. 그런데 정작 미인의 기준을 마련하려는 사람들의 욕구, 즉 앞에서 말한 중국 학자들의 이야기가 더 신경이 쓰였다. 혹시 그런 욕구가 황금알을 낳는 거위의 배를 가르는 일 같은 게 아닐까 하는 생각이 들었기 때문이다.

동서고금을 통해 어떤 사회에서나 아름다움, 특히 아름다운 외모를 추구해 왔다는 것은 부정할 수 없는 사실이다. 그러나 요즘의 한국 사회만큼 모든 사람들이 아름다운 외모를 의식하며 살아가는 사회는 없는 것 같다.

객관적인 미인이 존재한다면 객관적인 추녀도 존재해야 한다. 객관적인 미인이 존재한다는 것을 강조하는 사회에 사는 사람들은 그렇지 않은 사회에 사는 사람들보다 행복하지도 아름다워 보이지도 않을 것이다. 왜냐하면 그런 사회일수록 미인의 기준이 획일적으로 존재하고 거의 모든 사람들은 그 미의 기준에 미치지 못한, 뭔가 부족한 사람들일 수밖에 없기 때문이다. 또 그 기준이 뚜렷하면 할수록 사람들은 평소 만나는 주변 사람들을 실제로 아름답다고 느낄 수 없게 될 가능성이 크다.

이를 검게 물들이고 눈썹을 뽑고 코르셋을 하고 전족을 하는 것도 그들의 선택이 아니라 그 기준이 강요한 것들이다. 그렇다고 사회적 권력 관계를 분석하는 것은 논의를 단순화할 뿐 우리의 문제로 삼기 힘들고 또 그렇게 되면 재미도 없다. 예쁘고 멋있게 보이고 싶어 하는 심리는 누구에게나 있다. 예전에도 그랬을 것이고 지금도 그렇다. 이 사실만큼은 부정할 수 없다.

현대 사회에 가까울수록 타고난 것보다 후천적으로 얻는 것을 중시한다. 타고난 것을 중시하면 그렇게 타고나지 못한 사람들은 인간답게 살지 못하기 때문이다. 그러므로 타고난 것을 강조하지 못하게 하는 것은 인권을 지키는 일로 이어진다. 인권을 중시하는 사회일수록 인종, 계급, 출신지역 등을 근거로 한 차별을 금지하는 것도 그 때문이다. 그렇다면 미용성형은 어떤가. 문제는 더욱 복잡해진다. 후천적인 노력으로 타고난 운명을 바꿀 수 있다는 면에서는 바람직하다고 할 수 있다. 그러나 어떤 사람이 미용성형을 할 수 있는지, 또 왜 미용성형을 해야 한다고 생각하는지를 생각하면 그렇게 바람직하다고만은 볼 수 없다.

사람들은 차별하기를 좋아한다. 누군가를 배제하고 놀리고 흉보는 것을 좋아한다. 그런데 혼자서 그렇게 하지는 않는다. 여러 사람들과 같이 그런 행위를 하기 좋아하고 그것을 통해 일체감을 형성한다. 그렇게 하면 덤으로 죄의식도 덜 수 있다. 나만 그러는 것이 아니니 그 사람한테 그럴 만한 이유가 있을 것이고, 나는 그냥 동의했을 뿐이니 가해의 기억 같은 건 애초에 남의 얘기다. 피해는 구체적이지만 가해는 집단적이라서 모호하게 된다. 피해의 기억은 있어도 가해의 기억은 남지 않는 법이다. 불안한 사회일수록 차별은 기승을 부린다. 차별 당할지도 모른다는 불안감은 다른 누군가를 차별함으로써 해소된다. 기꺼이 차별한 쪽을 선택하니 차별은 또 새로운 차별을 낳는다.

사람들이 일체감을 형성하는 가장 쉬운 방법은 다 같이 미워하는 대상을 만들어내는 일이다. 어떤 대상을 미워하면 그 사실을 인정받고 공유하고 싶어지는 것은 인지상정이다. 노력이 필요 없는 자연스러운 일이고 또 즐거운 일이기도 하다. 그러니 강력하다. 반대로 다 같이 좋아하는 것을 통해 일체감을 형성할 수도 있다. 좋아하는 대상이 같은 사람을 보면 반갑기만 하다. 그러나 좋아하는 것은 싫어하는 것에 비해 훨씬 유동적이다. 시간이 지나면 예전의 좋았던 느낌이 줄어들 수도 있고, 또 모두가 좋아한다는 사실을 알면 처음에는 반갑지만 나중에는 그것이 특별해 보이지 않아 지겹게 느껴지기도 한다. 그러니 곧 새로운 대상을 찾아 떠나고 만다. 옳다고 생각하는 것을 통한 일체감은 더욱 힘들다. 노력이 필요하고 희생이 필요하다. 옳다고 생각하는 것 안의 생각들도 다양하니 그만큼 분리될 가능성도 크다.

아름다운 외모에 대한 이야기는 아름답지 않은 외모에 대한 이야기보다는 낫다. 그러나 아름다운 외모에 대한 이야기든 아름답지 못한 외모에 대한 이야기든 누군가에게 상처를 남긴다. 우리 사회는 외모에 대한 이야기로 넘쳐난다. 그것으로 일체감을 형성하고 있는 것인지도 모른다. 그리고 그로 인한 상처는 고스란히 우리들에게 돌아온다.

2009년 12월

옮긴이

| 주요 참고 문헌 |

村澤博人,「男性の顔と化粧品－ここ10年ほどの若者の美意識の変化」,『フレグランスジャーナル』24(10), 1996.

村澤博人,「男性のスキンケアの意識の変化と今後」,『クレアボー』6(4), 2000.

村澤博人,「大学教育における化粧品科學と化粧学」,『フレグランスジャーナル』, 1月号の特輯「21世紀の化粧品科学への提言」, 2001.

村澤博人,「化粧とヘアスタイルの性差の崩壊」,『ファッション環境』11(3), 2002.

村澤博人,「日本人の顔・アジア人の顔－日韓中の比較研究より」,『現代風俗学研究』8, 2002.

村澤博人,「日本人は『かわいらしさ』の文化から脱皮できるのか」,『化粧文化』43号, ポーラ文化研究所, 2003.

村澤博人,「外見に対する意識変化が求めるこれからの社会」,『フレグランスジャーナル』31(1), 2003.

村澤博人,「メイクアップイメージと美醜の心理」,『こころの科学』117, 日本評論社, 2004.

村澤ら,「日本人と韓国人の化粧観の比較研究－男女学生のアンケート調査から」,『コスメトロジー研究報告』13, 2005.

村澤博人,「顔・化粧・美－ 消費者側の変化と生産側の変化(社会・文化的視点から),『産業・組織心理学研究』19(1), 2005.

村澤博人・津田紀代編,『化粧史文献資料年表』, ポーラ文化研究所, 1979.

村澤博人,『美人進化論－顔の美の文化誌』, 東京書籍, 1987.

村澤博人ほか,『おしゃれ時代』, ポーラ文化研究所, 1990.

村澤博人ほか,『おしゃれ時代パート2』, ポーラ文化研究所, 1995.

村澤博人,「理容文化論」,「美容文化論」, 理容美容学校教科書『社会』日本理容美容教育セン ター, 1997.

村澤博人,『これが」わたしの顔」』, ポプラ社, 1998.

村澤博人,『好かれる顔, 嫌われる顔はここが違う一人付き合いで成功する男のための顔づく り』, 実業之日本社, 2003.(한국어판 2004년, 중국어판 2005년)

『化粧文化』1~45, ポーラ文化研究所.

ジャック・パンセ/イヴォンヌ・デランドル著, 青山典子譯,『美容の歴史』, 白水社, 1961.

R・コーソン,『メークアップの歴史』, ポーラ文化研究所, 1982.

ポーラ文化研究所編,『眉の文化史』, ポーラ文化研究所, 1982.

ポーラ文化研究所編,『モダン化粧史』, ポーラ文化研究所, 1986.

今村仁司監修,『化粧』(TRAVERSESI), リブロポート, 1986.

ポーラ文化研究所編,『日本の化粧』, ポーラ文化研究所, 1990.

大坊郁夫・神山進編著,『被服と化粧の社会心理学』, 北大路書房, 1996.

大坊郁夫編,『化粧行動の社会心理学』, 北大路書房, 2001.

大和勇三,『顔一顔・表情・化粧の文化史』, 改造社, 1950.

西田正秋,『新女性美』, 東洋經濟新聞社, 1954.

我妻洋・米山俊直,『偏見の構造』, 日本放送出版協会, 1967.

中村溪男,『繪畵に見る日本の美女』, 保育社, 1970.

椿宏治,『日本人の顔』, 平凡社, 1975.

ジョン・リゲット著,『女の顔』, 美術公論社, 1979.

中尾喜保,『生體の觀察』, メヂカルフレンド社, 1981.

中尾喜保,『女のかたち』, 日本メルク万有, 1984.

香原志勢,『顔の本』, 講談社, 1985.

山折哲雄,『日本人の顔』, 日本放送出版協会, 1986.

R・ラコフ/R・シェール著, 南博譯,『フェイス・ヴァリュー』, ポーラ文化研究所, 1988.

B・ルドフスキー著, 加藤秀俊・多田道太郎譯,『みっともない人體』, 鹿島出版会, 1979.

池澤康郎,『身體のエステティク』,ポーラ文化研究所,1982.

石川松太郎編,『女大学集』,平凡社,1977.

蔦森樹,『男だってきれいになりたい』,マガジンハウス,1990.

井上章一,『美人論』,リブロポート,1991.

家永三郎,『日本人の洋服觀の変遷』,ドメス出版,1976.

祖父江孝男・杉田繁治編著,『現代日本文化における傳統と変容Ⅰ 暮らしの美意識』,ドメス
出版,1984.

林邦雄,『戦後ファッション盛衰史』,源流社,1987.

千村典生,『戦後ファッションストリー』,平凡社,1989.

鷲田清一,『モードの迷宮』,中央公論社,1989.

深井晃子,『男が変わる女が変わる』,エディション・ワコール,1989.

北山清一,『おしゃれの社会史』,朝日新聞社,1991.

駒尺喜美編,『女を装う』,勁草書房,1985.

井上輝子・女性雑誌研究会編,『女性雑誌を解読する』,垣内出版,1989.

宮淑子,『美の鎖』,汐文社,1991.

玉林晴朗,『文身百姿』,文川堂書房,1936.

森田一朗,『刺青』,圖譜新社,1966.

高山純,『繩文人の入墨』,講談社,1969.

市毛勳,『朱の考古學』,雄山閣,1975.

大和田光明,「現代の彫物」,『化粧文化』3,1980.

当間一郎,「沖繩の針突」,『化粧文化』7,1982.

インタラタイ・かつ代,『「顔」の悪い日本人』,学生社,1985.

北山晴一,『おしゃれと權力』,三省堂,1985.

栗原彬・渡辺保・粉川哲夫他,『演じる』Ⅰ,ポーラ文化研究所,1991.

金澤康隆, 『江戶結髮史』, 靑蛙房, 1961.

橋本澄子編, 『髮結と髮飾り』, 至文堂, 1972.

坂口茂樹, 『日本の理髮風俗』, 雄山閣, 1972.

宇野久夫, 『髮形の知性』, 紀伊國屋書店, 1972.

ポーラ文化硏究所編, 『西洋のヘア・ファッション』, 1988.

大原梨惠子, 『黑髮の文化史』, 築地書館, 1989.

劉香織, 『斷髮』, 朝日新聞社, 1990.

宮次男, 『日本の美術 33 肖像畵』, 小學館, 1975.

『季刊考古學 No.5 裝身の考古學』, 雄山閣出版, 1983.

湯原美陽子, 『王朝物語文學における容姿美の硏究』, 有精堂出版, 1988.

이 외에도 서적이나 잡지, 논문 등 많은 선행 연구에 힘 입었습니다. 지면 사정상 생략하지만 집필자 분들께 깊이 감사합니다.

1) 市毛勳, 『朱の考古學』, 雄山閣出版, 1975.

2) 『化粧文化』 15号, ボーラ文化研究所 發行.

3) ボーラ文化研究所訳, 『メークアップの歴史 : 西洋化粧文化の流れ』, ボーラ文化研究所, 1982.

4) 松平いを子訳, 『古代中国の性生活 : 先史から明代まで』, せりか書房, 1988.

5) 松山俊太郎, 『古代インド人のよそおい』, 『化粧文化』 4~7号.

6) 近藤富枝, 『服装から見た原氏物語』, 1982.

7) 黑川道祐, 『雍州府志』, 1684.

8) 湯原美陽子, 『王朝物語文学における容姿美の研究』, 有精堂出版, 1988.

9) 宮次男, 『肖像畵』, 1975.

10) 山本健吉, 『いのちとかたち : 日本美の源を探る』, 1981.

11) 井原西鶴, 『好色一代男』, 1682.

12) 井原西鶴, 『好色一代女』, 1686.

13) 「笹色紅の再現實驗(1)」, 『化粧文化』 4号.

14) 上村松園, 『青眉抄』, 1943.

15) 『世界の衣装』, 朝日新聞社.

16) 「シルクロードの人ク」, 『着る飾る』, 日本交通公社, 1982.

17) 片倉もとこ, 『アラビア・ノート : アラブの原像を求めて』, NHKブックス, 1979.

18) 大和勇三, 『顔』, 改造社, 1950.

19) 立部紀夫, 「近世初期の髪結床」, 〈化粧文化〉 14号.

20) 柳澤淇園, 『ひとりね』, 1716~1735.

21) 佐藤要人・高橋雅夫, 「川柳にみる江戸の化粧」, 〈化粧文化〉 4号.

22) 洛北唱子編, 『新撰女倭大学』, 1785.

23) 高田義甫, 『女学必讀 女訓』, 1874.

24) 土居光華編, 『近世女大学』, 1874.

25) 萩原乙彦, 『新撰增補 女大学』, 1880.

26) 村澤博人, 「化粧の批判 ― 化粧への批判」, 『うその社會心理 ― 人間文化に根ざすもの』, 有斐閣, 1982.

27) 일부 일본어 번역본은 長岡祥三譯, 『英国外交官の見た幕末維新 : リーズデイル卿回想錄』, 新人物往來社.

28) 坂田精一譯, 『一外交官の見た明治維新』, 岩波文庫, 1960.

29) 森本英夫譯, 「幕末ジャポン」, 『モンブランの日本見聞記 : フランス人の幕末明治』, 新人物往來社.

30) 長島要一譯, 『ロシア艦隊幕来訪記』, 新人物往來社.

31) 長島要一譯, 「日本素描」, 『江戸幕末滯在記 : 若き海軍士官の見た日本』, 新人物往來社, 1989.

32) 大久保昭男譯, 『明治滯在日記』, 新人物往來社.

33) 『モンブランの日本見聞記 : フランス人の幕末明治観』(森本英夫譯, 新人物往來社)에 수록.

34) 『歐美最新美容法』, 東京美容院編發行, 1908.

35) 『主婦之友』, 1931년 4월호.

36) 春山行夫, 『おしゃれの文化史』, 平凡社, 1976.

37) 《日本經濟新聞》, 1982년 9월 28일.

38) 清水悌, 「メイキャップと化粧品の70年」, 『ファッションと風俗の七十年』, 婦人畵報社, 1975.

39) 坂本李堂, 『男女美顔法 一名美貌の秘訣』, 明治三十六年.

40) 藤波芙蓉, 『新式化粧法』, 明治四十三年.

41) 藤波芙蓉, 『美粧』, 東京社, 1916.

42) 遠藤波津子, 『正しい化粧と着付』, 婦女界社, 1926.

43) 早見君子, 『見違へる程美しくなる美容法と結髮』, 大興社, 1927.

44) 「蒼空に飛ぶ軍國少女 ― 航空婦人のグライダ」, 《アサヒグラフ》, 1937년 9월 1일자.

45) 「針先に籠る銃後の聲援」, 《アサヒグラフ》, 1937년 8월 25일자.

46) Le Dernier Metro, 프랑소와 트뤼포 감독, 까뜨린느 드뇌브 주연, 1980.

47) 小幡惠津子,『整容』, 1940.

48)『婦人朝日』, 1946년 10월 2일.

49)『主婦之友』, 1951년 6월호.

50)『婦人朝日』, 1946년 12월호.

51) 小幡惠津子,『美容』, 1950.

52)『主婦之友』, 1949년 12월호 외.

53)『主婦之友』, 1950년 12월호.

54) 吉田謙吉,『女性の風俗』, 河出新書, 1955.

55) 主婦之友社編,『美容と作法』, 主婦之友社, 1950.

56) 광고(『主婦之友』, 1954년 6월호).

57)『若い女性』, 1957년 3월호.

58)『若い女性』, 1957년 3월호.

59)『主婦之友』, 가정강좌 17「미용과 작법」, 1950년 12월호.

60)『主婦之友』, 1950년 12월호.

61)『主婦之友』, 1955년 1월호.

62)『若い女性』, 1956년 1월호 부록「당신의 노래 앨범」.

63)『若い女性』, 1957년 8월호.

64)『若い女性』, 1960년 6월호.

65)『女性セブン』, 1963년 12월 25일호.

66) 小幡惠津子,『整容』.

67) 主婦之友社編,『美容と作法』, 主婦之友社, 1950.

68)『若い女性』, 1957년 3월호.

69)『マダム』, 1968년 11월호.

70)『マダム』, 1969년 5월호.

71)『ミセス』, 1963년 10월호.

72)『若い女性』, 1960년 3월호.

73) 早見君子,「新化粧法」, 早見君子・高橋毅一郎,『新化粧法.整容醫學』, 文化生活研究會, 1927.

74)『花椿』, 1960년 1월호.

75) 黑田正名, 「人體美と戰後の形成外科にみる變遷」, 『化粧文化』 2호, 1980.

76) 『微笑』, 1971년 5월 23일호.

77) 『主婦の友』, 1970년 5월호.

78) 『主婦の友』, 1972년 4월호.

79) 『週刊女性』, 1978년 9월 26일호.

80) 『アンアン』, 1983년 8월 26일호.

81) 『週刊文春』, 1985년 5월 16일호.

82) 『世界』, 1987년 1월 임시증간호.

83) 村澤博人, 『顔の文化誌』, 東京書籍, 1982.

84) 久保田修介, 「人形の文化性・社會性 ― リカちゃん十八年の歷史」, 『化粧文化』 12号, 1985.

85) 「東京ウォッチング」, 《讀賣新聞》, 1994년 7월 20일자.

86) 《産經新聞》, 1993년 3월 31일자.

87) 生熊文譯, 『ドイツ宣教師の見た明治社會』, 新人物往來社.

88) 三須裕, 『化粧美學』, 1924.

89) 蘆原英了, 「菊五郎の眼」, 『思想』, 1938년 2월호.

90) 高梨健吉譯, 『日本事物誌』, 東洋文庫.